LE SCIE

Gennaro Sangiuliano

PUTIN

Vita di uno zar

MONDADORI

Dello stesso autore
in edizione Mondadori
Scacco allo zar

Con Vittorio Feltri
Una repubblica senza patria
Il Quarto Reich

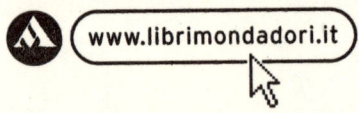

www.librimondadori.it

Putin
di Gennaro Sangiuliano
Collezione Le Scie

ISBN 978-88-04-65860-3

I edizione novembre 2015
Anno 2015 - Ristampa   4 5 6 7

INDICE

PUTIN

INTRODUZIONE

Quando nel 1952 Vladimir Vladimirovič Putin nasce a Leningrado, l'odierna San Pietroburgo è ancora un cumulo di macerie. È la città che ha subito il più orrendo assedio della Seconda guerra mondiale, novecento giorni di morte in cui hanno perso la vita un milione di cittadini. I genitori di Putin erano due sopravvissuti all'assedio. Il padre era stato gravemente ferito in battaglia, la madre aveva rischiato di morire per denutrizione. Entrambi riportano danni fisici permanenti ma la ferita più grave è la morte di Viktor, il loro figlio di nove anni, fratello che Vladimir non ha mai conosciuto.

Vladimir Vladimirovič Putin è un protagonista chiave del nostro tempo, di quelli che, nel bene e nel male, saranno ricordati per aver segnato un'epoca della politica internazionale. Un personaggio enigmatico e complesso, spesso criticabile per manifestazioni di autocrazia, la cui vicenda, mai narrata compiutamente, appare degna di un romanzo di John Le Carré, dove fitti misteri si fondono con elementi d'introspezione psicologica.

Piccolo di statura, gracile, biondiccio ma dotato di grande determinazione nel carattere, oltre che di intelligenza, a dodici anni Vladimir legge *Lo scudo e la spada* (*Ščit i meč*), bestseller che racconta le avventure di una spia sovietica, diventato poi una popolare serie televisiva. Da queste suggestioni adolescenziali sarebbe scaturita la convinzione di arruolarsi nel KGB, l'onnipotente servizio segreto sovietico. L'aspirazione di un ragazzo diventerà realtà anni dopo, successivamente a una brillante laurea in Giurisprudenza. Il KGB è uno Stato all'interno dello Stato sovietico, l'apparato più organizzato e coeso, un'élite per entrare nella quale occorrono doti particolari, come l'assoluta affidabilità, per esempio. Ma nel servizio segreto, in maniera solo apparentemente inspiegabile, ci sono anche le maggiori consapevolezze circa il progressivo fallimento del sistema socialista sovietico e una fronda che afferma la necessità di aprirsi alle riforme e alla democrazia.

Vladimir Putin è forgiato da questa esperienza, ne resterà impregnato per tutta la vita, ma non bisogna dimenticare che quello dei servizi segreti è anche l'ambito in cui ha la possibilità di maturare una diversa sensibilità, e sperimentare aperture e conoscenze del mondo esterno, prima tra tutte la superiorità dell'economia di mercato.

La narrazione giornalistica del leader russo ha spesso risentito di stereotipi, di valutazioni superficiali, prive di riscontri sul piano storiografico. Il personaggio Putin, invece, non può essere disgiunto dalla storia passata e recente della Russia, dai settant'anni di comunismo sovietico, dalla caotica fase di dissoluzione dell'Impero, dai gravi pericoli che lo sfaldamento dello Stato genererà con il riemergere di antichi nazionalismi etnici.

La fine degli anni Novanta, gli ultimi della stagione di Boris Eltsin, sono segnati dal caos, dalla frantumazione del potere nelle mani di ambiziosi oligarchi locali, dalla pericolosa divisione dell'arsenale atomico, dalla catastrofe sociale e morale. Eltsin è in preda all'alcolismo, a una salute precaria, manipolato da un famelico clan famigliare.

La Russia ha bisogno di un leader forte, qualcuno ipotizza un čekista, in grado di riprendere il controllo dello Stato. L'ascesa di Vladimir Vladimirovič Putin, ex colonnello del servizio segreto diventato vicesindaco di Leningrado, sconosciuto alle cronache interne e internazionali, è rapida quanto sorprendente. Direttore dell'FSB, il servizio erede del KGB, primo ministro della Federazione Russa, quindi nel marzo del 2000 eletto per la prima volta presidente.

In quindici anni di potere, a Putin vengono ascritti successi come la crescita economica e la riappropriazione delle risorse energetiche da parte dello Stato, ma viene contestato uno stile di governo autocratico, lontano da una democrazia liberale. Alla sua gestione del potere vengono anche ricondotti fatti di straordinaria gravità, con responsabilità peraltro mai provate.

Solo il tempo e la storia ci diranno chi è stato davvero Putin. Per lo scrittore e filosofo Aleksandr Zinov'ev rappresenta il «primo serio tentativo della Russia di resistere all'americanizzazione e alla globalizzazione», per il liberale Sergej Kovalëv «un'alternativa alla restaurazione comunista e all'incompetenza dei democratici».

Aleksandr Isaevič Solženicyn, gigante della letteratura mondiale che con la sua vita ha testimoniato il valore della libertà, ebbe ad affermare: «Quando dicono che da noi è minacciata la libertà di stampa, io manifesto tutto il mio dissenso».

La Russia non è stata soltanto il comunismo e non è oggi solo una terra di autocrati. È la patria di immensi romanzieri, di una delle più importanti letterature, di matematici, di fisici, di economisti, di una profonda spiritualità religiosa. Capire il personaggio Putin, penetrarne la vicenda umana e politica, raccontarne dettagli poco noti, significa fare i conti con una delle dimensioni fondamentali del nostro tempo.

Putin è riuscito a riplasmare un'identità in cui molti possono ritrovarsi: essa tiene insieme lo stemma e il nastrino zarista, l'inno sovietico con la vecchia musica e nuove parole, la bandiera che ricorda un breve periodo democratico. Pezzi di storia, una volta antitetici, messi insieme. Un'operazione alla quale i politologi russi hanno dato il nome di «rinascimento nazionale e tradizionale».

Egon Bahr, ex ministro tedesco socialdemocratico, artefice della «Ostpolitik» di Willy Brandt, ha affermato: «Putin è popolare per il fatto di aver restituito alla Russia la fiducia in se stessa dopo l'epoca Eltsin».

La guerra in Cecenia è stata una guerra sporca, come lo fu quella degli americani in Vietnam ma con la differenza che la prima era un pezzo della Russia, l'Indocina era a migliaia di chilometri da Washington. La massiccia, violenta e determinata presenza dei guerriglieri ceceni in Siria, Iraq – e prima affianco ai talebani, dove sono diventati la forza militare di élite dell'ISIS –, rivela che se Putin non avesse stroncato la Cecenia islamica, sarebbe sorto un califfato caucasico con Daghestan, Inguscezia e Ossezia del Nord, qualcosa che avrebbe minacciato la sicurezza globale.

Lucio Caracciolo ha scritto («la Repubblica», 7 marzo 2015): «La Russia non può essere una democrazia perché se lo fosse non esisterebbe. Un impero multietnico grande sessanta volte l'Italia con una popolazione pari appena alla somma di italiani e tedeschi, concentrata per tre quarti nelle province europee, con l'immensa Siberia quasi disabitata a ridosso dell'iperpopolato colosso cinese, può esistere solo se retto dal centro con mano di ferro. Applicarvi un sistema liberaldemocratico di matrice occidentale significherebbe scatenare dispute geopolitiche e secessioni armate a catena, all'ombra di diecimila bombe atomiche». I politologi russi parlano di democrazia controllata e democrazia sovrana, formule che per alcuni occidentali possono suonare come bestemmie ma che, con realismo politico, indicano quello che la democrazia Rrussa può essere, tenendo conto della sua storia, fatta di due autoritarismi: quello zarista e quello bolscevico.

L'Occidente è giunto alle forme avanzate di democrazia liberale in cui viviamo attraverso un processo storico lento e faticoso. Gli stessi Stati Uniti hanno combattuto una sanguinosa guerra civile e ancora fino alla metà degli anni Sessanta del Novecento, negli Stati del Sud, dall'Alabama alla Georgia alla Louisiana, gli afroamericani andavano in scuole, autobus e finanche in servizi igienici distinti da quelli dei bianchi.

La democrazia americana, così come la descrisse Alexis de Tocqueville e come la disegnarono i padri della Costituzione, sarebbe auspicabile ovunque ma le peculiarità storiche sono un dato imprescindibile dei popoli. Il saggista Pietro Golia si è domandato: «Può il mondo uniformarsi a un solo modello politico, culturale, antropologico?».

Negli ultimi anni è circolata nella cultura politica l'idea di poter concepire una democrazia «agnostica», basata su regole autonome, universali, sganciate dalla tradizione di un popolo. Il tema non è certo di oggi ma rimanda allo scontro tra una concezione formale e inodore della democrazia e la costruzione di una democrazia più piena, incline alla considerazione delle tradizioni culturali di una nazione. La prima appartiene al positivismo più esasperato, la seconda si lega alla tradizione dell'umanesimo che si rafforza con l'idealismo.

È arduo concepire una democrazia, come *Sollen* giuridico, puramente formale, al di fuori dei giudizi di valore, estranea a ogni struttura morale. Lo Stato si fonda sull'obbedienza alla legge che si vuole imporre ai cittadini-soci, ma affinché funzioni occorre che essa sia la più condivisa possibile; e questa condivisione della necessità dell'organizzazione statuale non può poggiare solo su un dato giuridico, deve accompagnarsi a valori morali condivisi, a un *idem sentire* comune. Martin Heidegger offre un solido retroterra filosofico alla democrazia dell'essere quando richiama il *Führung*, il comando; il *Volk*, il popolo; l'*Erbe*, l'eredità; la *Gefolgschaft*, la comunità dei seguaci; il *Bodenständigkeit*, il radicamento alla propria terra. La comunità politica che costruiamo non può non tenere conto del «primato ontologico del problema dell'essere», di ciò che noi siamo per tradizione.

Uno dei più grandi scrittori russi, e probabilmente tra i più notevoli della letteratura mondiale, Fëdor Dostoevskij, nei suoi scritti politici, quelli della rivista «Il cittadino», analizza il rapporto fra élite e popolo. Esemplare il discorso che tiene in occasione della commemorazione di Puškin del 1880. L'autore dei *Fratelli Karamazov* analizza il rapporto fra élite e popolo e si unisce a Puškin nella censura di quello che chiamano ceto dell'*intelligencija*, che «crede di stare di gran lunga al di sopra del popolo», responsabile di aver alimentato una «società sradicata, senza terreno» e ne fustiga il comportamento «svincolato dalla terra del nostro popolo».

La contrapposizione fra democrazia rappresentativa e democrazia organica è un tema di vaste dimensioni. Il filosofo francese Alain de Benoist centra la crisi della modernità in questa divisione, richiamando anche la teoria delle élite dell'economista italiano Vilfredo Pareto. Democrazia senza sovranità del popolo, dove la rappresentanza diventa solo un dato formale, perché priva di un'anima culturale e religiosa. E aggiunge: «Cittadini sono coloro che discendono dalla stessa stirpe e che partecipano della medesima cultura. Per il fatto di avere origini e valori comuni, essi ed essi soli sono investiti di eguali diritti politici». Concezioni che riecheggiano le riflessioni di uno dei politologi preferiti da Putin, Aleksandr Gel'evič Dugin, per il quale la democrazia deve essere intesa «come comunità metafisica e sovra-temporale di cui non fanno parte solo i viventi, gli antenati e i non ancora nati». E, infatti, a proposito di Putin, il giornalista Vitalij Tretjakov nel 2000 ha parlato di «democrazia guidata», intesa come condotta da un leader in diretta connessione con il suo popolo.

La cultura russa si è sempre divisa tra gli occidentalisti, come Pëtr Čiaadev, Nikolaj Ogarëv, Aleksandr Herzen, che ritengono che la Russia sia nata con l'occidentalizzazione degli slavi russi a opera di Pietro il Grande, e gli slavofili, come Aleksej Chomjakov, Konstantin Aksakov o Ivan Kireyevsky, che insistono, invece, nell'individuare i pilastri della nazione nel patriarcato di Mosca e nell'unità della Chiesa ortodossa. Da questa seconda posizione deriva una visione della Russia esterna all'Occidente, orientata all'originalità della sua cultura tradizionalista, in opposizione al razionalismo illuminista. Una visione propria dell'Impero zarista ma che finanche Stalin non disdegnò di richiamare quando si trattò di invocare l'unità contro l'invasore nazista.

L'identità russa autentica avrebbe in sé una dimensione «asiatica» e più esattamente turanica [dal nome geografico del bassopiano situato tra gli attuali Stati dell'Asia Centrale di Turkmenistan, Uzbekistan e Kazakistan, *NdR*], e richiama come atto di fondazione la sostituzione del Khan dell'Orda d'Oro con lo zar, e si schematizza nella sovrapposizione della cultura slavo-finnicaturanica con quella kieviana. Lo storico George Vernadsky, in un classico della storiografia, *Le origini della Russia*, pubblicato dall'Università di Oxford negli anni Cinquanta, insiste sul mondo delle steppe che animò la «sfera culturale centro-asiatica», definendo il carattere della *pra-rodina* (patria) di questi particolari slavi. Ecco, dunque, che la visione euroasiatica riscopre Gengis Khan e lo rivendica.

L'Eurasia, nella definizione che ne danno due autori geopolitici come Halford Mackinder e Nicholas Spykman, ripresa e ampliata da Dugin, sarebbe un'entità per vocazione in antitesi con la potenza «talassocratica e oceanica» degli Stati Uniti. L'Eurasia è la potenza della terra, quella che secondo le categorie di Carl Schmitt si contrappone alla potenza del mare. L'autore del *Tramonto dell'Occidente*, Oswald Spengler, scrive che la Russia è un miscuglio di *Kultur* e *Zivilisation*, di *Abendland* e di *Morgenland*, di Occidente e Oriente, di Ponente e Levante.

La storia personale di Vladimir Putin si colloca all'interno di questo magma perché, come aggiunge Gennaro Malgieri, «bisogna penetrare nelle fibre più nascoste del grande paese-continente per decifrare quali sono le ambizioni dell'autocrate del Cremlino e soprattutto da dove deriva la nuova "volontà di potenza" che sembra emergere dalla difesa della cultura e dell'identità russa».

Da un decennio circa il leader russo gode in Occidente di una pessima reputazione politica: viene descritto come un dittatore che non rispetta i fondamenti della democrazia e delle libertà politiche e che sulla scena internazionale si muove con aggressività. Gli occidentali hanno storto il naso per la guerra brutale con cui ha sconfitto il terrorismo ceceno, i modi spicci con cui ha estromesso gli oligarchi che avevano saccheggiato le ricchezze nazionali, l'amministrazione della giustizia divenuta a volte uno strumento politico per limitare gli avversari, lo stile del potere che appare autoritario. Ma questa è la Russia, una nazione dove fino a un secolo e mezzo fa è esistita una forma di vera e propria schiavitù legale di donne e uomini, la famigerata servitù della gleba, abolita solo nel 1861 dallo zar Alessandro II. Una nazione passata senza soluzione di continuità dall'autoritarismo zarista a quello bolscevico, che in settant'anni ha provocato milioni di morti in nome del comunismo, che ha devastato l'economia ed eletto la miseria a prassi.

Più volte, nel corso del suo ormai lungo regno politico, lo zar Putin è stato messo nell'angolo e, puntualmente, ha saputo uscirne più forte di prima. È stato così all'epoca della guerra alla Cecenia, dell'incidente del sommergibile *Kursk*, della strage del teatro Dubrovka e di quella di Beslan, lo è stato tra il 2011 e il 2012, quando a Mosca e nelle altre grandi città ci furono manifestazioni di aspra contestazione.

Ora, dopo la dura reprimenda occidentale per l'annessione della Crimea, ancora una volta lo zar ne può uscire perché si offre di fare il lavoro sporco in Siria contro l'ISIS, quello che un Occidente debole e decadente non è in grado o non intende svolgere. Il giovane cofondatore di Google, Sergej Mikhaylovič Brin, nato a Mosca, emigrato da bambino negli Stati Uniti, aveva definito la sua nazione di origine come «Nigeria with snow», una «Nigeria con la neve», con riferimento alla stagione del caos dell'epoca di Eltsin.

Nell'era Putin, per la prima volta nella sua lunga storia, la Russia è uscita dalla miseria, dal degrado umano dell'alcolismo e ha migliorato l'aspettativa di vita dei suoi cittadini, tra le più basse in Europa nei primi anni Novanta. Ha creato un ceto medio, una borghesia, ridotto la povertà, garantito condizioni di vita migliori per vasti strati della popolazione.

Se è vero – perché certamente lo è – che c'è stata e continua a esserci qualche contrazione delle libertà politiche, ai russi interessa poco, perché gli indici demoscopici indipendenti indicano che Putin ha un gradimento, dell'85 per cento.

Quando fece ritorno dal lungo esilio negli Stati Uniti, Solženicyn, pur ringraziando il paese che lo aveva protetto e ospitato, ricordò che la soluzione per la Russia non poteva essere l'accettazione *tout court* del modello di società capitalista di matrice anglosassone. E tratteggiò le basi filosofiche e morali della nuova e antica Russia, partendo dalla lezione di quelli che indicava come interpreti imprescindibili dello spirito russo e dell'ordine morale, Tolstoj e Dostoevskij.

Senza la letteratura russa non ci sarebbero gli intellettuali moderni. Senza Dostoevskij non ci sarebbe stata la scoperta dell'animo umano, o meglio, dell'anima magica di ciascuno di noi. E in *Memorie del sottosuolo* proprio Dostoevskij ci ricorda: «E da dove mai l'hanno cavato tutti questi sapienti che l'uomo abbia bisogno di chissà quale modo normale e virtuoso di volere? In base a che cosa si sono andati a immaginare che all'uomo occorra un modo sensato e vantaggioso di volere? Quello che occorre all'uomo è solamente un suo volere indipendente, qualunque cosa gli dovesse poi costare tale sua indipendenza e a qualunque esito dovesse portarlo...».

I

IL FIGLIO DELL'ASSEDIO

Kommunalka

Quella lampadina ronzava, un rumore tenue ma graffiante, come se una grande mosca vi fosse rimasta intrappolata e all'alternarsi del ronzio la poca luce gialla che emanava andava e veniva. Un ragazzo esile di corporatura, biondiccio, aspetta quasi immobile seduto su uno scalino. I cortili erano tutti eguali, vi si accedeva dalla strada attraverso un androne a forma di tunnel che portava su un'area ottagonale dalla quale si diramavano le diverse scale dell'edificio, numerate, di solito da un minimo di tre a un massimo di sei per i palazzi più grandi. Un luogo poco illuminato, quasi sempre al buio, con il pavimento bucato, sporco, puzzolente. L'amministrazione cittadina li definiva «cortili a pozzo», forse perché come un pozzo avevano una sola uscita. La spazzatura rimaneva per giorni all'interno. Avrebbe dovuto essere rimossa quotidianamente ma se accadeva una volta alla settimana si era fortunati. Portarla sulla strada, invece, era vietato e chi lo faceva rischiava di essere pestato all'istante dalla milizia comunale. L'assenza di aerazione rendeva persistente il fetore, anche quando l'immondizia non c'era.

Una volta all'interno del cortile bisognava poi salire appena tre gradini per accedere a una delle scale condominiali. Volodja aspettava qualcuno seduto su una di queste piccole scalinate. La sua magrezza era compensata dalla muscolatura già visibile, nonostante la giovanissima età, tredici anni.

Era una serata estiva. Dal tunnel che dava sulla strada arrivava una bella luce. San Pietroburgo, allora Leningrado, si preparava a una delle sue notti bianche, giornate senza tramonto che l'avevano resa famosa nel mondo.

Un altro ragazzo attraversa il cortile, ha l'aria spavalda, tira calci a qualunque oggetto gli si pari davanti, è di età più grande di Volodja. Ha almeno diciassette anni, forse diciotto, si muove come chi non teme confronti e ritiene di poter fare tutto. È il tipico teppista della Leningrado di quegli anni, che nel giro di poco tempo avrebbe potuto intraprendere la carriera di criminale comune o quella di criminale arruolato in uno degli apparati repressivi del regime comunista. All'improvviso il piccolo Putin balza in piedi, il giovane bullo neanche si è accorto della sua presenza. Comincia a colpirlo con foga, pugni al volto, calci, graffi, ditate negli occhi, è davvero scatenato. In realtà Volodja è un incosciente a sfidare un ragazzo molto più corpulento di lui. Due ragazzine accovacciate sugli scalini di un ingresso più lontano lo guardano interdette, sembrano voler dire: «Non lo fare, ti distruggerà!». Eppure, l'aggressività è tale da compensare in pieno la piccola statura, la combinazione di sorpresa e determinazione consente al piccolo Putin di avere la meglio, il ragazzone prima appare sorpreso poi, stordito, fugge verso la strada.

Putin ha consumato la sua vendetta: al mattino, un bambino, suo compagno di giochi, era stato pestato, senza motivo, in quello stesso cortile, dal ragazzone bullo. Volodja non aveva potuto reagire all'istante perché con lui c'era un branco di altri violenti ma aveva deciso di vendicarsi aspettandolo di sera. E lo aveva fatto. Sono storie di cortile, di adolescenze vissute in strada. Da quel momento Volodja si sarebbe guadagnato il rispetto del rione. Nel 1952, l'anno in cui Vladimir Vladimirovič Putin nasce, Leningrado era ancora un cumulo di macerie, di miseria e di morte. A otto anni dalla fine dell'assedio quasi nulla era stato ricostruito, a stento le autorità si erano impegnate, con poco successo, a sfamare la popolazione. Le strade, fatta eccezione per poche aree del centro, sono ancora ostruite dai segni di uno dei più terribili assedi della storia militare moderna.

I genitori di Volodja, Marija e Vladimir Spiridonovič Putin, erano due sopravvissuti all'assedio della città. All'inizio dell'invasione tedesca, il padre si era arruolato come volontario, fuciliere dell'86° battaglione d'assalto dell'Armata Rossa, un'unità d'élite appartenente all'NKVD (la polizia politica antenata del KGB). La sua unità era stata impegnata in un punto chiave del fronte, la sacca della Neva, dove i combattimenti erano particolarmente feroci, di frequente casa per casa. Si era iscritto giovanissimo al Partito bolscevico, diventando attivista del Komsomol (l'organizzazione dei giovani comunisti) e per questo aveva ottenuto l'accesso a un'unità militare politica, meglio armata e nutrita delle altre.

Nella pur breve partecipazione al conflitto si era comportato con coraggio, aveva preso parte a un'incursione quasi suicida con un piccolo gruppo, di ventotto uomini in tutto, spediti dietro le linee tedesche per compiere alcuni sabotaggi, azione dalla quale tornarono vivi solo in quattro. Per sfuggire ai tedeschi e non essere falcidiato come i compagni, Spiridonovič Putin si era nascosto per ore in uno stagno con la testa sott'acqua respirando grazie a una cannuccia. Rientrato miracolosamente da questa missione, qualche tempo dopo Putin senior era stato gravemente ferito alla periferia di Leningrado in una delle battaglie urbane combattute per evitare lo sfondamento della Wehrmacht. Era stato ricoverato in uno dei tanti ospedali sotterranei allestiti in città, dietro le linee del fronte. Per settimane, nel caos della battaglia, Maria non seppe che fine avesse fatto. Quasi per fortuna lo ritrovò. Le ferite riportate gli avevano deformato le gambe lasciandolo invalido permanente, con difficoltà e disagi che lo avrebbero accompagnato per tutta la vita.

Anche la madre aveva rischiato di morire per denutrizione, riportando danni irreversibili: camminerà per sempre a fatica, aiutandosi con un bastone; negli 872 giorni di assedio, Leningrado ebbe una cifra immane di vittime: un milione. Molti erano morti nei combattimenti ma la stragrande maggioranza dei cittadini dell'antica capitale perì per la fame. La tragedia più grande per la famiglia Putin fu la morte del loro secondo figlio, Viktor, un bambino di nove anni (il primo, Oleg, era deceduto poco dopo la nascita, prima della guerra). Era stato affidato a uno dei tanti istituti pubblici per l'infanzia creati dalle autorità per tentare di salvare almeno i bambini dalle bombe e dalla fame. Morì lo stesso, forse per difterite, secondo quanto annotato in un veloce referto, sicuramente per la condizione connessa alla denutrizione e alla penuria di medicine.

La guerra lascia insomma nella famiglia Putin ferite indelebili, come in quasi tutti gli abitanti di Leningrado. La nascita di Vladimir Vladimirovič è un evento forse inatteso ma un nuovo inizio per la coppia, certamente motivo di gioia dopo tante sofferenze. Il padre, anche in virtù del buon comportamento in guerra e delle sue conoscenze tecniche, trova lavoro come operaio specializzato in una fabbrica di materiale ferroviario, le importanti Officine Yegorov. La madre arrotonda il bilancio familiare come custode notturna o facchina ai mercati, anche se poi ottiene un buon posto prestando servizio presso la sede del comando navale, nel celebre edificio palladiano di Smol'nyj, ex istituto per nobili fanciulle dell'era zarista, famoso poi per essere stato scelto da Lenin come quartier generale dei bolscevichi durante la Rivoluzione d'Ottobre.

Gli operai meccanici specializzati, come il padre, rappresentano l'élite della classe metalmeccanica sovietica e tutto sommato la famiglia Putin, in quel contesto, è da ritenere benestante. I soldi ci sono ma non c'è nulla da comprare, il dopoguerra è scandito dalla penuria costante di cibo, bisogna andare al mercato nero per trovare qualcosa. La dieta del cittadino sovietico è insufficiente: patate, burro rancido, un po' di pane, molto raramente della carne, quasi mai pesce. Le donne trascorrono le giornate a cercare qualcosa da mettere in tavola.

Su alcuni giornali dell'opposizione russa e su alcune biografie dichiaratamente critiche, sono state avanzate ipotesi su una possibile adozione di Vladimir Vladimirovič ma si tratta di affermazioni che non hanno trovato mai un credibile riscontro. Molti anni dopo, invece, Putin ricorderà di essere stato battezzato in segreto dalla madre, molto credente e devota alla Chiesa ortodossa, all'insaputa del padre, comunista militante.

La famiglia abita nel centro di Leningrado, in una *kommunalka*, termine che nell'era sovietica indica decrepiti appartamenti, ricavati da abitazioni più grandi e una volta signorili, all'interno dei quali vivono più famiglie. Ogni nucleo familiare dispone di una sola stanza, il bagno è in comune, manca una vera e propria cucina, al suo posto ci sono un grande lavabo e una stufa a gas con quattro piastre sulla quale devono servirsi tutti, si trova alla fine di un oscuro corridoio, a cui si accede direttamente dalle scale. L'appartamento trasformato in comune nel quale stanno i Putin è al quinto piano e non c'è ascensore, gli scalini sono tutti malfermi. C'è promiscuità, nessuna privacy, continui litigi tra le donne per la gestione degli spazi comuni, andare alla toilette è un problema.[1] Con i Putin abitano altre due famiglie, una coppia di giovani operai e una di anziani ebrei osservanti che hanno una figlia quasi coetanea di Volodja. Alloggiano in un piccolo vano senza finestre in fondo al corridoio. La stanza della sua famiglia è un po' più grande delle altre, un lusso, quella della famiglia ebrea è minuscola e malsana. Il futuro leader russo dichiarerà in un'intervista che da bambino mentre i suoi genitori erano al lavoro trascorreva intere giornate nella stanza dei vicini, finendo per considerarli parenti, quasi dei genitori aggiuntivi. Un'esperienza che gli farà conoscere il valore della cultura ebraica allontanando ogni suggestione di antisemitismo, storicamente assai diffuso, va detto, in vasti strati della popolazione russa.[2]

Quella degli alloggi in comune è la condizione standard, un po' dettata dall'ideologia comunista, molto dalla penuria di case. Solo i membri della ristretta nomenklatura del partito dispongono di alloggi privati. Ancora oggi, nelle città meno importanti della Russia sopravvivono alcune *kommunalka*.

Gli edifici sono fatiscenti, insicuri, i muri scrostati, attaccati dalla muffa, le scale mancano di corrimano, le finestre con i vetri rotti, rattoppate alla meglio. È come vivere tra le rovine, dove la precarietà è la condizione generale. Il riscaldamento avviene con stufe di ghisa, le *burzhuikas*, alimentate a legna. Non esiste l'acqua calda corrente e per lavarsi si riscaldano pentoloni sui fornelli.

Se però gli occhi si soffermano, fra tanto marciume è possibile scorgere gli antichi fasti di questi palazzi, costruiti al tempo in cui Leningrado si chiamava San Pietroburgo ed era la capitale zarista. Erano stati quelli dell'aristocrazia imperiale, dell'emergente borghesia commerciale e dei funzionari zaristi. Tra muri crepati spuntano ancora decori neoclassici, intonaci di pregio, strutture artistiche: molti di questi edifici, del resto, portavano la firma di architetti italiani.

Il palazzo abitato dai Putin è del 1859, hanno il privilegio di essere in un punto centrale della metropoli, al numero 12 di vicolo Baskov, a pochi isolati dalla Nevskij Prospekt, la grande e famosa strada che attraversa il centro di San Pietroburgo, partendo dalla grande spianata della piazza del Palazzo, dove si affacciano l'imponente Palazzo d'Inverno, l'edificio dello stato maggiore e quello dell'Ammiragliato. Una via dritta che nell'epoca imperiale era il cuore della ricchezza pietroburghese, gli Champs Élisées russi, sfondo di uno dei più celebri racconti di Nikolaj Gogol'. Abitare in questa zona è vantaggio indubbio, c'è un minimo di decoro e maggiore sicurezza rispetto al sobborgo di Peterhof dove la famiglia aveva abitato per anni, quando era giunta a San Pietroburgo, nel 1932.

La stanza assegnata alla famiglia di Volodja è di venti metri quadrati, dove si dorme, si mangia, si studia, si passano lunghi inverni. Gli spazi così angusti spingono i più giovani a stare in cortile o per strada ed è qui più che a scuola che il piccolo Putin cresce e forma il suo carattere, tra scazzottate, amicizie e pesanti atteggiamenti di nonnismo.

I genitori lavorano da mattina a sera, per sei giorni alla settimana, e lo stesso Vladimir Vladimirovič ammetterà, non senza un certo autocompiacimento, di essere stato un piccolo teppista di strada, di essersi fatto duro alla conquista di uno spazio vitale. Victor Borisenko, l'amico inseparabile dell'adolescenza, in un'intervista a uno dei primi biografi, rievoca i luoghi di quel mondo: «Tutti teppisti. Sporchi, brutti ceffi con la barba non rasata, le sigarette e le bottiglie di vino di poco prezzo. Sempre a bere, a fare a cazzotti, bestemmiare. E in mezzo a tutto questo c'era pure Putin».[3]

Il cortile dell'edificio di vicolo Baskov è abitualmente frequentato da topi di diversa taglia, attratti delle immondizie che stagnano lì. Volodja e la sua banda di amici si divertono a dare loro la caccia. Il piccolo Putin è il più attivo: una volta – ha raccontato – comparve un ratto di dimensioni davvero enormi e nel tentativo di catturarlo lo inseguì fin dentro lo scantinato dello stabile, finendo per ritrovarsi con la bestiola in uno spazio angusto. Riuscì a ucciderlo.

Molti leader, non solo politici, hanno spesso, a posteriori, fatto maquillage alle loro biografie, omettendo fatti, esaltandone altri. Si pensi al Premio Nobel per la letteratura, il tedesco Günter Grass, che ha nascosto a lungo la sua giovanile partecipazione alle Waffen-SS. Vladimir Putin, invece, non nasconderà mai il passato di «hooligan», anzi, in più di un'occasione ha dato l'impressione di volerlo quasi ostentare. L'amico Victor ricorda ancora: «Se qualcuno lo insultava in qualsiasi modo, Volodja gli saltava subito addosso, lo graffiava, gli strappava i capelli a ciocche, lo mordeva – faceva di tutto per non permettere che nessuno lo insultasse in nessun modo».[4]

Vova, come lo chiama affettuosamente la madre, nato nel mese di ottobre, inizia la scuola primaria a otto anni nel 1960. L'edificio scolastico è a pochi passi da casa, in epoca stalinista le scuole non avevano un nome ma una classificazione progressiva per cifre e questa era la scuola numero 193 di Leningrado. La prima maestra, molto giovane di età, è una precaria – si direbbe oggi – che frequenta le scuole serali per conseguire la laurea. Si chiama Vera Dmitrievna Gurevich, e molti anni dopo ricorderà bene il piccolo Putin: «Veniva da una famiglia che aveva avuto una vita molto dura. La mamma ebbe un grande coraggio a partorire a 41 anni. Il padre una volta mi disse: "Uno dei nostri figli ora avrebbe avuto la sua età". Pensai a quanto dovesse essere stato duro perdere un bambino in guerra».[5] La maestra descriverà anche la madre di Vova: «Una bella persona, gentile e altruista. Non so se avesse finito i primi cinque gradi della scuola. Di sicuro aveva sempre lavorato duramente».[6]

Il piccolo Putin è tra i più vivaci della sua classe. Gli insegnanti lo descrivono come un ragazzetto dalla personalità multiforme, decisamente intelligente ma aggressivo, insofferente alla disciplina, leader dei più facinorosi; capace, però, di grandi recuperi quando si tratta di conseguire risultati.

Uno dei suoi compagni racconterà un episodio indicativo: «Una mattina vedemmo l'insegnante di laboratorio tecnico che trascinava Putin per il colletto dalla sua classe alla nostra. Ci avevano ordinato di aiutare a pulire e riordinare la nostra classe e Putin era invece nel laboratorio, dove aveva fatto qualcosa di sbagliato. Lui cominciò a dimenarsi con forza. Gli ci volle molto tempo per calmarsi. Poi all'improvviso si calmò, non disse nulla e si mise in disparte. Sembrava che finalmente si sentisse meglio, che tutto fosse di nuovo a posto. E invece a un certo punto esplose di nuovo e ricominciò a esprimere la sua rabbia. Ripetendosi altre volte nel corso della giornata».[7]

Dopo questa e altre scorribande, l'insegnante di tedesco convocò il padre per informarlo dei comportamenti di Vova. Il genitore non si mostrò eccessivamente preoccupato e alle obiezioni del docente rispose tagliente: «Cosa vuole che faccia? Lo ammazzi!». La discussione non ebbe più seguito.[8]

Le autorità scolastiche punirono il piccolo Putin escludendolo dai Giovani pionieri, l'organizzazione legata al Partito comunista che inquadrava i ragazzini dai 10 ai 14 anni, una sorta di scautismo leninista che puntava a un primo indottrinamento ideologico delle nuove generazioni. Qualcosa di simile ai Balilla dell'era fascista o alla Hitler-Jugend nazista. Si trattava di una sanzione estremamente grave. Volodja era uno dei pochi bambini a non portare al collo il fazzoletto rosso con l'effigie di Lenin, una sorta di umiliazione quotidiana, che sarebbe rimasta come un marchio nel suo curriculum. Lui non sembrò soffrirne. Molti anni dopo, con il crollo del comunismo, questa condizione sarebbe diventata una nota positiva. Nel 2000, in un'intervista, tornò sull'argomento:

«Come mai non è stato iscritto ai Giovani pionieri fino alla sesta classe? La situazione era veramente così grave?», domandò l'intervistatore.

«Certo, non ero affatto un pioniere, ero un farabutto.»

«Se ne sta vantando?» incalzò il giornalista.

«Vuole insultarmi? Ero un vero teppista.»[9]

I Putin, dalla Russia più profonda

Le prime notizie certe riguardanti le origini della famiglia di Putin risalgono agli inizi del XVII secolo nei villaggi di Turginovo e Pominovo, località della regione di Tver, nella Russia centrale, che in epoca sovietica era la regione di Gor'kj, come il nome del grande scrittore esule in Italia. Il primo antenato di Putin del quale si rintracciano elementi documentali e anagrafici è Jiakim Nikitin, un contadino senza terra che abitava nel villaggio di Borodino posto all'entrata di Turginovo. Nella storia russa Borodino è un nome importante, perché qui si svolse l'omonima battaglia, detta anche battaglia della Moscova, combattuta il 7 settembre 1812 tra l'esercito imperiale russo e quello francese di Napoleone Bonaparte. La narrazione dello scontro nel villaggio di Borodino diventerà una delle pagine più belle ed epiche del romanzo *Guerra e pace* di Lev Tolstoj, che vi fece coincidere l'inizio del riscatto russo. Si scontrarono oltre 250mila uomini, con perdite immani da entrambe le parti. Tatticamente fu una vittoria francese ma l'enorme costo peserà sul prosieguo della campagna, «la più terribile delle mie battaglie», dirà Napoleone.

L'avo di Putin era un servo della gleba appartenente al principe Ivan Nikitič Romanov, zio dello zar Michail Fëdorovič. Il cognome dell'antenato di Putin, Nikitin, rivelava con chiarezza il dominio che su di lui esercitava come su di un oggetto il signore, perché quel «Nikitin» indica, appunto «di Nikitič».

La condizione della servitù della gleba era assimilabile a una quasi schiavitù e la sua persistenza fu una delle cause dell'arretratezza civile e sociale della Russia, dell'enorme ritardo della sua fuoriuscita da una società feudale. Solo nel 1861, molti decenni più tardi che nel resto d'Europa, fu formalmente abolita. E anche quando venne giuridicamente cancellata rimase *de facto* per molti decenni, in alcune regioni fino alla Rivoluzione d'Ottobre.

Le notizie più certe sulla famiglia Putin sono quelle che partono dal nonno paterno Spiridon Ivanovič. Su di lui si conoscono elementi di vita molto precisi, a cominciare dal mestiere di cuoco, che svolse prestando servizio prima alla «corte» del grande protagonista della Rivoluzione bolscevica Vladimir Il'ič Ul'janov (Lenin), poi in una delle residenze di campagna di Iosif Vissarionovič Džugašvili (Stalin). A dispetto dell'iconografia rivoluzionaria, l'aristocrazia comunista viveva, infatti, in lussuose residenze, ereditate dalla nobiltà zarista, assistita da piccole corti.

Dopo la morte dei due «padri» del comunismo, Spiridon Ivanovič fu trasferito a dirigere la cucina della casa di riposo del comitato del partito moscovita di Il'insk; morirà nel 1979 e gli sarà concessa sepoltura nel cimitero della stessa cittadina, accanto alla moglie Olga. La biografia del nonno e poi quella del padre di Volodja non furono irrilevanti ai fini della futura carriera del giovane Putin. Per quanto fosse stato solo un cuoco, già il fatto di essere ammesso alla cerchia ristretta dei grandi capi rivoluzionari, in un contesto dove il minimo sospetto poteva determinare la soppressione, indicava affidabilità bolscevica. Il nonno passò indenne il periodo delle purghe più tremende, dove una semplice parola fuori posto conduceva diretta ai gulag o alla fucilazione. Allo stesso modo, la giovanissima adesione del padre al comunismo, quando gli esiti della partita rivoluzionaria erano ancora incerti, conferirono alla famiglia Putin un riconoscimento sociale. La stessa madre, sia pure come donna di servizio, aveva lavorato nel delicato edificio del comando navale, a cui solo persone fidate potevano accedere. Tutto ciò peserà, perché nel sistema sovietico solo coloro che provenivano da famiglie ritenute affidabili potevano entrare in certi apparati dello Stato.

Man mano che cresceva, Putin, pur mantenendo un carattere vivace, migliorò di molto i rapporti con la scuola, cominciando a distinguersi per intelligenza e impegno. Intorno ai tredici anni iniziò a segnalarsi ai suoi insegnanti come uno degli elementi più brillanti, seguiva con attenzione le lezioni, approfondiva e leggeva di continuo, anche al di fuori dei programmi di studi. La svolta fa sì che non solo venga rimosso il divieto di accesso alle organizzazioni giovanili del partito ma che Vova venga addirittura eletto presidente della sua classe, ruolo che veniva assegnato ai più bravi. Il successo negli studi si conferma anche nella scuola secondaria, che completerà nel 1970.

I genitori cominciano a provare orgoglio per questo unico figlio che, forse, li ripaga delle durezze e mutilazioni della guerra. Il piccolo Putin è coperto di premure, possiede un orologio, un raro e assoluto privilegio per gli adolescenti dell'epoca.

La predisposizione ai gesti violenti resta ma Vladimir cerca di indirizzarla in un'attività sportiva: prova il pugilato, e in uno dei primi combattimenti gli viene spaccato il setto nasale. Allora sceglie una disciplina meno rude e più tecnica: il Sambo. È una lotta tipicamente russa (la parola indica l'acronimo di autodifesa senz'armi), che fonde elementi di karate e di judo con l'aggiunta di alcune mosse di corpo a corpo popolare russo. Era praticato soprattutto nei formazioni d'élite dell'Armata Rossa. I genitori non erano affatto d'accordo, avrebbero preferito la semplice ginnastica, soprattutto la madre Marija temeva per l'incolumità del figlio e giudicava «inutile» disperdere energie in tal modo. Ma un allenatore li convinse che era meglio contenere in questo modo l'esuberanza del figlio, piuttosto che lasciarla sfogare nelle risse di strada.

La passione per le arti marziali continuerà negli anni successivi, Vova si dedicherà al judo diventando, nel 1976, campione cittadino di Leningrado, dopo essere diventato cintura nera del *sesto dan* e dopo aver ottenuto due master in questa disciplina.

Anni dopo, in un'intervista, motiverà così la scelta di praticare questa lotta di origini giapponesi: «Il judo non è solo sport, è una filosofia: rispetto per i più anziani, per l'avversario, tutto, dal rituale fino ai minimi dettagli, reca un aspetto educativo. Lo sport è tale, quando c'è sudore, il sangue, un duro lavoro».[10]

II

L'ASSEDIO

Il reggimento degli immortali

La Piazza Rossa è piena di sole, tutto è pronto, ordinato e disciplinato. Ognuno è al posto prestabilito e sembra sapere perfettamente cosa fare. È davvero una mattinata bellissima. Il 9 maggio 2015 è il giorno che scandisce i settant'anni dalla fine della Seconda guerra mondiale. Le autorità russe hanno predisposto un'imponente parata per celebrare la vittoria sul nazismo. Non sono stati lesinati mezzi economici e l'organizzazione è stata curata direttamente dal ministero della Difesa, dotato di poteri speciali.

La marcia per ricordare la vittoria era stata una consolidata tradizione sovietica, un'occasione per esibire il ruolo di superpotenza durante la Guerra fredda, l'iconografia imperiale è impressa nella memoria di milioni di persone, il segretario del PCUS schierato con i membri del Politburo e gli alleati del Patto di Varsavia sulla Torre Nikolskaja. Poi l'evento era decaduto durante il caos seguito alla fine dell'URSS.

Putin ha voluto che questa volta si tornasse a celebrare con solennità e imponenza la vittoria sui tedeschi. È stata allestita una cornice maestosa, a cominciare dalle 400mila persone radunatesi in piazza. In quella che è la più importante parata della Russia contemporanea, stanno per sfilare 15mila soldati russi, 1300 soldati stranieri, 200 carrarmati e 143 tra elicotteri e aerei. Le condizioni meteorologiche aiutano la perfetta coreografia.

A fine parata è attesa la sfilata del cosiddetto «reggimento degli immortali», una consuetudine nata, per caso, spontaneamente, non molti anni fa, nella lontana città siberiana di Tomsk e rapidamente dilagata in tutta la Russia. Gente comune sfila con in mano il ritratto di un parente (un genitore, un nonno...) che ha combattuto quella guerra. Un modo per far partecipare chi non c'è più alla parata. Ecco perché è stato chiamato il «reggimento degli immortali», un ponte ideale fra le generazioni di oggi e quella che ha combattuto.

Quando sulla piazza compare il corteo, accade una cosa imprevista. Il presidente Putin abbandona il palco d'onore sulla Torre Nikolskaja, quella dell'orologio, dove appena pochi minuti prima era accanto al presidente cinese Xi Jinping, e si immerge nell'interminabile sfilata di persone. Porta anche lui un cartello, con sopra la foto del padre, Vladimir Spiridonovič, ha anche messo sul bavero un fiocchetto nero-arancio, simbolo delle armate zariste, si confonde fra i ragazzini in divisa d'epoca e ragazze con le «bustine» dei loro antenati veterani. «Penso che mio padre, come milioni di soldati semplici, e lui non era che un soldato semplice, si fosse guadagnato il diritto di marciare su questa piazza, ma il destino ha deciso diversamente, e non tutti l'hanno potuto fare» dice Putin ai giornalisti.

I monumenti della «Grande guerra patriottica» che costellano la Russia dall'Europa al Pacifico ricordando i caduti, enunciano un messaggio che è indelebile nella memoria di ciascun russo: *Nykto ne zabyt. Nikto ne zabyto* (Nessuno è dimenticato. Nulla è dimenticato).

Sokal, Oblast' di Leopoli

Per raggiungere quella baracca di legno, Alfred Liskow aveva seriamente rischiato la pelle. Si era fatto assegnare di proposito a un punto di osservazione avanzato, la sua richiesta era parsa come la richiesta di un soldato che voleva dimostrare ai suoi superiori sprezzo del pericolo. In realtà, erano giorni che meditava di disertare, di raggiungere le linee dei compagni sovietici. Aveva preso in cuor suo questa rischiosissima decisione quando gli era parso chiaro che i suoi connazionali stessero per attaccare.

Poco dopo il passaggio della pattuglia che gli aveva portato il rancio e controllato la postazione, era saltato fuori dalla sua buca protetta e, tenendosi basso, si era diretto verso il confine con l'Unione Sovietica. Il suo orologio segnava le 20.00 ma sembrava mezzogiorno, la luce era fortissima, la notte tra il 21 e il 22 giugno sarebbe stata la più corta dell'anno e a Leningrado, famosa per le sue «notti bianche», il sole non sarebbe mai calato.

Alfred era un falegname bavarese, nato nei dintorni di Monaco. Poco più che adolescente, seguendo le orme del padre socialista si era dichiarato comunista. Alla fine del 1918 aveva partecipato entusiasticamente alla rivolta sfociata nella breve esperienza della Repubblica Socialista di Baviera guidata da Kurt Eisner. Dopo l'avvento dei nazisti al potere, però, aveva preferito abbandonare ogni impegno politico, non senza qualche rimorso rispetto a quei compagni che, invece, avevano continuato a esporsi e avevano pagato con la vita la fede comunista.

L'aggressione tedesca della Polonia lo aveva spinto, inquadrato come fuciliere della Wehrmacht, al confine con l'Ucraina, a ridosso della zona di Sokal. In quei giorni aveva pensato e deciso il suo riscatto: avvertire l'Armata Rossa dell'imminenza dell'assalto nazista. Le possibilità di fallire e finire male erano altissime, approssimandosi l'ora X una serie di pattuglie di sabotatori e corpi speciali tedeschi si era spinta avanti, oltrepassando la sua postazione e sconfinando in Unione Sovietica. Se lo avessero individuato gli avrebbero chiesto conto dell'abbandono del suo posto e del perché si fosse spinto avanti verso il confine. C'era poi la concreta possibilità di ricevere una fucilata da una delle guardie di confine sovietiche.

Eppure, senza incontrare ostacoli, dopo poco più di un'ora, Alfred Liskow aveva raggiunto una baracca di legno, qualche chilometro oltre la linea di confine, all'interno della quale alcuni militari sovietici stavano rilassati a fumare e bere vodka. Si trattava di ragazzi giovanissimi, truppe non particolarmente adde-strate, destinate alla blanda sorveglianza del confine.

Non finiscono di esprimere il loro stupore nel ritrovarsi da-vanti un soldato tedesco della Wehrmacht, che Liskow comin-cia a recitare un discorsetto in un russo incerto, che aveva ripas-sato da giorni: «Buonasera compagni. Sono un soldato tedesco ma sono qui perché sono da sempre un comunista e l'Unione So-vietica è la patria di tutti i proletari. Ho disertato per avvertirvi che questa notte la Germania vi invaderà».

L'incredulità e la sorpresa aumentavano. Il sergente che co-mandava il gruppo mandò subito a chiamare l'ufficiale di guar-dia, che a sua volta chiese che li raggiungesse immediatamente il commissario politico della brigata.

I ranghi alti e medi dell'esercito sovietico erano stati falcidiati dalle famigerate purghe staliniane del 1936 e del 1937: una frase sbagliata, un sussurro fuori posto o semplicemente il nulla po-tevano determinare l'eliminazione fisica. Il nerbo più vivo della gerarchia dell'esercito russo ma anche molti ufficiali provenien-ti dall'esperienza bolscevica erano stati spazzati dalle fucilazio-ni di massa. E queste decimazioni avrebbero pesato molto nel-la prima fase della guerra. Nel 1939 le cose erano migliorate ma regnava sempre un clima di sospetto permanente.

Ci volle oltre un'ora abbondante prima che le rivelazioni di Alfred Liskow potessero giungere a Mosca e, soprattutto, es-sere portate a conoscenza del generale Georgij Konstantinovič Žukov, il militare più brillante dell'Armata Rossa. Per i suoi me-riti di guerra sarebbe diventato maresciallo dell'Unione Sovie-tica. Nel 1941 era tra i cervelli dello stato maggiore, chiamato Commissariato della Difesa. Il soldato tedesco dava per sconta-to un imponente attacco tedesco nella nottata. La storia gli darà ragione quando alle 3.30, ora di Berlino, e le 4.30 ora di Mosca, oltre 3 milioni di uomini si muoveranno su un fronte di tremila chilometri, dopo essere stati preceduti da massicci attacchi ae-rei e da un'intensa attività degli incursori. Era iniziata l'opera-zione «Barbarossa».

Georgij Žukov dava peso a quell'informazione. Per lui non era l'affermazione di un folle o, peggio ancora, di un agente provocatore. Il generale da giorni analizzava una serie di rapporti e relazioni e componeva un chiaro mosaico. Il giorno prima, il 20 giugno, il viceministro della Marina mercantile Artëm Mikojan aveva telefonato per avvisarlo di un fenomeno molto strano: le navi tedesche stavano salpando dai porti sovietici senza aver scaricato le loro merci. A Mosca, invece, l'NKVD (la polizia segreta) aveva segnalato un'insolita attività dell'ambasciata tedesca, dalle cui ciminiere usciva continuamente fumo, come se le stufe funzionassero a pieno ritmo, cosa non normale con il clima di quelle giornate, forse per bruciare qualcosa, magari dei documenti. Nelle ultime ore, infine, un altro disertore, un lituano di lingua tedesca, aveva passato le linee nella zona di competenza del 16° corpo sovietico, annunciando l'invasione tedesca.

Più volte Žukov aveva esortato Stalin ad assumere decisioni rapide e radicali ma il leader sovietico si era mostrato prima incredulo, poi, di fronte all'evidenza, aveva bollato come piccole «provocazioni» le azioni tedesche. Žukov, invece, non aveva dubbi, lo aveva implorato e aveva mostrato molto coraggio nel contrastare apertamente le convinzioni del dittatore.

Quello di Stalin è un rifiuto psicologico, il sentimento di un'amante tradita che non vuole credere alla realtà. Il 23 agosto 1939 era stato siglato il cosiddetto «patto di non aggressione» tra i due ministri degli Esteri, dell'URSS e di Germania, Vjačeslav Molotov e Joachim von Ribbentrop. Qualcuno lo aveva definito anche il patto fra Hitler e Stalin, molto più di un accordo di non belligeranza, un vero «patto fra diavoli» come sarà definito dagli storici, un'alleanza sotterranea tra due opposte ideologie. Accanto ai sette capitoli ufficiali del trattato, pubblicati dalla «Pravda» il giorno dopo la sigla, c'era un protocollo aggiuntivo segreto con il quale tedeschi e sovietici avevano stabilito la spartizione militare della Polonia e le reciproche aree di influenza a est, nei paesi del Baltico, verso il Caucaso. È un patto che crea scalpore nel mondo. Secondo lo storico Ernst Nolte, il nazionalsocialismo era nato in antitesi al bolscevismo, e i due sistemi – le due dittature – si configuravano come parti contrapposte di quella che definì la «guerra civile europea». Quest'intesa, invece, dimostra che al di là delle differenze, che pure ci sono, nazismo e comunismo hanno molti tratti in comune.[1] I due regimi hanno entrambi la presunzione di costruire una «persona nuova» disumanizzata e totalizzata, forgiata solo dai canoni dell'ideologia, scevra da ogni diversità, «l'uomo ariano» non tanto diverso «dall'uomo sovietico», obiettivi per cui lavoravano la Hitlerjugend e il Komsomol (la Lega dei giovani comunisti).

Stalin credeva, secondo la definizione dello storico Chris Bellamy, nell'«idillio crudele», stabilito con Hitler, per cui non voleva credere all'attacco nazista. Nei giorni precedenti l'operazione Barbarossa, quando i segnali erano chiari, si era rifugiato nella dacia di Kuncevo a bere, quasi non volesse ascoltare i rapporti dei suoi generali. Per molte ore successive all'invasione, quando dal fronte per migliaia di chilometri giungevano i rapporti sui bombardamenti e il movimento in massa di ben 122 divisioni tedesche e dei loro alleati rumeni, Stalin aveva indugiato sperando che le notizie fossero esagerate e che non si trattasse di un vero attacco. Quanto ai disertori, che con coraggio e fede nelle loro idee comuniste avevano raggiunto le linee sovietiche, per Stalin erano dei «provocatori» e per questo andavano fucilati all'istante. Così finì il falegname bavarese Alfred Liskow, ucciso da coloro che voleva salvare.[2]

La giornata di sabato 21 giugno 1941 era stata calda e gradevole a Berlino, a Mosca e a Leningrado, domenica 22 si preannunciava altrettanto soleggiata. Solo in tarda serata, cedendo alle insistenze dei suoi collaboratori, il leader sovietico si era indotto a convocare al Cremlino Molotov, Berija e Timošenko, ai quali si unì poco dopo Žukov. A loro il sessantatreenne Stalin continuò a esporre le sue convinzioni: è una provocazione nella quale non bisogna cadere. Tuttavia, messo alle strette, accetta di impartire un ordine ai comandi militari, classificato come il numero uno del NKO (Commissariato del Popolo alla Difesa), con un testo pieno di indicazioni equivoche, come quella di concentrare gli aerei sulle piste di decollo, dove sarebbero diventati facile preda dei bombardamenti della Luftwaffe, che solo nel primo giorno di guerra riuscirono a distruggere al suolo 1200 velivoli sovietici.

Alle 6 del mattino del 22 giugno Radio Mosca, come da normale programmazione, trasmette le indicazioni per gli esercizi di ginnastica, il breve notiziario che segue non dice nulla della guerra iniziata. Ci vorranno sei ore prima che il Politburo affidi a Molotov l'incarico di trasmettere un annuncio speciale al popolo sovietico.

A quel punto anche Stalin si sarebbe scosso dal suo stato di torpore e avrebbe assunto la direzione di quella che stava per diventare la «Grande guerra patriottica».

Leningrado

Dalla bocca dei cavalli esce fumo denso, ora sono fermi, ma fino a pochi istanti prima i dodici cavalieri che li montano li hanno spronati a percorrere quella desolata landa paludosa, dove non c'è nulla, se non qualche capanno isolato di pescatori. La nebbia è fitta e nonostante sia primavera, quella del 1703, fa freddo. Tuttavia, oltre l'apparente desolazione, c'è qualcosa di maestoso in quel luogo. C'è il fiume Neva, imponente, che disegna un percorso sinuoso prima di sfociare nel grande Mar Baltico. Ci sono i lupi e gli orsi, animali simbolo del grande Nord. La visione è completata da piccole isole, densamente ricoperte di vegetazione, che presidiano il delta del fiume.

La nebbia è fitta, un uomo del drappello smonta da cavallo. È quello vestito con la divisa militare più elegante, anche se austera. Si china leggermente e con la baionetta che si fa porgere da un soldato descrive un cerchio sul terreno fangoso. Proclama netto: «Qui sorgerà una città».[3]

L'uomo che ha tracciato con la baionetta la futura città è lo zar Pietro I Romanov, che la storia consacrerà come Pietro il Grande.[4] I russi sono alla ricerca di un luogo dove edificare un forte perché sono in guerra con gli svedesi. Nella primavera del 1703, le loro fanterie avevano disceso il corso della Neva, da Schlüsselburg verso il Golfo di Finlandia, presa la fortezza svedese di Nyenkans dovevano consolidare le loro posizioni. Ma quel luogo sulla foce della Neva sarebbe diventato altro.

La fondazione di San Pietroburgo è diventata un momento epico dello spirito russo. La storiografia e la letteratura hanno elaborato diverse versioni su questo momento ma la leggenda più diffusa vuole l'arrivo di Pietro sull'isola dove nascerà la fortezza di Pietro e Paolo guidato da un'aquila che volteggia nel cielo. Lo zar taglia con la baionetta due zolle e le mette a forma di croce sul terreno, poi con due rametti d'albero fa un'altra croce che poggia sopra l'altra. E pronuncia una frase: «Nel nome di Gesù Cristo qui sorgerà una chiesa dedicata agli apostoli Pietro e Paolo». Poi fa piantare nel terreno due tronchi di betulla, simbolo di una sorta di prima porta d'ingresso alla città, a quel punto l'aquila prima si posa su uno dei due pali, poi sulla spalla dello zar Pietro.

I primi versi del famoso poema *Il cavaliere di bronzo*, del più amato poeta russo, Aleksandr Puškin, immortaleranno questo momento con versi che ogni russo conosce: «D'onde deserte sulla riva/ e guardava lontano...».[5]

Leggende e poesie a parte, la costruzione di San Pietroburgo fu una delle opere più straordinarie dell'epoca, segno tangibile della Russia imperiale, edificata a tappe forzate, in pochissimo tempo. Bastarono appena quattro mesi e 25mila coscritti per tirare su la fortezza di Pietro e Paolo, il primo nucleo attorno al quale sarebbe sorta la città.

Oltre trecentomila fra servi della gleba e militari, provenienti anche dalle più remote regioni della Russia, furono insediati nella zona. L'acqua era ad appena un metro di profondità sotto il terreno e fu necessario trasportare da lontano, con immane fatica, pietre giganti per basare le fondamenta degli edifici. Grandi quantità di granito furono importate dalla Carelia, travertino dall'Italia, arenaria dalla Germania, porfido dalla Svezia, oltre che tecnici da mezza Europa per costruire canali e dighe. Nel *Cavaliere di bronzo* di Puškin la statua equestre di Pietro diventa il simbolo della mitologia russa, omaggio allo zar che ha trasformato un luogo inospitale nel sogno europeo dell'umanesimo russo.

L'imperatore aveva in testa due modelli: Amsterdam, che aveva conosciuto di persona, e Venezia, vista nei dipinti e nelle stampe, città che lo aveva affascinato per la sua storia e sulla quale aveva letto molto. Un ruolo decisivo fu svolto dai grandi architetti italiani che furono chiamati a realizzare alcuni tra gli edifici più maestosi. Nasce così l'epica di Pietroburgo, che si guadagna le definizioni di «Venezia del Nord» o «Palmira del Nord», la metropoli chiamata a dare un'impronta europea alla Russia. Un luogo che diventa un palcoscenico letterario universale con i *Racconti di Pietroburgo* (1835) di Nicolaj Gogol', *Delitto e castigo* (1866) di Dostoevskij, *Pietroburgo* (1913) di Andrej Belyj, città animata da un'umanità intensa, varia, ricca di sentimenti, dai burocrati imperiali di Gogol', figure allegoriche e cariche di ironia, agli angoscianti personaggi del grande Dostoevskij.

«San Pietroburgo era più di una città. Era un grande progetto, in certo modo utopistico, di ingegneria culturale per rimodellare il russo come uomo europeo» scrive Orlando Figes. Un tentativo di ingresso nella modernità. Gran parte della letteratura di Dostoevskij fa di questa metropoli il suo teatro, percorre «la più astratta e artificiosa di tutto il globo terrestre»,[6] dove è possibile vivere «una notte meravigliosa, una di quelle notti che possono esistere solo quando siamo giovani...».[7] E gran parte della sua magia deriva dai contrasti, perché come nota Belyj «qui alla gelida geometria dei palazzi e delle prospettive, alla compatta sequela di case-scatole, di case-cubi si contrappone l'informe sregolatezza delle isole, pittoresche e recondite».[8]

Il cerchio di ferro

La sera dell'8 settembre 1941 per i tedeschi si chiude un'altra giornata di rapide avanzate sul fronte russo ma è a suo modo una giornata speciale perché, dopo aver macinato sotto i cingolati altri chilometri di territorio sovietico, l'OKW (*Oberkommando der Wehrmacht*) diffonde un atteso comunicato: «Il cerchio di ferro intorno a Leningrado è stato chiuso».[9] È un annuncio di grande impatto psicologico. San Pietroburgo, la città culla dello spirito russo, è assediata. Leningrado porta il nome del leader della Rivoluzione d'Ottobre, è un centro industriale strategico, anche nella produzione degli armamenti, il più grande porto russo, luogo simbolo dei bolscevichi, che ne avevano fatto la culla del comunismo.

La 48ª armata sovietica posta a protezione della città viene spezzata dalla 20ª divisione motorizzata tedesca e dalla 12ª Panzer che, attraversata la Neva, giungono ad appena sedici chilometri dal centro di Leningrado. I tedeschi travolgono i russi, disponendo di una schiacciante superiorità tecnologica in fatto di armamento, mobilità e preparazione militare. L'Armata Rossa ha scarse munizioni, poco addestramento, i suoi uomini sono confusi e senza direttive chiare.

Il resto della Russia e soprattutto il Cremlino, con la Wehrmacht che punta diritto verso Mosca, non appare in grado di soccorrere la città. Stalin si limita a inviare, due giorni dopo la chiusura dell'assedio, con un rischioso volo il generale Žukov per riorganizzare il comando e dare un segnale: nessuno è stato abbandonato. Ma si tratta solo di una mossa propagandistica perché presto il generale sarebbe tornato a Mosca per affrontare un'altra emergenza. In realtà Stalin, da sempre aveva manifestato, anche pubblicamente, il suo odio per Leningrado, che giudicava città troppo sofisticata, con i suoi tanti intellettuali, il suo multiculturalismo e, soprattutto, per il suo costante dialogo con l'Occidente. Al Cremlino la direttiva è chiara: bisogna mostrare al mondo che la si aiuta, ma senza troppo impegno, giusto per salvare le apparenze.

San Pietroburgo appare una facile preda ma nel cerchio d'assedio c'è una piccola pista che passa per il lago Ladoga. Diventerà un varco leggendario che si rivelerà la linfa vitale per la sopravvivenza della città.

All'inizio delle ostilità, il 22 giugno, la popolazione di Leningrado era stata calcolata in 2 milioni e 800mila residenti ma con l'afflusso dei profughi incalzati dai tedeschi, i militari e i marinai della flotta del Baltico, la cifra dei presenti sfiora dopo poche settimane i 3 milioni e 400mila unità, in assoluto la più grande massa di popolazione mai assediata nella storia. Inizia un'epica resistenza, fatta di fame, gelo, crudeltà, epidemie, immani sofferenze, destinata a essere alleggerita parzialmente solo nel gennaio 1943, mentre per la vera liberazione bisognerà attendere il 18 gennaio 1944. Alla crudeltà nazista si sarebbe aggiunto il cinismo dei comunisti sovietici che avrebbero impedito, con fucilazioni sommarie, ogni tentativo di fuga o di resa da parte della popolazione civile. Netto l'ordine con cui Stalin il 21 settembre ordina di uccidere all'istante quei dirigenti bolscevichi che pensano all'ipotesi di un corridoio umanitario per far evacuare la popolazione. Nella strategia del Cremlino, i 3 milioni di assediati devono rimanere lì perché sono un ingombro all'avanzata tedesca.

Una vasta letteratura, non solo storiografica, ha documentato l'orrore dell'assedio. In breve l'alimentazione viene razionata al solo pane, 500 grammi al giorno per i militari combattenti, 250 grammi per gli operai che producono armi, 125 per tutti gli altri. L'Istituto universitario della facoltà di Chimica di Leningrado escogita un sistema per panificare pagnotte con la «cellulosa tratta dalla colla rappresa sul retro delle tappezzerie strappate dalle pareti».[10]

L'angoscia della fame fece commettere cose tremende: prima furono mangiati tutti i piccioni, poi i gatti e infine anche i topi. «Ci fu anche di peggio. Fin da novembre si parlava di bambini scomparsi, e i genitori cominciarono quindi a tenerli lontano dalle strade per le voci che giravano sul cannibalismo.»[11] Si tratta di fatti mai documentati ufficialmente ma di cui riferiscono molteplici fonti, a cominciare dal libro di Harrison Salisbury, *I 900 giorni*.

Il Mercato del Fieno (Sennoj Rynok), già narrato da Dostoevskij, è raccontato come il luogo dove vengono vendute polpette fatte con carne di cavallo, cane, gatto e topo ma non umana. Tuttavia, altri libri raccontavano di «come si preferissero i bambini, perché avevano un gusto migliore, e poi le donne».[12]

Appare evidente che la questione sotto il profilo della verità storica va affrontata con estrema cautela: l'unico dato certo è quello riferito da un funzionario dell'Archivio centrale di Stato che parla in un rapporto di 1500 persone arrestate con l'accusa di cannibalismo.

L'assedio costerà tra civili e militari oltre un milione di morti, di cui 620mila nel solo primo, terribile inverno. L'eroismo di molti cittadini è la regola diffusa. La vita era per ciascuno, militare o civile, legata a un filo tenue. Dare anche nelle cose apparentemente marginali un segnale di normalità diventa fondamentale per la tenuta morale.

Nella primavera del 1942, a qualcuno viene l'idea di lanciare una sfida ai tedeschi organizzando nella città assediata l'esecuzione della *Sinfonia di Leningrado*, la settima composta da Dmitrij Šostakovič. Diventerà un fatto di rilevanza mondiale, simbolo della difesa e della voglia di Leningrado di vivere. La Filarmonica era stata evacuata, ma fu radunata un'orchestra di musicisti finiti al fronte. Dopo sei settimane di prove accidentate, tra un colpo di cannone e un altro, interrotti dagli allarmi aerei, l'orchestra fu pronta. Il concerto si tenne il 9 agosto 1942, giorno in cui Hitler aveva programmato di festeggiare la caduta della metropoli, e adeguatamente pubblicizzato. Fu ascoltata via radio in tutta l'Unione Sovietica e attraverso le onde corte in Gran Bretagna e negli Stati Uniti. Le note risuonarono mentre fuori la Sala della Filarmonica si scatenava l'inferno, il generale tedesco Friedrich Ferch ordinò alle proprie artiglierie di spazzare via il teatro ma l'artiglieria sovietica del generale Leonid Govorov rispose colpo su colpo, rendendo possibile il concerto. Sul piano militare questa esecuzione musicale, ovviamente, non significò nulla ma l'impatto, in termini di orgoglio, per la città circondata fu notevole. Grazie agli altoparlanti le note riecheggiarono per le strade, lo scrittore Aleksandr Rozenbaum descrisse i sentimenti di quel momento: «Al concerto molti piangevano. Alcuni perché questo era l'unico modo in cui potevano mostrare la loro gioia; altri perché avevano sperimentato ciò che la musica esprimeva con tanta forza; altri piangevano dal dolore per le persone che avevano perso; o solo perché erano sopraffatti dall'emozione di essere ancora vivi».[13]

Leningrado dovette sopportare due inverni di durissimo assedio. A consentire la sopravvivenza fu un piccolo cordone ombelicale, un passaggio mantenuto aperto sul lago Ladoga, a est della città, la strada della vita (*doroga žizni*), oltre cento chilometri da una riva all'altra del lago gelato, che venivano percorsi con gli autocarri misurando palmo a palmo lo spessore del ghiaccio per il rischio e il timore che potesse cedere.

Mantenere aperta la strada, attraverso ingegnose soluzioni tecniche e respingendo gli attacchi dei tedeschi, che ne avevano capito l'importanza, fu il fattore chiave della resistenza, perché consentì di trasportare fino a 700 tonnellate di rifornimenti.

Alla fine, come scrive Chris Bellamy «il coraggio, la determinazione e la tenuta della maggior parte della popolazione permisero a Leningrado di reggere».[14]

Le ferite restarono profonde. Il filosofo Isaiah Berlin descrive il ritorno della poetessa Anna Achmatova a Leningrado: «Non era che un immenso cimitero, il camposanto dei suoi amici, era ciò che restava di una foresta dopo l'incendio, i pochi alberi carbonizzati rendevano la desolazione ancor più desolata».[15]

Quando Vladimir Vladimirovič Putin nasce, nel 1952, le memorie personali e collettive dell'assedio sono vivissime, a cominciare dalla sua famiglia. La sua stessa nascita simboleggia per la sua famiglia la volontà di ricominciare.

III

L'AGENTE

Liteinij Prospekt

Quella mattina le strade di Leningrado erano come al solito affollate di gente, fiumane di persone in movimento. Eppure, nessuno osava passare, anche solo poggiare i piedi su un lungo marciapiede ordinato e lustrato, sulla Liteinij Prospekt, esattamente davanti al numero 4, il tratto della Nevskij Prospekt che separa la chiesa della Madonna di Lourdes da quella di Santa Caterina d'Alessandria, non lontano dalla riva della Neva. L'ampio spazio introduceva a un grande edificio, assolutamente anonimo, fatto di elementi squadrati, tipico dell'impersonale architettura sovietica. Un blocco gigantesco, tirato su nel 1931 e completato l'anno dopo, accanto a splendidi palazzi ottocenteschi tipici della San Pietroburgo imperiale. Ai lati di questo enorme blocco, due torri di nove piani, poi al centro un corpaccione centrale di otto piani, grandi vetrate, un imponente ingresso principale con una cornice di marmo sulla Liteinij e altri ingressi nelle due strade laterali che fiancheggiano l'edificio. Un pugno nell'occhio se paragonato all'eleganza dell'architettura circostante.

È la sede del KGB (*Komitet gosudarstvennoj bezopasnosti* – Comitato per la sicurezza dello Stato) di Leningrado, la seconda per ordine d'importanza dopo quella sinistra e famosa della Lubjanka a Mosca. I cittadini di Leningrado la chiamano la «grande casa», Bolshoy Dom, e quando pronunciano questo nome abbassano sempre il tono della voce. Fu costruita come sede dell'OGPU, il direttorato politico della polizia segreta, che seguì il GPU, fondato dal polacco Feliks Dzeržinskij, che diventerà poi NKVD, quindi KGB, e dopo il crollo dell'Unione Sovietica FSB. A progettare questo brutto palazzo erano stati gli architetti Noi Trotsky, Alexandr Gegello e Andrey Ol, tutti e tre ascritti alla scuola cosiddetta del neoclassicismo stalinista. Stalin aveva lanciato una campagna contro quelli che erano stati definiti gli «eccessi dell'architettura borghese», per cui si imponevano alla nuova architettura linee scarne ed essenziali. All'interno c'è un vasto cortile che pochi hanno visto e vari piani sotterranei. Solo pensare a quello che era accaduto e ancora accadeva fino alla metà degli anni Ottanta in quel luogo mette i brividi: qui erano state consumate torture ed esecuzioni nel periodo delle purghe staliniane e anche dopo, nei decenni successivi.

Dall'austero ingresso principale non entrava mai nessuno, era di una sacralità quasi inviolabile, funzionari e addetti entravano dagli ingressi delle traverse laterali. Per questo la guardia che, in impeccabile uniforme, era seduta dietro una vuota scrivania, appena dopo la vetrata d'ingresso, rimane sorpresa nel vedere un ragazzo di appena sedici anni – ma ne mostra ancora meno – entrare a passo spedito. La gente comune stava ben lontana da quell'edificio. Anche se non era vietato percorrere a piedi il marciapiede antistante, nessuno lo faceva, come se ci fosse il pericolo di essere risucchiati dentro. E quelli che percorrevano il marciapiede opposto, dall'altra parte della strada allungavano il passo. Bel coraggio per un adolescente entrare lì. «Vorrei informazioni per lavorare qui, per entrare a far parte del vostro corpo» esclama il ragazzo biondiccio. Essere scortesi era quasi un dovere d'ufficio nel KGB.

«Non prendiamo persone che si offrono e poi occorre aver fatto il servizio militare oppure essere laureati. Tu chi sei?» risponde infastidito, e anche un po' preoccupato, l'addetto. Alla fine degli anni Sessanta si era in pieno grigiore sovietico, l'Occidente conosceva i fremiti del Sessantotto ma l'Unione Sovietica, anche se Stalin era morto da tempo, era immersa nella stagnazione brežneviana, pronta a sedare come in Cecoslovacchia ogni sussulto di libertà. In quel clima, ogni minimo sospetto, anche infondato, poteva generare guai seri.

«Sono uno studente. Mi dica, che tipo di studi dovrei fare?» insiste il giovane Vladimir. «Una qualsiasi laurea» risponde la guardia, contrariata da quella che gli sembra un'insolenza del ragazzo. «Ma preferibilmente, quale?» chiede ancora.

«La facoltà di Legge.»

A quel punto, insospettito, l'addetto chiede un documento e annota le generalità che avrebbe trasmesso con un rapportino ai suoi superiori. Non era certo un gesto di disponibilità, ma solo una precauzione. Chi è davvero quell'adolescente? A quale famiglia appartiene? E se fosse una trappola dei suoi superiori per verificare il suo livello di attenzione? Un terrorista? Non si sa mai. La vita nell'URSS è fatta di quotidiane circospezioni per evitare passi falsi.

A Vladimir Putin manca un anno per concludere la scuola secondaria. Racconterà di quell'esperienza al numero 4 di Liteinij Prospekt, aggiungendo che non aveva mai conosciuto quell'uomo prima di quel giorno e che non lo avrebbe rivisto mai più.[1]

A suscitare in lui l'idea di entrare nel KGB sono state le suggestioni di una lettura, *Lo scudo e la spada* (*Ščit i meč*), una *spy story* da cui è stata tratta anche una popolare serie televisiva, che narra le avventure di una spia sovietica in Germania, una sorta di James Bond comunista. Molti anni dopo, incontrando come primo ministro, al Cremlino, alcune spie russe espulse dagli Stati Uniti, Putin, in un clima di goliardia e cameratismo, avrebbe cantato con loro la sigla della serie TV. «Quando ero in nona classe, libri e film mi influenzarono a tal punto da far nascere in me il desiderio di entrare nel KGB. Non c'è niente di strano» racconterà in seguito.

Per quanto forgiati in un regime asfittico che non apriva certo le menti, anche i ragazzi sovietici nutrivano i loro sogni. La maggioranza aveva, forse, l'ambizione di fare l'astronauta o il calciatore, come i loro coetanei occidentali. Chissà quanti Volodja, invece, coltivavano l'ambizione di entrare nella polizia segreta.[2]

Qualcuno spiega al giovane che, al di là degli entusiasmi, l'accesso al KGB non è affatto facile, nella società sovietica questa organizzazione costituisce un'élite, nella quale entrano i più preparati e solo dopo una dura selezione. Di fronte a un apparato dello Stato, quello sovietico, pieno di inerzie, inefficienze, ritardi, i servizi segreti sono un'eccezione per la quale non si lesinano mezzi, ma per cui si selezionano solo elementi dotati.

Dopo la scuola dell'obbligo, Vova aveva frequentato l'istituto secondario, alla scuola 281. Man mano che proseguiva negli studi, mostrava maggiore impegno e buoni risultati. Era stato anche eletto capoclasse nella sesta delle secondarie. Intanto, già in quarta elementare aveva iniziato lo studio della lingua tedesca, mostrando una sorprendente versatilità. Poi aveva cominciato a studiare l'inglese. Vera Dmitrievna Gurevich era subentrata come maestra alla quarta classe, sostituendo la precedente insegnante Tamara Pavlovna Chizhova. Era stata lei a organizzare un gruppo di studio supplementare della lingua tedesca, un'attività aggiuntiva che richiedeva ore in più di frequenza. A questo corso facoltativo si erano presentati una decina di volontari, tra questi il piccolo Volodja, non senza sorpresa per i suoi insegnanti. E aveva anche mostrato subito un insolito interesse. Avrebbe raggiunto un'elevata padronanza sia del tedesco che dell'inglese.

Prima ancora di aspirare al KGB, il giovane Putin avrebbe dovuto superare uno scoglio notevole: accedere alla facoltà di Giurisprudenza, una cosa difficilissima all'epoca. Le università, tutte statali, erano a numero chiuso, ottenere un posto era un'impresa, ancor più nell'ateneo di Leningrado, ritenuto fra i più prestigiosi del paese. Quando Volodja espresse a scuola, in classe, davanti ai compagni e alla sua insegnante, l'intenzione di proseguire gli studi all'università, fu accolto da una risata di sorpresa. «Come farai?» gli chiese l'insegnante. «Ci penserò io» fu la risposta brusca.[3] Lo scetticismo non era tanto legato ai suoi meriti, quanto al contesto generale. L'Unione Sovietica si dichiarava una dittatura del proletariato, dove operai e contadini avrebbero dovuto costituire l'avanguardia della società. In realtà, l'ascensore sociale era bloccato da caste, i figli degli operai, se andava bene, facevano gli operai, così quelli dei contadini. All'università accedevano i figli della nomenklatura, appartenenti alle famiglie degli esponenti del partito, dei militari, della polizia e della magistratura. Alla facoltà di Giurisprudenza dell'Università di Leningrado venivano banditi cento posti l'anno e solo dieci erano per i giovani provenienti dalle scuole superiori. Il resto era riservato ai militari. La media faceva sì che di norma concorressero quaranta aspiranti per un solo posto. I genitori erano, ovviamente, d'accordo a che continuasse gli studi ma dubitavano della possibilità che riuscisse a entrare nell'ateneo più importante e propendevano per un'università più periferica e per la facoltà di Ingegneria. Prima di rimanere folgorato dalla passione per i servizi segreti, Volodja aveva parlato in famiglia dell'ipotesi di entrare nell'accademia dell'aviazione civile, che aveva sede a Leningrado; si era anche procurato la bibliografia dei testi da studiare per superare l'esame di ammissione e un abbonamento a una rivista specializzata del settore.

Nel 1970 Vladimir Vladimirovič supera i test e accede alla facoltà di Legge: «Ormai non mi interessava più l'accademia aeronautica, avevo fatto la mia scelta».[4] Si era diplomato con «ottimo» in storia, tedesco e educazione fisica; aveva ottenuto «buono» in letteratura russa e geografia; «sufficiente» in matematica, geometria, fisica e chimica.[5] Per la facoltà di Giurisprudenza, le materie scientifiche nelle quali non è brillante contano poco. Il traguardo di accedere all'università lo sprona e il ragazzo si dedica con impegno allo studio, ancora più di quanto avesse fatto negli ultimi due anni delle scuole superiori, lasciando poco spazio ad altre attività. Soprattutto non partecipa a quelle del *Komsomol'*, la gioventù comunista. Socializza poco con i compagni di studi, non partecipa ai momenti di goliardia. Tuttavia, durante gli anni dell'università, matura la decisione di iscriversi al PCUS (Partito Comunista dell'Unione Sovietica) che è poi l'unico partito legale in URSS. Sa bene che dopo la laurea per intraprendere una qualsiasi carriera nell'amministrazione dello Stato, non esistendo libere professioni, occorre essere iscritti al partito. D'estate, per guadagnare qualche rublo, lavora a Komi, disagiata località del Nord, in un cantiere dove taglia legname che servirà per riparare case. Più si lavorava in luoghi difficili, più si era pagati. Per una stagione ottiene mille rubli, che regala alla famiglia per rifare il tetto della dacia. L'impegno nello studio è sorprendente. Mostra una persona molto cambiata rispetto a quella che, solo qualche anno prima, si perdeva in risse e scazzottate.

Nel 1973 la madre di Putin acquista un biglietto della lotteria, con il quale vince un'automobile utilitaria, una Zaparožec-966. In Unione Sovietica il possesso privato di una vettura costituiva un grande privilegio: basti pensare che negli anni Settanta viaggiavano appena sessanta auto ogni mille abitanti (contro le 781 degli USA). Le auto straniere non venivano importate e la produzione nazionale era lentissima. Anche se si possedeva l'ingente somma richiesta (a volte un'auto costava più di una casa di campagna) occorreva aspettare anni in una lista d'attesa. Qualcuno si metteva in graduatoria per poi rivendere la prenotazione al momento dell'arrivo della vettura, realizzando un guadagno.

I genitori di Volodja avrebbero potuto vendere l'auto e investire il ricavato in qualcosa di più utile ma vogliono premiare il loro unico figlio che tra l'altro sta dando loro la soddisfazione di una brillante carriera universitaria. Con l'auto nuova e i soldi guadagnati nei cantieri, in compagnia di due amici, Putin fa un lungo viaggio dal Nord al Sud della Russia. All'epoca, ai cittadini russi non era consentito spostarsi all'estero e per muoversi nel paese occorreva un passaporto interno. Il giovane Putin deve accontentarsi di spingersi fino a Gagry, una cittadina dell'Abcasia sulla costa del Mar Nero, la più rinomata località di vacanze sovietica di quei tempi.

Vova mantiene anche negli anni universitari il suo carattere introverso, sospettoso di tutti. Non che non abbia amici ma ne seleziona tre o quattro che lo saranno per sempre, fra questi Viktor

Borišenko, compagno di classe delle elementari, e il violoncellista Sergei Roldugin, diventato poi solista di buon rango dell'orchestra del Teatro Mariinskij. Il giovane Putin si distingue anche
per alcune rare virtuosità: non beve alcolici, odia addirittura la
vodka, una distinzione inconsueta rispetto alla media dei russi,
che fanno delle bevute una sorta di sport nazionale. Allo stesso modo, non gioca. Non si tratta di un'ambizione alla perfezione, quanto di una parte della sua freddezza di carattere. «Bere
fa male agli allenamenti e allo studio» taglia corto con chi lo invita a partecipare alle ubriacature collettive del fine settimana.

Ai pochi amici a cui tiene apre la sua casa, «la famiglia di Volodja era molto cordiale» rievocherà Viktor Borišenko. «Non ci
cacciavano mai di casa. Ricordo che nella loro stanza, sul tavolo, c'era un enorme telefono nero... Pochi ragazzi della nostra
classe avevano il telefono... Quindi tutti correvano da Volodja
per telefonare. Perché pagare due copeche? I suoi genitori non
ci rimproveravano per questo. Ci avvertivano solo di non fare i
bulli al telefono.»[6]

Gli amici fidati venivano ospitati anche nella piccola dacia di
famiglia a Tosno, dove aiutavano i Putin nella cura dell'orto. Lì
Vova aveva «due responsabilità principali: tagliare la legna e portare l'acqua»[7] che mancava all'interno della casa.

L'altro amico più assiduo fu Vasilij Šestakov, diventato allenatore di professione e direttore della Scuola Polisportiva di Leningrado. Putin lo conobbe quando aveva sedici anni perché insieme
erano entrati a far parte della squadra Trud di Sambo, una rappresentativa che univa i migliori elementi della disciplina della città. Insieme parteciparono alle trasferte in altre città, condi-
videndo la stessa strada e diventando i preferiti dell'allenatore
Anatolij Semenovič Rachlin.

Al primo anno di università, un altro ragazzo entra nella ristretta cerchia di Vova. Si chiama Volodja Čeremuškin, viene
dalla città di Belaja in Ucraina. Ha un carattere aperto, molto
generoso e gioviale. Čeremuškin, appena giunto a Leningrado
per integrare la magra borsa di studio di cui dispone, trova un

lavoro come spazzino, ha l'incarico di pulire le strade al turno dell'alba. Riesce anche a trovare un minuscolo alloggio indipendente. Putin lo rispetta molto per la sua capacità di coniugare studio e lavoro e anche sua madre Marija Ivanovna prende in simpatia questo nuovo amico, regalandogli generi alimentari e un cuscino per dormire meglio. All'università i due trascorrono molto tempo insieme, si consultano, si scambiano appunti delle lezioni e libri.

Al terzo anno, si consuma una tragedia tanto assurda quanto inattesa. Volodja Čeremuškin aveva seguito Putin nella passione per il Sambo. Durante un'esibizione, nel settembre 1973, manca una presa e cade con la testa al tappeto, riportando la rottura delle vertebre cervicali. Muore poco dopo. Vladimir è sconvolto dal dolore, si chiude in un cupo mutismo, per poi esplodere in un lungo pianto ai funerali. Nei giorni successivi rimane in casa senza vedere nessuno. Qualche settimana dopo, come racconterà l'allenatore Anatolij Rachlin, Putin chiede spiegazioni agli organizzatori della manifestazione, propone l'apertura di un'inchiesta su quanto è accaduto. Ma a quei tempi, anche un incidente sportivo veniva messo subito a tacere e la cosa non ebbe seguito.

L'amico con il quale manterrà rapporti prolungati è il violoncellista Sergej Roldugin, che diventerà anche amico di famiglia e padrino della figlia maggiore Marija. Musicista di valore, riesce ad appassionare Volodja alla musica classica e ai concerti.

Il regime sovietico faceva ogni sforzo per indottrinare i giovani ma quasi sempre ne otteneva l'effetto opposto. La «cortina di ferro» non impediva che passassero, sia pur annacquati e sbiaditi, alcuni modelli della cultura giovanile americana. Per i ragazzi era una grande aspirazione possedere un semplice paio di blue jeans, ballare il rock e in generale assumere atteggiamenti non dissimili dai loro coetanei occidentali.

Il giovane Putin in questo non è diverso dagli altri. Gli piacciono le ragazze ma è ordinato e cauto anche nelle amicizie femminili. Durante gli studi ne conosce una, studentessa di medicina, molto carina, con la quale intraprende una relazione seria e importante. Il suo amico Sergej Roldugin la definisce una «ragazza bella, intelligente e con un carattere molto forte».[8]

«Fu un amore importante, eravamo decisi a sposarci» rievocherà anni dopo Volodja. «Avevamo chiesto la licenza matrimoniale, tutto era pronto. I nostri genitori avevano comprato anche gli anelli, i loro abiti e l'abito da sposa. Quella di annullare le nozze fu la più difficile decisione della mia vita. È stato davvero tremendo, mi sono sentito male. Ma ho deciso che era meglio soffrire allora che poi avere entrambi problemi dopo.»[9] Il matrimonio in URSS era quasi sempre «per la vita». Il divorzio era concesso ma veniva valutato male dal partito per chi si proponeva di fare carriera. I giornali, infatti, pubblicavano gli elenchi delle coppie che avevano chiesto di divorziare.

Perché il giovane Putin ruppe la promessa di matrimonio? Non lo ha mai chiarito ma è probabile che sia stato per la carriera.

Gli autori di biografie estremamente critiche nei confronti di Putin, a cominciare da Masha Gessen, sua oppositrice politica, hanno avanzato ipotesi, mai suffragate da fatti e documenti, sull'adolescenza di Volodja. Sarebbe stato un predestinato al KGB, già dagli anni della scuola, perché figlio di un membro della «riserva attiva». Il padre aveva effettivamente combattuto nei corpi speciali dell'NKVD e avrebbe mantenuto rapporti con l'apparato di sicurezza anche dopo la guerra. Proprio perché pensava a un futuro da agente per il figlio, lo avrebbe indirizzato all'apprendimento delle lingue straniere. Il KGB lo avrebbe aiutato a entrare all'università e gli avrebbe suggerito di non sposarsi troppo giovane, almeno non prima di entrare nell'organizzazione e concludere il periodo di formazione.

Teorie che appaiono alquanto fantasiose, mai supportate da testimonianze e prove. Vladimir Spiridonovič Putin era stato solo un soldato, sia pur inquadrato in un'unità d'élite, non certo un uomo della nomenklatura. Molto più semplicemente chi vagliò il suo arruolamento tenne conto delle origini familiari e dell'affidabilità del contesto in cui era cresciuto, ma questo avviene ed è avvenuto anche nelle più avanzate democrazie liberali, dove molto spesso i figli di militari, di diplomatici e di alti funzionari dello Stato riescono a percorrere le medesime carriere dei genitori.

Alla facoltà di Giurisprudenza di Leningrado, Volodja incrocia per la prima volta un brillante e giovane professore, Anatolij Sobciak, giurista di livello, raffinato e coltissimo, molto amato dagli studenti, che si accalcano alle sue lezioni. Definire Sobciak un dissidente, al pari di Sacharov o Solženicyn, è eccessivo, ma certamente appartiene a quella schiera di intellettuali che praticano una fronda verso il regime comunista. Nelle sue lezioni teorizza il passaggio dall'economia socialista pianificata alle liberalizzazioni e al mercato. Il giovane Putin ne resta affascinato. Lo rincontrerà anni dopo e sarà un passaggio cruciale della sua vita.

Nei cinque anni di università il giovane Putin continua ad accarezzare l'idea di poter coronare la sua grande ambizione e riuscire a entrare nel KGB. Durante l'estate che precede la conclusione dell'università partecipa come volontario a un campo di esercitazioni militari nella speranza che questo possa segnalarlo a chi di dovere. Ma non accade nulla. Vova comincia a pensare a delle alternative, come fare il magistrato, che comunque, nel sistema sovietico, significa occupare una posizione di rango, oppure l'avvocato, che all'epoca non era una professione ma un'attività di dipendenti statali, non esistendo attività libere. «Per tutti gli anni dell'università aspettai che l'uomo con il quale avevo parlato negli uffici del KGB si ricordasse di me. Ma si erano dimenticati tutti di me, perché quando mi presentai ero ancora uno scolaro. Ricordavo però che non arruolavano volontari e decisi di non prendere iniziative. Passarono quattro anni. Silenzio. Pensai che non ci fosse nulla da fare e cominciai a cercare altri possibili impieghi.»[10]

La partita sembrava chiusa, quando un giorno Putin ricevette una telefonata. Era un uomo dalla voce netta, non si qualificò con un nome e cognome, tanto meno specificò a quale titolo chiamasse. Quasi come se fosse un ordine, disse: «Dobbiamo incontrarci, parleremo del tuo futuro, del tuo lavoro, per il momento non voglio entrare nei dettagli».[11] Il tono perentorio, l'aura di mistero, fecero capire a Volodja che la famosa chiamata, sogno della sua vita, era finalmente arrivata.

Il primo incontro con l'anonimo funzionario del KGB che lo aveva convocato avvenne all'università, così il secondo, il terzo, il quarto e il quinto. L'uomo faceva domande sugli argomenti più disparati, si allontanava e tornava su questioni private e altre generali, non parlava mai del KGB, sembrava più una seduta di psicoanalisi. Quello che colpì favorevolmente il funzionario fu il carattere riservato, «non particolarmente espansivo» di questo giovane, che comunque «esprimeva energia, flessibilità mentale e coraggio».[12] Un'altra nota di merito fu segnalata per la conoscenza delle lingue.

Solo dopo il quinto colloquio giunse un funzionario di rango superiore, Dmitrij Gancerov, che gli formalizzò la proposta di assunzione presso il KGB. Si coronava il sogno perseguito da tanti anni, un'ambizione che tutto sommato lo aveva trasformato da teppista di strada in giovane studioso e diligente.

«L'ingresso fu molto burocratico e sistematico. Mi fu detto: "Andrai e farai quello che l'organizzazione riterrà opportuno. Sei pronto?". Se il richiedente mostrava incertezza e dichiarava di doverci pensare si passava immediatamente al successivo. Era un ambiente in cui non potevi dire: "Voglio questo e non voglio quest'altro".»

Nei giorni immediatamente successivi all'ingresso nei servizi, Vova va con la sua auto a prelevare il suo amico Viktor Borišenko e lo porta nel migliore ristorante caucasico di Leningrado. Non gli dice il perché di quell'invito ma ordina per sé e il suo ospite le migliori pietanze. «Mi dice: "Andiamo". Io gli chiedo: "Dove andiamo, e perché?". Lui non risponde. Prendiamo la macchina e andiamo» racconterà Borišenko. «Ci fermiamo a un ristorante di cucina caucasica. Sono curioso, cerco di capire cosa sta succedendo. Ma non ci riesco. Ero certo che fosse accaduto qualcosa di importante nella sua vita. Putin però non mi ha rivelato nulla. Nemmeno un indizio. Stava festeggiando un evento. Solo molto tempo dopo ho saputo che il mio amico stava festeggiando con me il futuro lavoro al KGB.»[13]

Putin si laurea a 23 anni con una tesi in diritto internazionale. La scelta della materia è coerente con le aspirazioni di far parte del KGB e magari prestare servizio all'estero.

Più volte gli è stato chiesto in varie interviste se fosse cosciente del significato politico della sua scelta, se avesse consapevolezza di volere entrare a far parte dei guardiani del sistema. La scrittrice Tatjana Tolstaja ha scritto che con l'ingresso nel KGB Putin «rinunciava consapevolmente e per tutta la vita, a qualsiasi riconsiderazione critica degli stereotipi della vita sovietica ... Egli rinunciava a una propria opinione, perché avrebbe arrecato danno alla causa ... Rappresentava un elemento inseparabile e integrante di quel sistema...».[14]

Volodja nel tempo non si è sottratto alle domande sul punto. «Noi giovani non sapevamo molto,» ha risposto «certamente eravamo a conoscenza di quello che era stato lo stalinismo, sapevamo che la gente aveva sofferto molto e i danni prodotti dal culto della personalità. Ma vivevamo in uno Stato totalitario.»[15]

In realtà, la polemica non ha senso. Putin ha 23 anni, vive in un paese dove gli spazi di conoscenza, al di là della propaganda, sono limitatissimi. È solo un giovane ambizioso che, con qualche fantasia, vuole entrare in un apparato dello Stato che, per quanto inviso, garantisce ai suoi membri prestigio e una posizione di privilegio.

Con il trascorrere degli anni avrà modo di prendere le distanze dal sistema. In particolare, di recente, ha avvertito la necessità di chiarire la sua posizione rispetto a chi ha ritenuto che un recupero del patriottismo preludesse a una riabilitazione di Stalin. «Qualunque celebrazione pubblica della figura di Stalin è inaccettabile e dovrebbe essere vietata per legge» ha detto.

IV

LA GRANDE ORGANIZZAZIONE

Un mondo rosso

Alla metà degli anni Settanta quando Vladimir Vladimirovič Putin entra nel KGB, l'Unione Sovietica è all'apice del suo potere imperiale. È una superpotenza militare, ideologica, politica, la nazione guida del comunismo, alla quale milioni di individui in tutto il mondo continuano a guardare come un modello a cui tendere.

Si è da poco conclusa la guerra del Vietnam (aprile 1975), dalla quale gli Stati Uniti sono usciti oltre che sconfitti in uno stato di prostrazione psicologica. Non solo i vietcong conquistano Saigon e i khmer rossi Phnom Penh, ma infliggono all'America la prima sconfitta militare della sua storia. Gli Stati Uniti sono sotto choc anche per lo scandalo Watergate, che aveva condotto, nell'agosto 1974, alle dimissioni del presidente Richard Nixon. Dopo il periodo transitorio di Gerald Ford, alla Casa Bianca arriva il democratico Jimmy Carter, uomo generoso ma privo di esperienza e soprattutto senza una visione chiara e precisa in politica estera.

L'Unione Sovietica è pronta ad approfittare di questa debolezza americana. Gli Stati Uniti dovranno attendere l'arrivo alla Casa Bianca di Ronald Reagan, nel 1981, per riscattarsi dalla frustrazione post Vietnam.

Nel maggio 1972 Richard Nixon si era recato a Mosca, prima visita di un presidente americano in Unione Sovietica. Leonid

Brežnev ricambiò la cortesia nel giugno 1973. Era l'avvio del cosiddetto processo di distensione, che portò alla firma di molti accordi di natura commerciale, culturale ma soprattutto del cosiddetto SALT 1, primo accordo per la limitazione delle armi strategiche nucleari.

Dopo quattro anni dalle dimissioni di Nixon, il quadro era radicalmente mutato, i sovietici si erano convinti, anche a causa di fantasiosi rapporti del KGB, che la caduta di Nixon fosse stata determinata non dalle gravi violazioni della legge da parte di uomini del suo staff, e dalla conseguente indignazione dell'opinione pubblica, quanto da un complotto ordito dai nemici della distensione. I servizi sovietici indicavano espressamente i sionisti, o meglio la «lobby ebraica» e il «complesso militare industriale».[1]

L'Unione Sovietica è per vocazione imperialista: lo è ideologicamente, perché il dogma leninista impone la missione di espandere alla dimensione globale il comunismo, lo è perché, per far sopravvivere il sistema, occorre mantenere forte la tensione verso il cosiddetto nemico esterno. L'invasione dell'Ungheria del 1956 e quella della Cecoslovacchia del 1968, con le dure repressioni di ogni sussulto di libertà dei due paesi, erano state l'espressione brutale della forza imperiale sovietica.

Mosca si inserì anche nel processo di decolonizzazione in Africa, regimi comunisti si instaurano nelle ex colonie portoghesi dell'Angola e del Mozambico, e poi nel Corno d'Africa, in Etiopia. Si guarda ai Caraibi e si supportano le organizzazioni guerrigliere attive in quasi tutti i paesi dell'America Latina e del Centroamerica. In Asia, anche se l'URSS ha duramente rotto con la Cina, fino allo scontro militare sul fiume Ussuri, il comunismo avanza. Un regime marxista si insedia addirittura nello Yemen del Sud (una cosa oggi impensabile). In Occidente, soprattutto in Italia, Spagna e Francia ci sono grandi partiti comunisti che hanno rapporti di «fratellanza» con il PCUS.

In questo periodo l'URSS raggiunge una schiacciante superiorità in Europa nell'armamento convenzionale. Ai confini con la NATO sono schierati ventimila carrarmati e oltre un centinaio di divisioni, oltre a quelle degli alleati del Patto di Varsavia. La Marina sovietica ha basi di supporto in Siria ed Egitto che le garantiscono azione nel Mediterraneo.

Se l'URSS attaccasse, l'unico modo di arrestarla sarebbe il ricorso alle armi nucleari tattiche ma il mondo si domanda fino a che punto gli USA siano pronti a rischiare un'escalation atomica per difendere l'Europa.

Eppure, tutto ciò corrisponde alla superficie della realtà sovietica. La verità è un'altra e rivela un gigantesco fallimento in tutti gli ambiti della vita sociale. Il socialismo reale, alla prova della storia ha irreversibilmente perso rispetto al modello capitalista liberale occidentale. In URSS la quotidianità è scandita non solo dalla mancanza di libertà, fatto di per sé gravissimo, ma dalla miseria diffusa, fatta eccezione per la ristretta cerchia dell'apparato, la nomenklatura. È costante la penuria di generi alimentari e vestiario; i negozi, tutti di Stato, sono perennemente vuoti, mancano gli alloggi, le industrie lavorano poco e male. L'unica cosa che non manca è la vodka.

Il consumo di alcol, infatti, è una vera e propria piaga nazionale che accomuna tutti i gruppi sociali, dai capi della nomenklatura agli intellettuali, fino agli operai e contadini. Una famiglia media spende il 15 per cento del proprio reddito in alcol, ma la percentuale sale al 30 per cento nelle campagne. Quasi tutti gli uomini, la sera, in casa, si abbandonano alla bottiglia: solo nel 1978 ben 9 milioni di persone vengono portate nelle stazioni di polizia per ubriachezza ma sono i casi peggiori, gli altri restano nel chiuso delle abitazioni.[2]

La collettivizzazione nelle campagne ha generato un vero e proprio disastro nella produzione di derrate alimentari. L'Unione Sovietica, che dispone di estensioni di territorio e di pianure adatte all'agricoltura, si trova nel paradosso di una penuria permanente di cibo. Tra il 1975 e il 1979 è costretta a importare più di 95 milioni di tonnellate di grano, da paesi come il Canada, l'Argentina e anche dagli Stati Uniti. Una sconfitta morale oltre che materiale.[3] Non di meno, l'apparato industriale è in disfacimento, obsoleto, arretrato, privo di tecnologia, incentrato su grandi complessi, costruiti con i lavori forzati e che hanno inquinato intere città. Sono inefficienti, gestiti da uomini che vengono scelti per meriti politici e non per oggettive competenze, quasi sempre corrotti. Eppure, le università sovietiche continuano a sfornare geniali fisici e matematici, le cui intuizioni, però, si fermano nei pantani della burocrazia.

Leonid Il'ič Brežnev, uomo duro, diplomato in metallurgia, che aveva fatto carriera come commissario di armata e nella repressione in Moldavia, ha preso il posto di Nikita Chruščëv nel 1964, con una congiura di palazzo nella quale è stato decisivo il ruolo del KGB. Il Presidium aveva giudicato Chruščëv morbido, inefficiente e troppo aperto all'Occidente. L'ascesa del conservatore Brežnev non aveva significato esattamente il ritorno allo stalinismo ma il «processo di destalinizzazione subì un brusco arresto».[4] Iniziava l'era brežneviana, definita poi dagli storici come l'età della stagnazione, *zastoj*, un periodo di sostanziale immobilismo interno, in cui il gruppo dirigente, molto avanzato nell'età, si ancorò a una rigida ortodossia.

Il Presidium riprende il vecchio nome di Politburo, la generazione al potere passa dai cinquantenni ai settantenni. A Mosca e Leningrado circola una battuta, proferita a mezza bocca, lontano da orecchie indiscrete: fra tanti fallimenti dei famigerati piani quinquennali, uno solo funziona in URSS, il *five-year plan of flamboyant funerals* (il piano quinquennale dei fantasmagorici funerali).[5]

A sessantanove anni, nel 1976, quindi non eccessivamente anziano, Leonid Il'ič Brežnev mostra seri problemi di salute, ha subito due colpi apoplettici e abusa di tranquillanti e sonniferi. Per molti giorni si rifiuta di alzarsi dal letto, durante le riunioni si addormenta o pronuncia discorsi sconclusionati, privi di un filo logico, nonostante legga testi concisi redatti con caratteri di stampa enormi. Non di rado Aleksej Kosygin, il presidente del Consiglio dei ministri, numero due della nomenklatura, dichiarava repentinamente chiuse le riunioni per evitare l'imbarazzo generale e pronunciava la frase di rito «non credo sia il caso di aggiungere altro, compagni», a cui i presenti annuivano, fintamente convinti.

L'immagine decrepita di Brežnev rispecchia meglio di ogni altra la condizione concreta del paese. Quella sovietica è una crisi sistemica, l'espansionismo politico-militare ha coperto la frana interna. Nel febbraio 1975 lo scrittore tedesco Heinrich Böll, Premio Nobel per la letteratura nel 1972, incontra Sacharov, che gli descrive l'URSS come una «società chiusa, ipocrita, brutale, apatica, degradata dall'alcolismo e dalla corruzione», mortificata nelle sue grandi potenzialità. Lo stesso anno un altro importante dissidente, il chimico Vadim Belocerkovskij, pubblica su «Partisan Review» una lettera-appello ai leader dell'Unione Sovietica nella quale scrive: «La vita di ogni uomo è piegata dalla cattiva amministrazione e dal disordine, ed è a volte quasi insopportabile. Baracche di legno sgangherate e vecchi vagoni usati come abitazioni, sporcizia, freddo, cibo ripugnante, frequente mancanza di ospedali, centri di assistenza, luce elettrica e acqua potabile, scuole umide e non riscaldate sono solo alcune delle caratteristiche della vita sovietica».[6]

In questa tragedia non mancavano elementi farseschi. Nel 1976 Brežnev si faceva proclamare maresciallo dell'Unione Sovietica, titolo roboante che aggiungeva a sette ordini di Lenin, quattro titoli di eroe dell'URSS, alla medaglia d'oro Karl Marx per il contributo allo sviluppo della teoria marxista-leninista, che l'interessato conosceva in maniera grossolana, poi al Premio Lenin per la pace e a quello per la letteratura. Il pluripremiato statista si presentava alle manifestazioni ufficiali con la giacca rigonfia di patacche e nastrini che creavano imbarazzo anche tra i più ortodossi collaboratori.

Il XXIV congresso del PCUS, tra marzo e aprile del 1971, era tornato ad affermare che l'unica «comunità storica» esistente era il popolo sovietico e che i popoli non esistevano. La necessità di affermare ufficialmente questo concetto, assieme al processo di russificazione, condotto soprattutto nelle scuole con l'imposizione della lingua russa, era un segno di debolezza che mostrava come le pulsioni nazionaliste in seno all'URSS non si fossero mai sopite.

Nel 1989, quando verrà fatto l'ultimo censimento dell'URSS, si accerterà l'esistenza di circa cento fra gruppi etnici e diverse nazionalità. Solo la metà dei quasi 300 milioni di individui che formano il «popolo sovietico» sono russi, gli altri fanno parte di gruppi etnici e nazionali molto variegati: ucraini, uzbeki, bielorussi, cosacchi, azeri, armeni, tagiki, georgiani, moldavi, lituani, turkmeni, kirghisi, lettoni, estoni, polacchi, bulgari, turchi, curdi, coreani, greci, tartari, ebrei, tedeschi. Nonostante il tentativo di assimilazione linguistica, questi popoli mantengono viva la propria religione, le tradizioni, la letteratura, covando un profondo risentimento verso Mosca.

In questo generale e grave quadro di crisi, ideologica, morale, economica e sociale, più che il partito, più delle forze armate, strutture che pure contavano, l'organizzazione che più di tutte esercitava un ruolo di tenuta era il KGB, il gigantesco servizio segreto nato nel 1954 dall'NKVD di Berija, un vero e proprio «Stato nello Stato» che giunse ad avere oltre mezzo milione di addetti. È per certi versi un mostro a due teste perché da una parte svolge attività di spionaggio e controspionaggio per la superpotenza sovietica; dall'altra è un'immensa polizia che controlla e vigila su tutti i gangli della vita interna con l'intento di stroncare ogni dissenso rispetto all'ortodossia sovietica.

Quando Putin entra nel KGB, al suo vertice è insediato Jurij Andropov, personaggio controverso quanto di sicura caratura. Era stato l'efficace e brutale liquidatore della rivolta in Ungheria nel 1956. Ma una volta insediatosi ai vertici del potere, aveva mostrato, un po' per vezzo un po' per convinzione, una natura di riformista, attenta a evitare che l'URSS si manifestasse solo con l'esercizio brutale della repressione. Fu il primo presidente del KGB, dopo Berija, ad avere un seggio nel Politburo, inizialmente come membro candidato, privo di diritto di voto e poi come membro effettivo. Di tutti i capi del KGB fu quello che restò in carica più a lungo, ben quindici anni, facendone il trampolino di lancio per assurgere, nel 1982, dopo la morte di Brežnev, alla carica di segretario generale del PCUS.

Il predecessore di Andropov, Vladimir Semičastnij, era un uomo rozzo. Di Boris Pasternak, quando era stato pubblicato *Il dottor Živago*, aveva detto: «Neanche i maiali defecano nel posto dove mangiano». E aveva progettato di arrestare mille intellettuali, «per dare l'esempio» disse.[7] Jurij Andropov non avrebbe mai adoperato tali espressioni, non difettava della capacità di ordinare esecuzioni ma ricorreva alla violenza solo come *extrema ratio*. Più in generale, appariva cosciente del degrado del sistema sovietico e ipotizzava, pur sempre in un quadro di totalitarismo e partito unico, una qualche riforma. Lo dimostra più di tutto un memorandum che Andropov inviò a Brežnev su Sacharov, il più celebre dei dissidenti russi, nel quale metteva in guardia da facili invettive. «Sacharov è una persona onesta, compassionevole e coscienziosa,» scrive il capo del KGB «egli ha considerazione per la gente intelligente e bene informata; è saldo e coraggioso nel difendere i suoi principi; vive attraverso le idee e le teorie.»[8]

Markus Wolf, capo dei servizi della Germania Est, molto stimato a Mosca per la sua bravura, riferirà che Andropov era forse l'unico «perfettamente cosciente dei ritardi del paese».[9]

In questa avvedutezza, Andropov anticipa quello che sarà un atteggiamento degli ufficiali del KGB, in apparenza un paradosso. Proprio perché meglio informati sulle condizioni reali del paese, in possesso di conoscenze che non si limitavano all'assordante propaganda, andavano maturando, almeno negli elementi più attenti, la consapevolezza che il sistema era marcio e non avrebbe retto a lungo. Ma negli anni Settanta l'implosione è ancora lontana anche se i germi dello sfascio sono costanti.

All'interno dell'apparato

Da adolescente Vladimir Vladimirovič Putin aveva sognato e immaginato in termini assai diversi una carriera da agente segreto. Nei primi tempi viene assegnato al primo reparto della sede di Leningrado. Svolgeva un lavoro molto burocratico e metodico. Il KGB era articolato in un numero immenso di dipartimenti e direzioni, tante matrioske, compartimenti chiusi affinché nessun gruppo sapesse cosa faceva l'altro. I suoi addetti gestivano sostanzialmente un imponente apparato di controllo che accumulava dossier su dossier, nei quali finivano trascrizioni di intercettazioni, rapporti di pedinamenti, gusti personali e sessuali. Questi fascicoli venivano inoltrati ai livelli superiori dell'apparato ma raramente producevano decisioni. Anche quando il KGB era riuscito a carpire segreti strategici poi tutto annegava nella burocrazia.

Vladimir racconterà così il suo primo impatto: «Non era quello che avevo immaginato. Io ero un giovane che poco prima era all'università. All'improvviso mi trovai circondato da vecchi uomini che per anni erano stati immersi nel loro lavoro. Alcuni di loro erano entrati in servizio all'epoca di Stalin ed erano prossimi alla pensione».[10]

Da febbraio a luglio 1976, Putin fu mandato a sostenere un corso operativo a Ochta, dove c'era uno dei centri di addestramento alle tecniche di spionaggio, a cui era stato dato l'anonimo nome di Scuola 401. La definirà una «scuola assolutamente insignificante».[11] In realtà, si trattava della formazione base per i nuovi assunti, molto generica e superficiale.

L'anno successivo viene assegnato alla divisione controspionaggio, sempre di Leningrado. Questo settore si occupa di sorvegliare gli stranieri che vivono in città, soprattutto i diplomatici: si tratta di verificare cosa fanno, chi frequentano, chi vedono e, laddove se ne presentasse l'occasione, abbordarne qualcuno disponibile a passare notizie.

Tutto, però, si svolge in maniera burocratica e con metodi arroganti. «Una volta un gruppo di agenti stava elaborando un piano d'azione. Sono stato invitato a partecipare alla riunione operativa. Non ricordo i dettagli, ma uno dei veterani presenti ha detto che il piano deve essere eseguito in tale modo. Io intervenni: "No, non è giusto". "Cosa significa non è giusto?", mi rispose rivolgendosi a me. "È contro la legge" ribattei. Sembrava preso alla sprovvista. "Cosa? Contro la legge?" aggiunse. Allora citai la legge che mi sembrava venisse violata. "Ma noi abbiamo le istruzioni" ribatté. Ancora una volta citai la legge. Gli uomini presenti non sembravano capire di cosa stessi parlando. Senza una traccia di ironia, il vecchio chiuse il discorso: "Per noi le istruzioni sono anche la legge principale".»[12]

Putin avverte la morsa della routine e soprattutto si sente impreparato. Senza una professionalità definita, chiede e ottiene di poter seguire un altro corso di formazione, questa volta di livello più elevato. Fu ammesso dopo una selezione a un corso di Mosca, dove gli allievi venivano impegnati in una duplice formazione: una militare, che prevedeva anche qualche settimana presso unità dell'esercito, e un'altra di studi, tendente a completare la conoscenza delle lingue straniere con nozioni di storia e politica di alcuni dei paesi prescelti.

Ad agosto del 1975, a Helsinki, erano stati siglati gli storici accordi che chiudevano la fase finale della Conferenza sulla sicurezza e la cooperazione, iniziata il precedente 30 luglio.[13] Vi avevano apposto la firma capi di Stato di trentacinque paesi, Stati Uniti e Canada e tutti quelli europei, a eccezione dell'Albania. Il fatto storico era il riavvicinamento, almeno formale, fra il mondo comunista e l'Occidente, gli accordi erano stati infatti sottoscritti dall'URSS e da tutti i suoi alleati del Patto di Varsavia. Almeno nelle dichiarazioni erano state accese grandi speranze. In particolare gli accordi dovevano sancire una volta e per tutte il superamento della Guerra fredda. L'atto finale enunciava una «Dichiarazione sui Principi che reggono le relazioni tra gli Stati partecipanti», dove particolare significato assumeva il «diritto di ciascuno Stato all'eguaglianza giuridica, all'integrità territoriale, alla libertà e indipendenza politica».

Il primo dei tre protocolli sancì il riconoscimento formale dei confini delle nazioni europee così come si erano fissati nel 1945. Si chiudevano definitivamente le rivendicazioni degli Stati penalizzati dalle occupazioni militari. L'Unione Sovietica in questo modo incassava, anche sul terreno del diritto internazionale, la sanzione delle sue espansioni territoriali. Un correlato di questo protocollo, però, impegnava gli Stati aderenti a non intervenire negli affari interni delle altre nazioni. Questo punto, dopo le dure esperienze di Ungheria e Cecoslovacchia, era salutato come un successo degli Stati Uniti: sconfessava la «dottrina Brežnev», che aveva legittimato le ingerenze violente. I fatti di Solidarność di qualche anno dopo in Polonia, però, dimostreranno quanto l'impegno sarà disatteso.

Nel documento era stata inserita un'affermazione che si prestava a un'ambigua lettura laddove si affermava il diritto di «scegliere e sviluppare liberamente il proprio sistema politico, sociale, economico e culturale, nonché quello di determinare le proprie leggi e regolamenti». Dunque, poteva voler significare che gli Stati socialisti erano in grado di decidere liberamente di abbandonare la dittatura comunista e scegliere l'adesione a un sistema democratico, ma poteva anche significare che l'Occidente non aveva alcuno spazio di intervento per diffondere idee di libertà e di democrazia.

Il secondo degli accordi contenuti nel Final Act di Helsinki fu quello sulla cooperazione economica e scientifica. In questo caso si trattava di un punto favorevole all'URSS, che, di fronte al disastro economico interno, aveva urgente bisogno di acquistare generi alimentari dall'Occidente e di accedere alle più moderne tecnologie per modernizzare il suo obsoleto apparato industriale.

Il terzo protocollo, molto a cuore agli americani, era quello dedicato al delicato capitolo dei «diritti umani». Un impegno che, almeno nelle intenzioni, avrebbe dovuto spingere i sovietici ad allentare la repressione interna e le persecuzioni degli intellettuali dissidenti. «Gli Stati partecipanti» recita il testo «rispettano i diritti dell'uomo e le libertà fondamentali inclusa la libertà di pensiero, coscienza, religione o credo, per tutti senza distinzione di razza, sesso, lingua o religione. Essi promuovono e incoraggiano l'esercizio effettivo delle libertà e dei diritti civili, politici, economici, sociali, culturali e altri che derivano tutti dalla dignità inerente alla persona umana e sono essenziali al suo libero e pieno sviluppo.» Inoltre, c'è un esplicito richiamo alle grandi carte internazionali: «Nel campo dei diritti dell'uomo e delle libertà fondamentali, gli Stati partecipanti agiscono conformemente ai fini e ai principi dello Statuto delle Nazioni Unite e alla Dichiarazione Universale dei Diritti dell'Uomo».

Negli anni Settanta il tema dei diritti umani è entrato di prepotenza nella politica internazionale. In Unione Sovietica, dopo i fermenti del decennio precedente, si manifesta il movimento degli intellettuali dissidenti, che assume una rinomanza mondiale, soprattutto per le alte personalità che vi aderiscono. Nei gruppi del dissenso, di fatto militano i migliori scienziati, letterati, giornalisti sovietici. I leader riconosciuti sono due studiosi di fama mondiale: Andrej Dmitrievič Sacharov, il fisico nucleare padre della bomba all'idrogeno, a cui viene conferito il Nobel per la pace nel 1975; e Aleksandr Isaevič Solženicyn, il più grande scrittore russo del Novecento, Premio Nobel per la letteratura nel 1970 condannato a otto anni di campo di lavoro nei gulag.

Sono le due voci più alte del dissenso, per il regime sono antisovietici, nonostante il primo sia membro dell'Accademia delle Scienze dell'Unione Sovietica e il secondo pluridecorato di guerra. Con loro, un lungo elenco di intellettuali di altissimo prestigio: il poeta Iosif Brodskij, che otterrà il Nobel per la letteratura nel 1987, per il quale viene confezionata l'accusa giudiziaria di «parassitismo»; lo scrittore Vladimir Bukovskij che, rinchiuso in un manicomio, scrisse una straordinaria testimonianza sulla prassi sovietica di recludere gli oppositori politici negli istituti psichiatrici, perché chi si opponeva al regime era assimilabile a un pazzo; il critico Viktor Erofeev; il matematico Anatoly Scharansky, futuro ministro israeliano; il poeta Aleksandr Ginzburg; la scrittrice Evgenija Solomonovna Ginzburg; e tanti altri ancora.

In breve tempo i dissidenti diventano uno dei più gravi problemi per la dirigenza sovietica. Le questioni che pongono in maniera non violenta sono più che fondate, godono di prestigio internazionale, diventano così la coscienza critica di un popolo.

Il 12 febbraio 1974, poche ore prima di essere arrestato, Aleksandr Solženicyn lancia un appello che in breve tempo diventa un manifesto: *Vivere senza menzogna*. Invita il popolo sovietico a rifiutare una mesta quotidianità fatta di negazione delle libertà più fondamentali: rifiutare di adattarsi, di pensare che questo sia l'unico modo di vivere. «Non siamo chiamati a scendere in piazza,» ammoniva il grande scrittore russo «non siamo maturi per proclamare a gran voce la verità, per gridare ciò che pensiamo. Non è cosa per noi, ci fa paura. Ma rifiutiamo almeno di dire ciò che non pensiamo.» In Occidente le opere di Solženicyn trovano felice diffusione, *Una giornata di Ivan Denisovič*, romanzo del 1962, è un successo globale che porta a conoscenza l'universo di sofferenza dei gulag. Nel 1974 viene tradotto in inglese e diffuso in varie parti del mondo *Arcipelago Gulag*, uscito a Londra in russo due anni prima, il consenso è ancor più travolgente. Brežnev è irritato, perde le staffe e urla ai suoi collaboratori che questo libro è «una rozza caricatura antisovietica» scritta da un «teppista».[14] Solženicyn non scende sul terreno della rissa ma replica con argomenti solidi: in una lettera ai leader sovietici, prima usa l'ironia e si dice comprensivo della loro ambizione a durare in eterno, poi dichiara senza mezzi termini che il comunismo ha irrimediabilmente fallito e che l'unica possibilità è la fuoriuscita rapida dal marxismo-leninismo verso un'ideologia nazionale a base religiosa, auspici che anni dopo incontreranno il favore di Putin. Andropov è molto preoccupato perché anche i figli dei capi della nomenklatura leggono di nascosto le opere di Solženicyn e gli scritti di Sacharov.

Il movimento dei dissidenti si mobilita, oltre che in un'intensa attività culturale, con l'organizzazione dei «gruppi di Helsinki» a denunciare le violazioni degli accordi che la stessa URSS ha sottoscritto.

Il KGB viene invitato a reprimere il movimento dei dissidenti, gli strumenti utilizzati allo scopo sono molteplici: si va dall'isolamento alla perdita del lavoro, all'internamento in manicomio, alla perdita degli amici perché intimiditi, fino all'arresto e alla deportazione. Per i dissidenti scatta la «sorveglianza ravvicinata». Telefonate, corrispondenza, colloqui, tutto è spiato. Sacharov subirà l'esilio interno a Gor'kij.

L'articolo 190 del codice penale definiva criminale la «diffusione di voci o informazioni che possono essere dannose per la società e la struttura del governo».[15] Inoltre, sotto la categoria delle «attività antisovietiche» qualsiasi atteggiamento di civile dissenso poteva essere perseguito. Il KGB disponeva, così, di un potere illimitato di repressione. Non controlla solo i dissidenti ma anche le minoranze religiose (cattolici, ebrei, battisti, avventisti, pentecostali) e le minoranze nazionali (baltici, tartari di Crimea, tedeschi). Scrive Solženicyn: «Il passaggio dalla libertà di parola al mutismo obbligatorio è certamente doloroso. È altrettanto penoso, per una società viva e abituata a pensare, perdere da un giorno all'altro, per decreto superiore, il diritto a esprimersi pubblicamente, a voce e per iscritto, e poi, un anno dopo l'altro, imporsi il silenzio persino nelle conversazioni private e addirittura nell'ambito familiare».[16]

La reazione del regime contro i dissidenti è drammaticamente efficace, anche se compromette l'immagine internazionale dell'URSS che, in nome del comunismo, pretendeva pur sempre di rappresentare gli umili e i proletari. Solženicyn viene esiliato negli Stati Uniti, Anatoly Scharansky, condannato a tredici anni, subì la pesante pena di nove anni in un gulag e fu liberato in anticipo solo grazie a uno scambio con alcune spie sovietiche a Berlino; Vladimir Bukovskij beneficiò di uno scambio di prigionieri con il dittatore cileno Augusto Pinochet, che liberò il segretario del Partito comunista cileno, Luis Corvalán.

La repressione diventa un caso internazionale, più volte il presidente americano Jimmy Carter sollecita l'Unione Sovietica al rispetto dei diritti umani, mentre alcuni dissidenti vengono ricevuti alla Casa Bianca e il Congresso assegna a Scharansky la Medaglia d'onore.

Vladimir Putin, in varie interviste, ha sempre escluso di aver partecipato alle attività di repressione dei dissidenti, ribadendo di aver lavorato esclusivamente al controspionaggio. Secondo un collega, però, per un periodo prestò servizio presso il Quinto reparto di Leningrado, in gergo del KGB detto il «quintetto», che si occupava di prevenzione nei confronti delle iniziative dei dissidenti.

Le testimonianze di alcuni colleghi dell'epoca riferiscono che Putin avesse maturato idee in qualche misura comprensive verso le ragioni dei dissidenti. Gli agenti del KGB erano tutti iscritti al PCUS, «non erano ammesse eccezioni»,[17] ma proprio il lavoro nei confronti dei dissidenti fa capire, ad alcuni elementi più avveduti, che non solo questi intellettuali sono persone di valore e oneste ma che nelle loro rivendicazioni si possono ravvisare elementi più che fondati. Fra questi c'è il giovane agente Putin. Vladimr Usoltzev, che prestò servizio insieme a lui a Dresda, scriverà un libro intitolato *Collega*, nel quale afferma che Vladimir Vladimirovič aveva maturato «gli stessi punti di vista dell'accademico Andrej Sacharov» e «provava un rispetto speciale per Solženicyn».[18]

Gli agenti «riformisti» elaborano anche tecniche meno violente per combattere i dissidenti. Lo stesso Putin rievoca come una volta i dissidenti di Leningrado avevano convocato una manifestazione, invitando la stampa estera e i diplomatici davanti al monumento dei decabristi (il movimento dei giovani nobili ufficiali che tentò una rivoluzione liberale nel 1825); gli uomini del KGB indissero una contromanifestazione nel medesimo luogo, deponendo anche corone sotto la statua. Questo atto di furbizia fece fallire la vera mobilitazione.

L'agente Putin si va progressivamente convincendo che l'URSS è marcia nel sistema, che la stagnazione economica non sarà mai superata se non si ha il coraggio di rompere lo schema del socialismo reale per passare a un'economia di mercato, fondata sulla concorrenza fra individui, perché, come dirà in futuro, «la proprietà privata è un elemento naturale dell'essenza umana».[19]

Si tratta di discorsi pronunciati all'interno di una strettissi-ma cerchia di persone che hanno le medesime perplessità, a cui non seguono atti se non una certa desistenza dalla repressione più bruta. Un giorno precisa il suo pensiero agli amici: «Il nostro apparentemente elevato livello di sviluppo industriale è deter-minato solo dalle favolose risorse naturali. Se avessimo le stes-se risorse minerarie dei giapponesi, cioè uno zero assoluto, sa-remmo già morti di fame da un bel po'».[20] Una coscienza critica, sia pur molto lentamente, si fa largo.

V

IN GERMANIA

Il matrimonio

Una Zil nera, gigantesca, si ferma davanti al municipio. È estate, esattamente il 28 luglio 1983. Le giornate in questo mese a Leningrado non sono stupende come quelle di giugno, quando le «notti bianche» raggiungono l'apice, ma sono comunque calde e solari. L'auto accosta al marciapiede, l'edificio che ospita la casa comunale è lungo la Neva. Scendono due sposi, non sono giovanissimi, alle spalle ci sono il fiume e i maestosi edifici della San Pietroburgo imperiale. L'uomo ha un completo classico grigio scuro con il panciotto, tutto sommato elegante; la donna ha il tradizionale abito bianco, con il velo in testa. Si tengono affettuosamente per mano e hanno un portamento distinto, che lascia trasparire l'appartenenza alla piccola nomenklatura. Sulla porta d'ingresso li attende un funzionario, dai modi sbrigativi. I matrimoni sono solitamente collettivi, questa volta è stata fatta un'eccezione.

L'abbigliamento nei matrimoni dell'era sovietica può essere l'unico tratto distintivo. Il resto è abbastanza scarno ed essenziale. Il regime non ama le fastosità per un evento che – secondo la propaganda di Stato – rimane pur sempre un fatto borghese. Nella variante cambogiana del comunismo accadeva di peggio: quando un uomo o una donna volevano sposarsi si rivolgevano al presidente del villaggio, che assegnava loro una moglie o un marito a suo piacimento.

L'antico matrimonio religioso, che nella tradizione ortodossa aveva un ricco e festoso rituale, viene sostituito da brevi cerimonie civili. Più coppie in fila, anche venti insieme, attraversano spogli saloni (i parenti rimangono ai lati) e, giunto il proprio turno, si recita una formula burocratica davanti al funzionario comunale che ha solo voglia di fare presto, per passare alla prossima. «Promettete voi di seguire la via del comunismo come state facendo ora, agendo contro la Chiesa e le vecchie tradizioni?» Ai novelli sposi viene poi intimato di educare i figli alla lotta per la rivoluzione socialista mondiale. Al termine, il celebrante recita: «In nome del compagno Vladimir Lenin dichiaro concluso il matrimonio». Altrettanto rapido è, secondo la legislazione sovietica, il divorzio.

Le cerimonia è così anche per Volodja e Ljudmila, tranne il privilegio di essere l'unica coppia celebrante. I loro volti, rimasti immortalati in alcune foto, rivelano tenerezza, un po' di paura e certamente gioia. Sbrigata la parte burocratica, iniziano i festeggiamenti. La coppia ha scelto un ristorante galleggiante su un vaporetto ormeggiato lungo la riva della Neva. Un posto molto bello per l'epoca, dove è possibile godere di uno splendido panorama, soprattutto al tramonto.

A farli conoscere era stato un amico comune, Aleksej, che una sera li aveva invitati a un concerto. Poi un fidanzamento durato circa tre anni e mezzo. Prima delle nozze Putin aveva dovuto chiedere l'autorizzazione alla sua direzione del KGB, che aveva accuratamente verificato le origini e la posizione di Ljudmila Aleksandrovna Škrebneva. Era la prassi prevista per tutti i matrimoni degli appartenenti all'organizzazione.

La ragazza era originaria di Kaliningrad, una città con una storia importante e molto particolare. Geograficamente è la più a occidente dell'Unione Sovietica, un'enclave russa fra la Polonia e la Lituania, porto del Mar Baltico. Ma per secoli era stata Königsberg, città simbolo della Prussia orientale, territorio sottratto alla sovranità della Germania a seguito delle vicende belliche, ma rimasta famosa nella cultura tedesca per aver dato i natali al grande filosofo Immanuel Kant.

La sua famiglia proveniva dalla regione di Brjansk, il padre, Aleksandr Avraamovič, era nato nel villaggio di Šnjak. Ljudmila era la prima figlia, con una sorella più giovane e irrequieta di nome Olga.

Il padre, dopo una breve esperienza di lavoro in un kolchoz e un lungo servizio militare, aveva trovato una sistemazione come operaio nelle officine meccaniche di Kaliningrad mentre la madre, Ljuda Ekaterina Tichonovna, era impiegata in una ditta di trasporti. Tutto sommato oneste persone di campagna, rimaste legate al villaggio di origine, nel quale tornavano spesso, senza particolari velleità e che per integrare il modesto bilancio familiare avevano mantenuto l'abitudine contadina di allevare galline e vendere uova. Un'attività alla quale concorreva la piccola Ljudmila.

Il regime comunista si era molto speso per cancellare ogni forma di economia privata ma l'URSS, soprattutto a livello alimentare, sopravviveva grazie a un florido mercato nero, fatto di piccoli commerci. Allo stesso modo era andata persa, almeno nelle campagne e nelle piccole città, la battaglia ideologica per l'ateismo, tendente a cancellare ogni traccia di religiosità in una nazione che in epoca zarista aveva fuso identità politica e fede ortodossa; e così, all'età di cinque anni, Ljudmila era stata battezzata, per preciso volere del padre, nella chiesa del villaggio di Balykino dove, si diceva, ci fosse un'icona miracolosa. La religiosità della futura moglie si rivelerà decisiva, qualche anno dopo, per il risveglio religioso di Vladimir Putin.

La ragazza è cresciuta secondo gli standard sovietici, senza dare preoccupazioni alla famiglia, volenterosa e ordinata negli studi, destinata spesso ad accudire la sorella più piccola. I costumi sociali all'epoca tradivano una certa dose di ipocrisia: l'ideologia comunista incoraggia aperture nelle relazioni interpersonali (aveva introdotto il divorzio e l'aborto) ma di fatto ci si uniforma a una tradizione piuttosto conservatrice.

Ljudmila, soprattutto per gli standard del tempo, è ritenuta molto bella. Alcune sue fotografie lo testimoniano con chiarezza. Antonina Aleksandrova Jazykova, direttrice del circolo del

Teatro di Kaliningrad, lo ricorda in maniera esplicita. «I suoi capelli di un biondo platino contrastavano con le sopracciglia nerissime e gli occhi azzurri, tanto la ragazza sembrava dipinta.»[1] I genitori ne sorvegliavano le amicizie anche se le è consentito di partecipare a tutte le attività delle organizzazioni giovanili di partito. Molto ingessate ma intense. Un po' perché carina, un po' perché diligente viene eletta Komsorg (organizzatrice del comitato locale dei giovani) e nel Giorno della Vittoria le è concesso di cantare un repertorio di canzoni patriottiche davanti ai veterani di guerra.

Il padre e la madre, segno della concretezza contadina, avevano auspicato per lei studi tecnici alla facoltà tecnologica di Kaliningrad, alla quale Ljudmila si sarebbe effettivamente iscritta ma con scarso successo. Il massimo delle ambizioni per chi non aveva origini nella nomenklatura era un lavoro come caporeparto in fabbrica. Lei, invece, ha maturato altri sogni, soprattutto quello adolescenziale di fare l'attrice, lavorare nello spettacolo, forse influenzata da una compagna di scuola, Lada Dance, che sarebbe diventata una cantante di successo nella Russia degli anni Novanta. Per la prima volta sfida la volontà dei genitori e tenta l'accesso alla scuola universitaria di Teatro e Recitazione di Leningrando non riuscendo, però, a entrare in graduatoria. Delusa, comincia a lavorare come operaia tornitrice alla fabbrica Torgmash, cercando di seguire anche i corsi universitari tecnologici, come auspicato dal padre.

Alla fine di questo tormentato e incerto percorso avrebbe trovato un compromesso tra le sue aspirazioni nel mondo dello spettacolo e le aspettative assai più concrete della famiglia con un posto come hostess nella compagnia aerea regionale, professione molto ambita dalle ragazze russe dell'epoca.

L'incontro

Quella sera Ljuda e una collega avevano deciso di rimanere a Leningrado, di non tornare a Kaliningrad ma di approfittare di tre giorni di riposo che la compagnia area per cui lavoravano aveva concesso loro. Si sistemarono in un albergo del centro, ordinario ma pulito. Per due ragazze che non volavano su rotte estere, una visita all'antica capitale russa era una grande aspirazione. Non era Parigi e neppure New York ma, per quanto sovietica, si trattava pur sempre di una metropoli, di un'antica capitale ricca di storia: si poteva trascorrere una piacevole serata passeggiando sulla prospettiva Nevskij, guardare la Neva. E poi era una sera di primavera, di quelle in cui la luce cominciava ad allungare le giornate.

Ma la cosa più elettrizzante era che un amico della collega di Ljuda aveva organizzato una serata speciale: avrebbero assistito allo spettacolo di Arkadij Rajkin, attore e cantante di grido che si esibiva al Music Hall. In verità, a trovare i biglietti per questo ambito spettacolo era stato un altro giovane che avrebbe completato il quartetto, Vladimir Putin, un tipo che le ragazze non avevano mai conosciuto prima.

L'appuntamento era a un bar della Prospettiva, il giovane con i fatidici biglietti giunse in ritardo e non fece un gran colpo sulle ragazze: vestiva in maniera ordinaria, era di bassa statura, si mostrava taciturno. I ragazzi russi, di norma, cercavano sempre di fare colpo indossando qualche abito occidentale o anche un'imitazione. Lui era rigorosamente in giacca e cravatta di colore scuro.

Ma dopo lo spettacolo si trattennero a cena e Ljuda notò subito la cultura, l'eloquio e soprattutto l'educazione del giovane, tutte qualità che lo allontanavano dal cliché del russo rude e sbrigativo, e che richiamavano, anzi, certe raffinatezze di un italiano o un francese. C'era un altro dettaglio che la colpì: quando si brindava, cosa che nelle cene dei russi accade di frequente, Vladimir appoggiava solo le labbra al bicchiere senza bere. Poteva voler dire due cose: o aveva avuto qualche serio problema con l'alcol ed era in cura; oppure, qualità molto rara fra gli uomini, era un astemio.

Si era presentato come un ispettore di polizia giudiziaria ed effettivamente aveva il tesserino. Tutti gli agenti del KGB avevano una copertura e quella preferita era di appartenente a qualche ramo della polizia. Questo spiegava anche la capacità di procurarsi i biglietti per lo spettacolo. Il quartetto decise di incontrarsi anche nei due giorni successivi, per recarsi in altri teatri, sempre grazie ai biglietti trovati chissà come dall'amico poliziotto. L'ultima sera, nel congedarsi, Putin lasciò a Ljudmila un biglietto con il suo numero di telefono. La cosa meravigliò non poco l'amico (non glielo aveva mai visto fare prima) e sorprese favorevolmente anche la ragazza.

Dopo quel primo incontro Ljuda chiese alla sua compagnia di essere assegnata ai voli su Leningrado e ogni volta che si trovava in città divenne occasione per rivedere il giovane misterioso. Il primo incontro era stato in primavera; a fine estate la ragazza si trasferì in pianta stabile a Leningrado per iscriversi alla facoltà di Lettere ma non le riuscì di superare i test d'ingresso perché fallì la prova di storia. Andò invece a buon fine il tentativo successivo di iscriversi alla facoltà di Lingue e Letterature straniere dell'Università Operaia di Leningrado, dove l'accesso era più facile e dove conseguirà, nel 1986, una laurea in Letteratura e filologia spagnola.

L'avvio della loro relazione fu scandito da luci e ombre. Ljuda definì subito Vladimir un «ragazzo serio e affidabile» e nel suo diario giunge ad annotare: «Ho incontrato una persona simpatica, vorrei diventare sua moglie».[2] Ma è irritata dai misteri sul suo lavoro. Nei loro incontri è sempre gentile e affabile ma parla poco di sé, della sua famiglia, come se avesse qualcosa da nascondere. Del resto, i membri del KGB erano vincolati al massimo riserbo sulle loro attività, una fuga di notizie pure nei confronti di persone affidabili, poteva essere molto rischiosa, anche ai fini della carriera.

Putin era certamente a un livello superiore rispetto ai ragazzi che Ljuda aveva incontrato fino ad allora, era laureato in Giurisprudenza in una delle università più prestigiose dell'URSS, parlava perfettamente il tedesco e bene l'inglese, era colto e informato. Non era rozzo come molti coetanei: tuttavia, aveva atteggiamenti irritanti. Agli appuntamenti giungeva sempre con un insopportabile ritardo: lei era puntualissima, lui era capace di presentarsi un'ora e mezza dopo. «I primi quindici minuti di ritardo li sopportavo normalmente, anche mezz'ora,» racconterà Ljudmila a Oleg Blockij, uno dei biografi ufficiali di Putin, «ma quando passava un'ora e lui non era ancora arrivato, allora già piangevo dal risentimento. Ma dopo un'ora e mezzo non senti più nessuna emozione. Ciò che è sorprendente è che, sebbene questo accadesse continuamente, ogni volta era per me come se fosse la prima... Appuntamento dopo appuntamento, giorno dopo giorno, si ripeteva sempre lo stesso. Ogni volta speravo che questo ritardo fosse l'ultimo... ma capivo che lui non lo faceva apposta, che dipendeva dalle circostanze. Quando finalmente Volodja appariva, non riuscivo a chiarire la situazione. Durante quell'ora e mezza soffrivo così tanto che poi non restavano più forze per le emozioni...»[3]

Putin è anche molto geloso o, meglio, non accetta comportamenti troppo allegri. Una volta, dopo una serata trascorsa in un locale dove Ljuda si era scatenata a ballare e aveva riso e scherzato con un gruppo di amici, Vladimir la trae in disparte e le dice a muso duro: «La nostra storia non ha futuro». La ragazza rimase sconvolta, mortificata e in lacrime, fuggì a casa a Kaliningrad e non rispose più al telefono. Si chiuse nel mutismo riprendendo il lavoro di hostess. «Sono tornata di nuovo al lavoro e per due settimane ero di pessimo umore: camminavo, lavoravo, facevo qualcosa in casa, ma assolutamente non mi accorgevo di che cosa stava accadendo intorno. Non potevo parlare con nessuno.»[4]

Due settimane dopo il litigio, tornata a casa a Kaliningrad da un volo di lavoro, Ljuda trova un biglietto sulla porta di casa sul quale è annotato: «Sì, mia cara, sono proprio io». In calce anche il numero di telefono.

Dopo la riconciliazione, Ljudmila si trasferisce a Leningrado, dove Vladimir l'aiuta a trovare un piccolo alloggio e un lavoro come operatrice di computer, con uno stipendio di 140 rubli al mese, elevato per una persona inesperta, che si sommavano ai

40 della borsa di studio della facoltà di Lingue dell'Università Operaia. Cominciano a frequentarsi assiduamente, a coltivare insieme la passione per lo sci (che lei aveva imparato per assecondarlo) e le vacanze al mare, fino a Sochi, località che decenni dopo sarebbe diventata la prediletta di Putin, a un punto tale da dirottarvi, anni dopo, ingenti investimenti per farne sede delle XXII Olimpiadi invernali.

Non mancavano alti e bassi. Ljudmila teme di non essere all'altezza di quest'uomo e si va convincendo che prima o poi l'avrebbe lasciata. Lui non parla mai del futuro. All'improvviso, la svolta. «Una sera sedevamo a casa sua e lui disse: "Cara mia ora sai come sono. In teoria non sono un uomo molto facile". Seguì l'autodescrizione del carattere: taciturno, a volte brusco, a volte offensivo, e così via. In breve, un compagno di vita rischioso. E continuò: "In tre anni e mezzo ti sei chiarita le idee?". Pensai che ci stessimo lasciando. "Sì, me le sono chiarite" risposi. "Sì?" tornò a domandare. Ora ero convinta che ci stessimo lasciando. "Be', in questo caso, io ti amo e ti propongo di sposarci in questa data." Fu una vera sorpresa. Dissi che ero d'accordo. Tre mesi dopo ci siamo sposati.»

La giovane coppia va a vivere nel piccolo bilocale che i genitori di Vladimir avevano ottenuto dal comune nel 1977 sulla Prospekt Staček, nel quartiere Avtovo. Una casa alveare, dove i genitori vivono in una camera di 15 metri quadri, balcone incluso, mentre gli sposini stanno in una stanza di 12 metri quadri. Nel 1985, a Leningrado, nasce la prima figlia, Marija; la seconda, Ekaterina, nascerà a Dresda, nella DDR, Germania Est. La prima porta il nome della madre di Putin, la seconda della nonna materna, secondo tradizione.

Dresda

Una casa così i Putin non l'avevano mai avuta, né lui a Leningrado, né lei a Kaliningrad. Una casa tutta per loro, da non dover dividere con nessuno. Un appartamento di due intere stanze, con un vano ingresso e un ripostiglio, al terzo piano, non grande, ma dove tutto funzionava alla perfezione: l'impianto elettrico, il riscaldamento, l'ascensore, infissi e porte. L'edificio era al numero 101 di Radebergerstrasse, una delle più lunghe arterie di Dresda, non lontana dal fiume Elba. Un esteso filare di vecchi edifici imperiali, sopravvissuti ai bombardamenti della guerra, perfettamente ristrutturati e nuovi palazzi costruiti però nel rispetto delle vecchie linee architettoniche. Una zona ordinata, con tanti vialetti laterali e molto verde, aiuole e alberi. L'edificio dove alloggiavano i Putin, in realtà, era uno dei meno belli, un grande parallelepipedo di cemento, con ampi finestroni e senza balconi, ma era comunque molto più di quanto ci si potesse solitamente aspettare a metà degli anni Ottanta in Unione Sovietica. Aveva ben dodici ingressi e nel cortile c'era uno spazio apposito per far giocare i bambini, poco distante un parco molto curato dove Volodja portava a giocare la piccola Maša. Il condominio era interamente riservato agli agenti della Stasi, che avevano offerto ospitalità anche ai «cugini» del KGB.

Nella guerra di spie fra Occidente e Patto di Varsavia, la Germania era la linea avanzata. Certo, Dresda non era Berlino, faglia di attrito della Guerra fredda, ginepraio dello spionaggio mondiale, come testimoniano l'ampia letteratura e la ricca cinematografia che si sono esercitate a raccontare in mille modi la guerra occulta che attraversava la capitale tedesca. Ma è pur sempre una città importante, capitale della Sassonia, centro industriale e tecnologico. Putin vi giunge a metà del 1985, raggiunto dalla famiglia ai primi del 1986. Certo, aveva sperato di poter andare in Germania Occidentale, magari nella luccicante Berlino Ovest, e partecipare al «grande gioco» come aveva sognato quando aveva letto *Lo scudo e la spada*. Ma era sempre molto meglio della palude burocratica che aveva segnato i primi anni nel KGB, divisi fra montagne di carte e inutili sorveglianze.

La svolta c'era stata nel 1984 quando, per premiare la sua diligenza, era diventato maggiore e gli era stato proposto di passare alla Prima direzione generale, definita all'interno del KGB come il cervello degli affari internazionali dell'organizzazione. In altre parole, la proiezione estera dello spionaggio sovietico. Ma, prima di poter accedere a questa elevata dimensione della piramide, era stato mandato per quasi un anno a Mosca, a studiare all'Istituto Krasnoznamensk, l'accademia superiore del KGB, che poi avrebbe preso il nome di Istituto Jurij Andropov. Per la gente che viveva in questa zona periferica di Mosca si trattava di una caserma militare come ce n'erano tante. In realtà era una struttura segretissima. Gli allievi, tutti sotto falso nome (quello di Putin fu Platov) per accedervi dovevano superare una serie di test e sottoporsi alla macchina della verità. Putin fu destinato a studiare e approfondire la storia, la politica e l'economia dei paesi di lingua tedesca, la Germania Federale, la DDR, l'Austria, la Svizzera tedesca. A causa del suo carattere poco socievole, gli inizi nel nuovo contesto furono un po' stentati. Nella sua scheda personale, il colonnello Michail Frolov, all'epoca uno dei docenti dell'istituto, annotò che «sembrava una personalità piuttosto chiusa, poco socializzante. Però si può dire che questa, per gli agenti, è una qualità tanto negativa quanto positiva». Il professore gli contestò anche un certo «accademismo» ma riconobbe che era molto «arguto».[5] Un altro istruttore lo criticò per lo «scarso senso del pericolo». Ma tutti convennero che era dotato di una grande capacità di lavoro e di impegno, oltre che di spiccata intelligenza. Fu nominato anche responsabile e portavoce del suo corso.

Dall'andamento dell'allievo e dalle attitudini che dimostrava, dipendeva la sua assegnazione futura. «Veniva considerato tutto, sia le qualità personali che professionali. Ci chiudevamo in ufficio per una settimana o due e stavamo seduti a scrivere e scrivere. Al termine del profilo si traevano le conclusioni sull'idoneità o non idoneità del laureato a lavorare nell'Intelligence.»[6] A favore di Putin giocò, per quanto ritenuto ingessato, la capacità di interagire e tessere relazioni interpersonali con finezza psicologica e attenzione, in maniera avveduta e controllata. Chi non superava questa selezione veniva lasciato per tutta la vita a svolgere un fosco lavoro poliziesco all'interno dell'URSS.

Nell'universo comunista, la Germania dell'Est era l'eccellenza economica, tecnologica e industriale del Patto di Varsavia. I dirigenti comunisti della DDR erano trattati quasi alla pari dai sovietici, che solitamente, invece, molestavano considerandoli come servi i «compagni» polacchi, ungheresi e bulgari. Per non dire dei romeni e degli jugoslavi (i secondi non facevano parte neanche del Patto di Varsavia), ritenuti infidi. I tedeschi dell'Est erano sempre tedeschi, anzi prussiani, con quel carattere, quella precisione e determinazione che avevano reso potente la Germania. Disponevano di sapere scientifico e applicazioni tecnologiche utilissime all'URSS.

Nello spionaggio poi, la DDR con il suo capillare e maniacale servizio segreto, la Stasi, è una vera eccellenza. L'unico servizio alleato del patto in grado di produrre risultati enormi. A guidarlo è Markus Wolf, soprannominato Misha, personaggio quasi mitologico della letteratura sullo spionaggio. Il soprannome lo ha preso durante la lunga permanenza a Mosca, ma lo chiamano anche «l'uomo senza volto»: è lui che ispira la figura di Karla nei romanzi di John Le Carré. Wolf ha creato dal nulla l'HVA (*Hauptverwaltung Aufklärung*), il servizio segreto della DDR, le sue trame hanno fatto – per così dire – piangere l'Occidente, creando in alcuni casi enormi falle nella sicurezza della Nato.

Nel 1968 l'ammiraglio tedesco occidentale Hermann Lüdke, vicecapo della direzione logistica dell'Alleanza Atlantica, e come tale a conoscenza dell'esatta dislocazione di migliaia di testate nucleari, si suicidò quando furono scoperte alcune fotografie di documenti top secret da lui scattate. Lo stesso giorno si suicidò un altro alto ufficiale in stretti rapporti con Lüdke, il maggior generale Horst Wendland.

Misha organizzò quella che nei manuali di spionaggio sarebbe stata chiamata «l'offensiva delle segretarie», ossia l'ingaggio, nel ruolo di agenti, di donne avvenenti, che riuscivano a penetrare le istituzioni della Germania Occidentale diventando segretarie di personaggi ai vertici di ministeri e della diplomazia. Fu così per Irene Schultz al ministero della Ricerca scientifica e per Gerda Schröter all'ambasciata tedesca federale a Varsavia. Il capolavoro di Wolf fu, poi, l'arruolamento come spia del segretario particolare del cancelliere socialdemocratico Willy Brandt, Günther Guillaume, il più alto livello di penetrazione mai raggiunto da un servizio segreto straniero nel cuore del sistema di un altro paese, una fonte inesauribile di segreti.[7]

La Germania dell'Est è anche il luogo strategico dello scacchiere militare europeo, il confine fra le due Europe che si fronteggiano: se la Terza guerra mondiale verrà combattuta, lo sarà qui. Nella DDR stazionano quasi mezzo milione di militari russi, le divisioni corazzate dell'Armata Rossa e un grande arsenale missilistico.

Dresda, per secoli città d'arte e di storia, era stata il teatro di un feroce bombardamento durante la Seconda guerra mondiale. Nel febbraio 1945, a conflitto quasi concluso, le vittime erano state fra i civili circa venticinquemila. Dopo la guerra era tornata a essere un centro industriale: qui aveva sede la Robotron, la principale azienda del settore elettronico del blocco sovietico, ben trentamila dipendenti che producevano televisori, radio, personal computer, mini computer e altri apparecchi. L'unica industria con un livello tecnologico tale da poter dialogare, durante gli anni della distensione, con l'IBM americana e la Siemens, colosso industriale della Germania Federale.

L'URSS a metà degli anni Ottanta aveva accumulato un ritardo colossale nelle tecnologie elettroniche rispetto alla superpotenza concorrente, gli Stati Uniti, dove la Silicon Valley era capofila globale dell'innovazione. Colmare il ritardo sarebbe stato impossibile e lo spionaggio diventava l'unico modo per tentare di recuperare qualche preziosa informazione tecnologica.

Il maggiore Putin giungeva a Dresda a trentadue anni, relativamente giovane per questo incarico. Era un *rezident* del KGB in Sassonia e anche membro del comitato del Partito comunista nel servizio segreto nella DDR. Gli fu data la copertura formale di direttore della locale sezione dell'Associazione di amicizia sovietico-tedesca. La sede, che poi era quella del KGB, era una bella villetta sull'Elba, al numero 4 dell'Angelikastrasse, che distava cinque minuti a piedi da casa.

Ai coniugi Putin piaceva stare nella Germania Est. Per dei sovietici somigliava al paese dell'abbondanza. Era uno Stato fortemente totalitario ma il più ricco della galassia comunista. Non c'erano le interminabili file davanti agli scaffali semivuoti dei supermercati sovietici, lì si poteva acquistare e scegliere qualsiasi cosa. Non solo. Dall'altra parte della Germania filtravano non poche merci occidentali. Volodja poté acquistare una radio Grunding e uno stereo per auto Blaupunkt. «Avevamo perfino una Volga di servizio, considerata un'ottima macchina in confronto alle Trabant. E nei fine settimana ce ne andavamo sempre in giro per la Sassonia» racconterà Ljudmila, che a Mosca, su invito del marito, aveva conseguito anche un diploma di dattilografa e ogni tanto faceva qualche lavoretto. Accanto a Dresda c'era una zona chiamata la Svizzera sassone, che i due coniugi amavano molto. Il maggiore Putin ruppe anche la rigida astinenza dall'alcol bevendo l'ottima birra tedesca e prendendo dodici chili di peso.

Quando si trasferiscono in Germania Ljudmila ancora non si è laureata, a Dresda compila la sua tesi, mentre è in attesa della seconda figlia. Poi, per definire gli ultimi dettagli con il relatore, torna da sola a Leningrado. Alla viglia della discussione, Volodja la raggiunge. Festeggiano la laurea e insieme tornano in Germania, dove dopo poche settimane, il 31 agosto 1986, nasce Ekaterina, la seconda figlia, che in famiglia è chiamata Katja. In alcune interviste Ljuda riferirà che, pur impegnato molto al lavoro, il padre seguiva con attenzione le due figlie, accompagnandole ogni mattina all'asilo. Del resto non avevano aiuti domestici, che non potevano permettersi, e per due volte Volodja dovette accudire da solo Maša, quando la moglie fu ricoverata in ospedale e nel periodo che precedette il parto della seconda figlia.

Putin apparteneva alla Direzione S, quella che si occupava della raccolta di informazioni, formula e obiettivo generico sotto i quali erano ricomprese molteplici attività. La copertura, almeno all'apparenza, funzionava perché il lavoro procedeva nel corso della giornata davvero come quello dei funzionari di un'organizzazione culturale: riunione collettiva al mattino per fare il punto sui fascicoli aperti, poi molte ore alla scrivania, nella stanza che Volodja divideva con un collega. Dall'ufficio di Angelikastrasse si usciva solo per incontrare qualcuno. Gli appuntamenti solitamente venivano dati al vecchio mercato, al centro della città, dove a partire dal 1954 erano stati costruiti, al posto delle rovine della guerra, una serie di imponenti edifici secondo lo stile del cosiddetto «barocco staliniano». Orgoglio comunista della città era il Kulturpalast, edificato nel 1969, firmato dall'architetto Wolfgang Hänsch: mostra sul lato ovest della facciata un grande mosaico murale intitolato *Der Weg der Roten Fahne* (La via della bandiera rossa), opera di Gerhard Bondzin, dove si vedono raffigurate varie scene che hanno come protagonisti i lavoratori.

A Dresda c'era un'avanzata facoltà di Ingegneria e Tecnologia che, nell'ambito delle attività di cooperazione con il Terzo Mondo, ospitava molti studenti provenienti dall'Africa e dall'America Latina. Tra le attività del gruppo di Putin c'era quello di reclutare studenti brillanti che, una volta recatisi a lavorare negli Stati Uniti o in altre nazioni occidentali, potevano essere impiegati come fonti o «ganci». Per creare un contatto fruttuoso occorrevano anni e tanta pazienza, non sempre l'avvio di queste relazioni sfociava in risultati utili. Un piccolo successo di Putin fu l'arruolamento di uno studente colombiano, amico di un sergente dell'esercito americano, anche lui di origini colombiane. Vladimir riesce ad acquistare per ottocento marchi un manuale tecnico dell'U.S. Army. Un documento interessante anche se non di un elevato livello di segretezza. Molte volte gli uomini del KGB si trovavano di fronte all'insormontabile difficoltà di pagare le persone reclutate per indisponibilità di fondi adeguati, problema che faceva arenare in poco tempo tutte le operazioni in corso, anche quelle più delicate.

L'altra attività rilevante era la gestione dei rapporti con la Stasi. L'efficiente servizio segreto della DDR raccoglieva una grande quantità di informazioni su centinaia di migliaia di persone attraverso una ramificata rete di agenti nella Germania Federale. I sovietici chiedevano spesso di poter attingere ai materiali della Stasi e riscontrare i loro dossier con quelli del servizio tedesco. Inoltre, agli uomini di Wolf venivano richiesti documenti falsi perché erano i migliori nella contraffazione. Tuttavia, i rapporti di «fratellanza comunista» non sempre erano tali. Nel marzo 1989 il generale Horst Bohm, capo della Stasi a Dresda, convinto comunista che si sarebbe suicidato dopo la caduta del Muro, scrisse una puntuta nota al superiore di Putin, il generale Vladimir Širokov, per lamentare che i *rezident* locali del KGB avevano cercato di reclutare militari dell'esercito della Germania orientale.

Il KGB tra la metà degli anni Settanta e i primi anni Ottanta aveva segretamente supportato la banda Baader-Meinhof, la famigerata organizzazione di dichiarata ispirazione comunista, nota anche come *Rote Armee Fraktion* (RAF) che, sul modello delle Brigate Rosse italiane, era stata protagonista di una fitta sequela di azioni terroristiche nella Germania federale. Per alcuni anni la RAF aveva lasciato dietro di sé una lunga scia di sangue uccidendo poliziotti, magistrati, dirigenti industriali, militari tedeschi e americani di stanza in Germania. Nata dai movimenti della contestazione studentesca del Sessantotto, fermentata tra alcuni intellettuali di ispirazione marxista-leninista, non a caso aveva scelto come simbolo la stella dell'Armata Rossa sovietica. I militanti della RAF avevano raggiunto il massimo della loro espansione militare e terroristica quando, il 5 settembre 1977, avevano rapito il presidente della Confindustria tedesca, Hanns Martin Schleyer, uccidendo con brutale determinazione tre agenti di polizia della sua scorta e l'autista. Questa azione fu per la Germania l'equivalente del rapimento del presidente della DC, Aldo Moro, in Italia. Un trauma nazionale che si protrasse per quarantatré giorni e si risolse tragicamente con un assassinio e il discusso «suicidio», nel carcere di Stammheim, del gruppo dirigente dell'organizzazione terroristica, già da tempo detenuto.

In realtà, Mosca fu sempre molto cauta nel coltivare e sostenere queste organizzazioni perché era consapevole del danno
di immagine e della perdita di credibilità internazionale se fosse trapelato un coinvolgimento diretto. Inoltre, pur dichiarando-
si comunista, la RAF era lontana dall'ortodossia sovietica ed era
più vicina ai rivoluzionari di matrice castrista o latinoamericana.

Alcuni biografi di Putin hanno ventilato l'ipotesi che durante
la sua permanenza a Dresda abbia potuto intrattenere rapporti con i terroristi della banda Baader-Meinhof, i quali effettivamente si recavano nell'Est per approvvigionarsi di armi, ma la
cosa non appare verosimile per due motivi: l'assenza di ogni riscontro documentale che sarebbe potuto emergere dopo la caduta del Muro dagli archivi della Stasi; e soprattutto la circostanza
che quando Putin giunge in Germania le attività della RAF sono
in via di esaurimento, molto ridotte e marginali.

Vladimir Putin non fa in tempo a partecipare al gioco tra le
spie di Est e Ovest perché quando arriva a Dresda le cose stanno
cambiando radicalmente dopo la morte di Konstantin Černenko
e l'avvento al Cremlino di Michail Sergeevič Gorbačëv. La crisi
morale e materiale del comunismo, latente da almeno un venten-
nio, esplode e inizia il periodo di turbolenza che culminerà con
la dissoluzione dell'Unione Sovietica. I servizi segreti in pochi
mesi vedono ribaltarsi paradigmi consolidati, l'Occidente non è
diventato di colpo un interlocutore ma non è più nemmeno il nemico numero uno da combattere. Così Putin viene incaricato di
seguire da vicino e mantenere contatti con Hans Modrow, il leader della SED a Dresda (il Partito socialista unificato di Germania, il partito unico che governava la DDR), politico di prestigio
che si era espresso più volte per una linea aperta al riformismo
e valutato da Mosca come l'uomo su cui puntare per sostituire
Erich Honecker, il leader ortodosso del comunismo tedesco. Si
sarebbe rivelata una mossa inutile, oramai era troppo tardi, l'u-
niverso comunista sarebbe franato di lì a poco.

I funzionari del KGB trascorrevano tre quarti del loro tempo a scrivere dettagliati rapporti, era un rito della religione del-

la burocrazia, un feticcio comunista. I voluminosi e dettagliati dossier salivano poi di scrivania in scrivania, fino al Comitato Centrale del PCUS. Ma quasi sempre non venivano letti, o tantomeno valutati ai fini di decisioni concrete. Questo era l'aspetto frustrante, più della penuria di mezzi. Come ammetterà lo stesso Putin, gli elementi che spingevano alla decomposizione del sistema erano ormai chiari e conosciuti ma nessuno fece nulla. Lui stesso aveva compilato rapporti sul ritardo della tecnologia informatica nell'URSS, che aveva pochissimi computer militari, a fronte della rivoluzione dell'ICT (*Information and Communications Technology*) in atto in Occidente.

La Germania federale si era risollevata in pochi anni da una tragica guerra ed era diventata una delle più formidabili economie occidentali, in alcuni settori più avanzata di quella degli Stati Uniti, e sicuramente capace di garantire un elevato livello medio di benessere e protezione sociale ai suoi cittadini. Tutto questo era avvenuto grazie al mercato e al capitalismo, sia pur temperato dal modello renano tedesco.

La vita condotta da Putin in Germania dell'Est, grazie all'eccellente conoscenza della lingua e alla possibilità di interloquire e scambiarsi idee, gli consentiva di riflettere sull'antitesi fra socialismo e mercato, rafforzando in lui quei convincimenti che già andava maturando da tempo: il socialismo reale aveva storicamente fallito, occorreva che anche quella parte del mondo guardasse al sistema economico di mercato. Un'altra vita che superasse il grigiore comunista era possibile. Aveva chiesto alla moglie di imparare il tedesco e per questo le aveva affiancato un'insegnante di madrelingua tedesca. Nei limiti del possibile, la coppia preferiva frequentare tedeschi piuttosto che il circolo chiuso dei sovietici presenti a Dresda, così come guardare i programmi della televisione tedesca.

Il mutamento del contesto geopolitico a cui era legato il lavoro di Putin subisce un'accelerazione improvvisa nel 1989. Il giovane maggiore, suo malgrado, si trova immerso nelle giornate cruciali di un cambiamento epocale. L'intero lavoro e l'esistenza stessa della sua organizzazione ne verranno toccate. L'anno si presenta come decisivo, il crollo del comunismo non è solo una teoria ma diventa un fatto. Sin dai primi mesi, con un crescendo di mobilitazioni che attraversa la primavera e giunge fino all'estate, il variegato mondo delle forze democratiche che si oppongono ai regimi comunisti comincia a manifestare in piazza e organizzarsi politicamente. Il sisma attraversa tutti i paesi dell'Est, tutti i regimi del socialismo reale. I partiti comunisti al potere sono pietrificati, questa volta non reagiscono e non organizzano la repressione, divisi al loro interno tra coloro che vorrebbero resistere a tutti i costi con i vecchi metodi e quelli che si sfilano perché convinti che non c'è più nulla da fare. A giugno, con una sorprendente dichiarazione, il capo del KGB, Vladimir Aleksandrovič Krjučkov, condanna i vecchi metodi stalinisti della repressione e giura fedeltà a Gorbačëv e al suo corso riformista. Anche a Dresda, sotto gli occhi di Putin, le forze democratiche cominciano a organizzarsi e a manifestare. In altri tempi il KGB sarebbe stato il motore della repressione negli Stati satelliti apparentemente sovrani. Mosca, invece, ora tace, i *rezident* vengono lasciati senza direttive e non muovono dito, assistono inermi e qualcuno fugge pure in Occidente.

La svolta si determina a fine agosto, quando decine di migliaia di tedeschi, una vera ondata umana, cominciarono a fuggire in Occidente attraverso gli altri Stati del Patto di Varsavia, come l'Ungheria, che avevano rimosso le barriere. La pressione è enorme, si rischia un esodo biblico, un gruppo di ottomila tedeschi cittadini della DDR si rifugia nell'ambasciata della Germania Occidentale a Praga. La Germania Est prima chiude le frontiere, poi, sotto la pressione della piazza, è costretta a negoziare i trasferimenti nella Germania federale dei suoi cittadini.

Le manifestazioni pubbliche si susseguono, diventano sempre più imponenti, ai gruppi di intellettuali e studenti si vanno unendo operai, pensionati e tutta la popolazione, senza differenza di età e appartenenza sociale. A Dresda c'è una grande mobilitazione popolare. Il 4 ottobre 1989 si decide di evacuare gli occupanti dell'ambasciata della Repubblica Federale e concedere loro di emigrare nella Germania Ovest. Vengono organizzati quattro treni speciali che prima di raggiungere Praga devono passare per Dresda, la città geograficamente più vicina all'allora Cecoslovacchia. Una grande folla di oltre cinquemila persone si raduna alla stazione, vogliono salire sui treni, sperano così di raggiungere la libertà. Le autorità mettono in piazza non solo la polizia ma reparti dell'esercito e forze di sicurezza speciali, gli scontri sono violenti e vengono arrestati milletrecento manifestanti. È il colpo di coda del regime. Le manifestazioni si succedono nei giorni successivi e dilagano in tutta la DDR, ogni giorno, a Dresda, l'opposizione si dà appuntamento sulla Prager Strasse, davanti alla stazione centrale.

Il 7 ottobre la Repubblica Democratica Tedesca celebra il quarantesimo anniversario della sua fondazione ma il clima non è affatto di festa. Quel giorno è anche il trentasettesimo compleanno di Vladimir Putin. La ricorrenza diventa l'occasione per manifestazioni sempre più coinvolgenti, a Berlino scendono in piazza quasi un milione di persone e scoppiano incidenti. A Dresda il giorno dopo sulla Prager Strasse e migliaia di dimostranti vengono circondati, il partito vorrebbe che la polizia adoperasse la mano pesante. Ma ormai anche nelle forze dell'ordine ci sono ampie defezioni, non è più il tempo di azioni di forza, il «Gruppo dei 20», testa dirigente dei manifestanti, guidato dal teologo Frank Richter, intavola una trattativa col sindaco della città Wolfgang Berghofer: inizia quel percorso politico che porterà a una transizione democratica e non violenta.

Il 9 novembre cade il Muro di Berlino, uno dei più sensazionali fatti storici della seconda metà del Novecento e il 19 dicembre arriva a Dresda il cancelliere Helmut Kohl che parla di fronte a centomila persone al Dresdner Neumarkt, davanti alle rovine della Frauenkirche (la chiesa luterana di Nostra Signora).

Il maggiore Putin scrive qualche rapporto ma avverte bene che il cambio epocale è giunto. Il KGB è inerte, da Mosca, dove pure è in atto un'implosione del sistema, non arrivano direttive. Non sono solo Putin e i suoi colleghi a trovarsi in questa situazione: l'URSS con la sua potenza imperiale aveva sparso uomini e mezzi a varie latitudini del pianeta, dai Caraibi, all'Africa, all'Asia e ovviamente in Europa, milioni di uomini, prevalentemente militari, che vengono lasciati a cavarsela da soli. La prima cosa che viene in mente è quella di distruggere i documenti. A Berlino è stata assaltata la sede dell'odiata Stasi, prima o poi accadrà anche a Dresda. Racconterà Putin: «Noi distruggemmo tutto, i nostri collegamenti, i contatti, l'intera rete di agenti. Io personalmente bruciai un'enorme quantità di materiale. Abbiamo bruciato tanta di quella roba che alla fine la stufa fondeva. Bruciavamo di giorno e di notte. Quello che c'era di maggiore importanza l'inviammo a Mosca».[8]

Quello che temevano accadde. Il 3 dicembre 1989 la folla si presenta davanti alla villetta di Angelikastrasse. Tutti sapevano che lì c'era il KGB e nessuno aveva mai creduto alla storia dell'Associazione di amicizia sovietico-tedesca. Si teme il peggio perché i manifestanti sono minacciosi. Dopo la Stasi, i sovietici simboleggiano l'oppressione, decine di anni di dittatura. Il maggiore Putin è il più freddo, hanno le armi ma usarle innescherebbe reazioni più forti, la polizia della DDR è allo sbando, viene chiesto il suo intervento a protezione della sede ma gli agenti tedeschi neanche rispondono al telefono. E allora, Vladimir si mette subito in contatto con un'unità militare sovietica di stanza in quella zona ma gli uomini dell'Armata Rossa rispondono che per muoversi occorre l'autorizzazione di Mosca. E dalla capitale i comandi tacciono. «La gente si radunò attorno al nostro edificio. Va bene, i tedeschi avevano saccheggiato il loro ministero. Quella era una loro faccenda interna. Ma noi non eravamo una faccenda interna. La minaccia era seria. Nessuno s'era mosso per difenderci... Eravamo pronti a farlo da soli... Dovevamo dimostrare l'efficacia del nostro addestramento... Dopo qualche ora, quando i dimostranti s'imbaldanzirono, io andai tra loro e chiesi cosa volevano. Spiegai che eravamo un'organizzazione militare sovietica. Dalla folla mi domandarono: "Perché avete automobili con targhe tedesche? Di cosa vi occupate qui?". Risposi che, secondo l'accordo, ci era permesso utilizzare targhe tedesche. "Ma lei chi è, parla tedesco molto bene" gridarono. Risposi che ero un interprete. La gente era aggressiva.»[9]

Putin aveva assistito tra la folla all'assalto alla sede della Stasi di Dresda, la gente era convinta che ci fossero da liberare prigionieri politici nelle celle. In realtà erano già stati liberati tutti, perché quando crolla un regime c'è sempre qualcuno che *in extremis* tenta di guadagnare qualche benemerenza.

Molto tardi, finalmente giunse un distaccamento militare sovietico ad Angelikastrasse, la folla si disperse. C'erano state tante minacce verbali ma non era accaduto nulla di violento. Gli agenti del KGB si erano armati ma il giovane maggiore aveva raccomandato moderazione e calma. Per il resto tutto era chiaro: «Ebbi l'impressione che il paese non ci fosse più. Era chiaro che l'Unione Sovietica era malata, di quel morbo micidiale, incurabile che si chiama paralisi: paralisi del potere».[10]

VI

PANORAMA DI ROVINE

Ritorno a San Pietroburgo

Sulla rumorosa e vecchia Volga aveva caricato tutto il possibile, anche una lavabiancheria che sarebbe stato impossibile ritrovare in Unione Sovietica. Aveva fatto salire la moglie e le due bambine e in silenzio, senza dirsi nulla, erano partiti dalla Germania Est. Non c'era solo il rammarico di lasciare un luogo dove erano vissuti felici, c'era l'angoscia per ciò che li attendeva. Cosa avrebbero trovato in Unione Sovietica? Le notizie che giungevano erano impressionanti, descrivevano caos e anarchia. Soprattutto, quale sarebbe stato il loro futuro? La storia insegnava che a ogni cambio di regime in Russia corrispondeva un bagno di sangue. Questi pensieri probabilmente attraversavano la mente di Vladimir e di Ljudmila.

Sono circa un milione i militari che rientrano in patria per effetto dello smantellamento delle strutture del Patto di Varsavia,[1] un vero controesodo, disordinato, senza direttive chiare e assistenza per chi rientra. Appena giunti nella Leningrado che sta tornando a chiamarsi San Pietroburgo i Putin trovano una città in preda al caos, c'è un'emergenza alloggi e i senzatetto muoiono al gelo. Gli approvvigionamenti, soprattutto quelli alimentari, sono sporadici, in una nazione ricca di gas e petrolio manca la possibilità di riscaldarsi. I negozi con gli scaffali vuoti avevano all'esterno sempre le stesse interminabili file, come in guerra erano state reintrodotte le tessere annonarie e i buoni di razionamento. Il fallimento del sistema socialcomunista era soprattutto in questa fotografia. Già a fine 1989 le autorità avevano dovuto razionare tè e sapone, nell'ottobre 1990 alle merci razionate furono aggiunte sigarette, vodka e zucchero. I ricordi andavano ai giorni dell'assedio. «In un primo periodo dopo il ritorno,» rievocherà Ljudmila «avevo persino paura ad andare per negozi. Non sapevo cercare, come alcuni, quelli dove i prodotti erano più a buon mercato e stare ore in coda... Le impressioni erano terribili.»[2]

Al disastro delle condizioni di vita collettive fa riscontro, però, un'effervescenza politica e culturale. Leningrado da sempre è la città dove si sono decise le sorti di tutta la Russia, qui Pietro il Grande aveva fondato il potere zarista, qui si erano svolti i fatti decisivi della Rivoluzione d'Ottobre. Ancora una volta, Leningrado non si smentisce, le elezioni «quasi democratiche» del marzo 1990 provocano un terremoto politico, i candidati del «Blocco per le elezioni democratiche 1990», aggregazione variegata nata attorno ai dissidenti, conquista il 60 per cento dei rappresentanti nel Soviet cittadino (355 su 400 seggi nel cosiddetto Lensoviet) e il 70 per cento della quota di Leningrado per il Soviet della Federazione russa (28 su 34 seggi). I big della vecchia nomenklatura comunista vengono battuti alla prima elezione democratica: non viene eletto Jurij Filipovič Solovlov, membro candidato del Politburo e segretario del partito a Leningrado, cade anche il sindaco Vladimir Khodyrev, membro del Comitato Centrale, e il suo vice, Alexei Bolshakov, bocciato il primo segretario cittadino del PCUS Anatolij Gerasimov. I riformisti democratici non sono una forza organizzata, sono un movimento spontaneo che prende le mosse da ambienti intellettuali, dagli scrittori, dagli accademici, tra i giornalisti, ma cominciano a emergere alcuni leader: a Leningrado la figura di spicco è quella di Anatolij Sobčak.

Putin lascia la DDR proprio in quel periodo, agli inizi del 1990, ha guadagnato il grado di tenente colonnello, se l'URSS non si stesse dissolvendo gli si sarebbero aperte innanzi interessanti prospettive: qualche anno a Mosca e poi la possibilità di tornare in Germania, magari in quella Occidentale, con una copertura diplomatica. Aveva ottenuto anche un'onorificenza: una medaglia di bronzo dell'esercito della DDR, che solitamente i tedeschi dell'Est riconoscevano agli ufficiali sovietici. Quello che lo attende è un futuro carico di incognite.

Torna a vivere con i suoi genitori nella stanza del vecchio appartamento di ventisette metri quadri complessivi in via Staček, un notevole passo indietro rispetto alla confortevole casa di Dresda.

La Germania marcia a tappe forzate verso la riunificazione, una cosa che solo qualche anno prima sarebbe stata impensabile. Tutto lo scacchiere rosso del Patto di Varsavia e degli altri Stati comunisti sta venendo meno pedina dopo pedina, nell'Europa dell'Est si consuma quello che verrà definito «l'Autunno delle Nazioni»: in Cecoslovacchia si compie la «rivoluzione di velluto», in Bulgaria viene estromesso Živkov, l'Ungheria smantella la Cortina di Ferro. Alla fine anche in Romania crolla il feroce regime di Ceaușescu. La Polonia già prima degli altri, con la vittoria elettorale di Solidarność, si era avviata a un sistema non comunista.

Il KGB offre a Putin un trasferimento alla Lubjanka, il sinistro edificio di Mosca che ospita la direzione centrale dell'organizzazione. Ma Vladimir intuisce che sta venendo tutto giù. Racconterà: «Mi è stato offerto un posto di lavoro nella sede centrale a Mosca, ma ho rifiutato. Perché? Sapevo che non c'era futuro per il sistema. Il paese non aveva un futuro. E sarebbe stato molto difficile sedersi all'interno del sistema e attendere che tutto crollasse attorno a me». In quei giorni l'amico più fidato Sergej Roldugin raccoglie le angosce di Vladimir: «Venne da me confuso e sconvolto, Volodja provava disappunto per il crollo di tutta la rete di Intelligence in Germania. Mi diceva: "Come si può fare? Come hanno potuto sbagliare? Non ascoltare le nostre parole? Nessuno a Mosca ha letto i nostri rapporti? Noi li avvertivamo di quello che stava per accadere". Era molto disincantato».

Qualche mese dopo l'amministrazione cittadina si ricorda che il padre di Vladimir è un grande invalido di guerra, un veterano decorato, e che la madre era una disabile classificata di prima categoria, e assegna loro una casa un po' più grande in un edificio nuovo ma molto periferico. Putin riesce a scambiare le due case per un trilocale sulla prospettiva Sredneochtinskij, dove va a vivere con i genitori.

Il vero problema è quello del lavoro, il dubbio forte è restare o meno nel KGB. Chiede consiglio al suo ex capo, Lazar Lazarevič, che conferma la decisione di rifiutare un trasferimento a Mosca, troppo insidioso visti i tempi e tenuto conto delle condizioni familiari. Altri ufficiali del KGB stavano rientrando dal Vietnam, dall'Angola, dal Mozambico, da Cuba, per tutti c'era il problema di una casa e soprattutto di un incarico. Quelli in soprannumero venivano collocati «fuori ruolo», formula che significava uno stipendio da fame, senza casa, in preda all'alcol.

Putin fu svelto a capire che poteva contare solo su se stesso, per un periodo valutò di utilizzare l'auto che aveva e mettersi a fare il tassista. Alla moglie dice: «Ho riportato dalla Germania una Volga. Mi guadagnerò da vivere con l'auto... Farò il tassista». Andò a trovare nella vecchia palestra anche l'ex maestro di judo Vasilij Šestakov: «Le cose si mettono male per me. Forse vengo da te a lavorare come allenatore. Mi prendi?».[3]

Cremlino

Alla morte di Konstantin Černenko, il 10 marzo 1985, l'Ufficio politico riunitosi d'urgenza nomina Michail Sergeevič Gorbačëv presidente del comitato per i funerali del segretario morto. Nel cerimoniale sovietico questo è un segnale inequivocabile che indica l'imminente nomina. La scelta di Gorbačëv, cinquantaquattro anni, è quasi obbligata, forse non soddisfa le anime più reazionarie del Partito comunista ma è l'unica strada. L'URSS non può permettersi un altro leader vecchio e malato. Qualche mese prima, un altro decesso eccellente, quello del settantaseienne maresciallo Dmitrij Ustinov, potente ministro della Difesa, accreditato successore alla guida del partito, aveva spianato la strada al «giovane» Michail Sergeevič.

Nelle settimane precedenti alla scomparsa di Černenko la potente rete dei segretari regionali e dei capipartito dei singoli Stati dell'Unione Sovietica aveva espresso un forte gradimento a una soluzione che superasse la linea gerontocratica di vecchi malati e incapaci di agire. A Gorbačëv arriva anche il sostegno della parte più avveduta della vecchia guardia, soprattutto di Andrej Gromyko, per quasi trent'anni ministro degli Esteri e che assumerà la carica di presidente del Soviet Supremo. È uno dei vecchi che capisce che non è più possibile andare avanti su questa strada, soprattutto se si vuole salvare il comunismo, che altrimenti rischierà una caduta rovinosa. Černenko aveva negato anche le timide e insufficienti aperture di Andropov, facendosi paladino di un ritorno allo stalinismo. Nel 1984, in una riunione dell'Ufficio politico si era discusso della riabilitazione di Molotov, Malenkov e Kaganovič e addirittura di restituire il nome di Stalingrado alla città di Volgograd, segni esteriori di una consistente marcia indietro. Non a caso, nella stessa seduta, Chruščëv era stato definito come colui che aveva «danneggiato irreparabilmente l'immagine positiva dell'Unione Sovietica».[4]

L'Unione Sovietica è un grande organismo in putrefazione, una società depoliticizzata, dove il tratto dominante è una burocrazia assurda e sclerotica, dominata da una nomenklatura rigida e chiusa a ogni stimolo intellettuale. Gorbačëv, ogni sera dopo cena, prima di andare a dormire, fa una passeggiata notturna con la moglie, dice che gli fa bene per digerire, in realtà vuole scambiare idee e consigli, sicuro di non essere ascoltato dall'apparato. La sera prima della nomina a segretario generale del PCUS le ripete: «Così non si può vivere».[5]

Aleksandr Solženicyn, gigante morale, scriverà nel 1990: «L'orologio del comunismo ha cessato di marciare. Ma il suo edificio di cemento non è ancora crollato. E che noi piuttosto che liberati, non si finisca schiacciati sotto le sue macerie».[6]

L'ascesa di Gorbačëv è salutata in tutto il mondo come una grande novità anche se in realtà il nuovo segretario è pur sempre «un figlio legittimo del sistema».[7] La sua leadership non nasce da un confronto tra nuovo e vecchio, tantomeno da un fatto rivoluzionario o da un ribaltamento dell'*Ancien Régime*. L'elezione avviene per acclamazione all'unanimità, Michail Sergeevič è un cooptato. C'è indubbiamente, soprattutto nell'età e nella mentalità, una forte discontinuità. Markus Wolf, uno degli uomini più impegnati nella difesa globale del comunismo, annota sul suo diario: «Finalmente, dopo vecchi leader malati, c'è al Cremlino un nuovo segretario generale e una nuova speranza». E proprio a Dresda si consuma una vicenda che ha dell'incredibile. Alla notizia della morte di Konstantin Černenko un gruppo di ufficiali del KGB, fra cui c'è anche Vladimir Putin, decide di brindare alla scomparsa dell'uomo che sta facendo marciare tutti verso l'abisso.[8]

Nel primo anno di potere Gorbačëv resta attestato sulle vecchie posizioni: l'URSS e il comunismo non si discutono, anche se accenna a un «socialismo sviluppato» che dovrebbe assicurare il «benessere e la felicità al popolo sovietico in pace e in terra».[9]

Nel secondo anno, il nuovo leader sovietico fa la prima vera mossa e lancia la parola d'ordine *perestrojka*, ristrutturazione, il che significa non stravolgere il sistema ma riformarlo. Gorbačëv è soprattutto un abile comunicatore, la parola *perestrojka* affascina i media occidentali. Le classi intellettuali, giornalisti e commentatori dell'Occidente, sono composte da frotte di ex sessantottini, allevati col mito del comunismo, per loro è dura ammettere il fallimento totale del maxismo-leninismo. Ecco, quindi, la necessità di aggrapparsi alla distinzione fra un comunismo cattivo, che ha irrimediabilmente fallito e un comunismo buono, quello tradito dallo stalinismo, che però nessuno ha mai costruito. La *perestrojka* apre grandi speranze, anche se nel concreto Gorbačëv non spiega come sia possibile modernizzare il sistema perché non ha il coraggio di parlare esplicitamente di mercato ma di diverse relazioni tra ricchezza privata e bene pubblico.

Nel gennaio 1987 il segretario del PCUS introduce un nuovo concetto, quello di *glasnost*, trasparenza, la necessità di fare i conti con la verità storica e quella dei fatti. La *perestrojka* e la *glasnost* lo renderanno famoso in tutto il mondo. In realtà, Gorbačëv non ha intenzione di abbattere il Partito comunista per passare a un sistema pluralista e multipartitico, l'aspirazione è solo quella di modernizzare la società sovietica e renderla più umana. In uno storico discorso invoca la nozione di «Stato di diritto», conquista storica delle società occidentali, intesa come supremazia della legge a cui tutti devono uniformarsi, difendendo sempre i diritti dall'arbitrio.[10]

Quello dei diritti umani è il punto più qualificante della sua azione, su cui alle enunciazioni associa fatti concreti. Nel dicembre 1986 Andrej Sacharov può tornare come uomo libero nella sua casa di Mosca dopo essere stato internato per quasi sette anni nella città di Gor'kij, mentre nel febbraio 1987 vengono liberati altri 140 dissidenti.

Tra i fardelli del passato Gorbačëv si ritrova la rovinosa eredita dell'invasione dell'Afghanistan, che nel dicembre del 1979 era stato l'ultimo colpo di coda dell'imperialismo sovietico. L'URSS paga un prezzo altissimo, i soldati spediti nel paese sconosciuto e impervio risulteranno essere oltre 600mila, di questi in 14.453 persero la vita, oltre 40mila furono feriti gravi e mutilati. C'è, inoltre, un pesante costo economico, insopportabile per un paese socialmente disastrato. Più in generale sono impressionanti i costi dell'imperialismo. Con un'operazione verità Gorbačëv scopre che le spese militari ammontano al 20 per cento del Pil e al 40 per cento del bilancio statale, percentuali inconciliabili con ogni tentativo di far riprendere l'economia. E nonostante questi costi l'apparato militare è obsoleto, elevato nella quantità ma carente nella qualità. Nel maggio 1987 un giovane pilota civile tedesco, Mathias Rust, atterrò indisturbato accanto alla Piazza Rossa di Mosca, nello stupore generale dopo aver volato dalla Germania fin nel cuore dell'Unione Sovietica, bucando con un aereo da turismo, un Cessna 172, tutte le difese sovietiche. Uno smacco colossale per l'aviazione dell'URSS e la sua difesa aerea e tutto sommato un favore a Gorbačëv, che riesce a sostituire il ministro della Difesa, il reazionario Sergej Sokolov, con Dmtrij

Jazov, e a far processare centinaia di ufficiali che avevano fallito nella catena di comando. Qualche anno prima, nel 1982, la tecnologia sovietica aveva avuto un altro smacco, questa volta indiretto, quando in pochissimo tempo l'aviazione israeliana di tecnologia americana, durante l'operazione «Pace in Galilea», abbatté 86 aerei siriani di fabbricazione sovietica.

La tragica conferma dell'arretratezza del sistema non è solo militare e si ha in occasione del disastro all'impianto nucleare di Černobyl', che diventa davanti al mondo l'immagine più evidente dello sfascio. Nella notte del 26 aprile 1986 un reattore della centrale nucleare V.I. Lenin, nell'Ucraina settentrionale, a diciotto chilometri dalla città di Černobyl', va in avaria a seguito di una serie di negligenze ed errori. L'inchiesta accerterà gravi mancanze del personale tecnico e dirigente, e, soprattutto, una tecnologia vecchissima mai ammodernata, risalente agli anni Cinquanta. Una fortissima esplosione provoca uno squarcio nel reattore e un incendio. In poche ore tutto il mondo si rende conto della gravità dell'accaduto ma l'Ufficio politico del Partito comunista si riunisce solo due giorni dopo per discuterne, negando la gravità del fatto che ben conosceva. Tutto il mondo è costernato per i ritardi e la leggerezza dell'establishment sovietico, anche perché la nuvola di materiale radioattivo fuoriuscita dal reattore si estende e suoi elementi arriveranno in Europa orientale, Germania, Austria, Italia, Francia e Balcani. L'Ucraina piomba nel caos, si decide con ritardo di evacuare 330mila persone mentre la gestione dei soccorsi diventerà uno dei motivi di risentimento nazionale nei confronti di Mosca. Si polemizzerà a lungo sul bilancio autentico delle vittime. Le cifre ufficiali diranno 56 morti dirette, di cui 31 fra gli operai mandati a spegnere l'incendio, e altre 9000 morti indirette. Ma varie associazioni ambientaliste hanno contestato questi numeri giudicandoli riduttivi.

Černobyl' fu un banco di prova per la *glasnost*, non positivo per Gorbačëv e le sue promesse.

I maggiori successi per il leader sovietico vennero dalla politica estera, non solo per l'apprezzamento che la sua persona riscuoteva in Occidente, cosa mai accaduta per un politico dell'URSS, quanto per essere riuscito a stabilire un proficuo canale di comunicazione con il presidente americano, il repubblicano Ronald Reagan, avviando una discussione sulla riduzione degli armamenti, limitando dunque una corsa che i sovietici non potevano più sostenere in termini economici. Proprio in quel periodo, a dimostrazione che forse era l'unica struttura rimasta efficiente in Unione Sovietica, il KGB riusciva a portare a termine una delle sue migliori operazioni reclutando, dietro il pagamento di vari milioni di dollari, il capo della sezione controspionaggio della CIA, Aldrich Hazen Ames, che rivelò quali fossero gli elementi dell'intera rete informativa americana in URSS. Gli Stati Uniti, per effetto del suo tradimento, si ritrovarono senza una rete di informatori capaci di dare riscontri e notizie. A Mosca ci furono una catena di arresti e una decina di fucilazioni, fra cui alti ufficiali. Il colonnello Oleg Antonovič Gordievskij che aveva passato informazioni ai servizi britannici, e che diventerà poi un saggista di successo, fu protagonista di una spettacolare fuga a Londra.

La fine dell'URSS

Quando Vladimir Putin rientra a Leningrado si trova immerso in un mondo che si sta scomponendo e ricomponendo su basi prima impensabili.

Nel dicembre del 1985, pochi mesi dopo l'ascesa di Gorbačëv, l'ingegnere Boris Nikolaevič Eltsin (o El'cin), che si era distinto alla guida del dipartimento per le Costruzioni edili del Comitato Centrale, assumeva l'incarico di segretario del partito a Mosca, da sempre un ruolo chiave nel sistema di potere sovietico. In poco tempo Eltsin avrebbe guadagnato grande notorietà e consenso popolare per la denuncia costante delle disfunzioni del sistema, a cui associa un forte attivismo per tentare di risolvere almeno i problemi della capitale. Compie gesti di grande consenso popolare come far chiudere i «negozi speciali» riservati alla nomenklatura e le mense per i dirigenti di partito, le uniche dove si poteva mangiare qualcosa di decente. Ma questo tecnocrate proveniente dalla Siberia occidentale (Sverdlovsk) diventa anche il simbolo di un riformismo più accentuato che renda reali le riforme promesse.

Dopo cinque anni al Cremlino, invece, Michail Gorbačëv gode di un grande successo internazionale ma è duramente avversato dai suoi concittadini, le cui condizioni di vita non sono affatto migliorate. Calo demografico, penuria di merci, salari da fame, deficit statale, arretratezza tecnologica, tutte le emergenze del periodo brežneviano continuano a persistere. Anzi, le aperture verso l'Occidente hanno reso ancora più stridenti e insopportabili per le giovani generazioni le differenze. Il solo debito pubblico era giunto a 55 miliardi di dollari, mentre il livello dei consumi che nel 1981 la CIA aveva stimato a un terzo di quelli americani, era sceso del 30 per cento rispetto a questa quota. Nel 1989 il reddito nazionale era calato di una quota del 6 per cento mentre l'inflazione era attorno al 15 per cento.

Al degrado economico si accompagna il caos politico e la presenza sempre più pervasiva della criminalità organizzata. L'URSS pullula di fazioni, la decomposizione ideologica favorisce la genesi delle più diverse entità, il leader è stretto fra i circoli veterocomunisti che vorrebbero il ritorno al pugno di ferro sovietico e i gruppi radicali liberali che vorrebbero accelerare le riforme e la svolta democratica. Ma in questo magma emergono anche i nazionalbolscevichi, i «nazbol» alla Limonov, gli antisemiti, i neostalinisti. «Il Gorbačëv della tarda primavera del 1988 era quindi ormai un riformatore politico radicale, che continuava ad avere un debolissimo programma economico e scarsa capacità di far fronte alle questioni nazionali.»[11]

Il nuovo corso del Cremlino alla fine degli anni Ottanta si trova a fare i conti con un tema antico e nuovo, l'altra grande questione, accanto a quelle dello sviluppo economico e della democrazia. Per molto tempo, anche in Occidente, si erano confusi i termini «Russia» e «Unione Sovietica», mentre invece l'URSS era uno Stato plurinazionale, fondato su un ginepraio di entità etniche, religiose e culturali a volte divise da odi atavici. Circa la metà della popolazione che al censimento del 1989 ammontava a 288 milioni e 600mila abitanti era composta da «non russi». La fine del comunismo porta con sé il «risveglio nazionale», quello religioso, soprattutto nelle repubbliche di fede islamica, il risentimento storico contro quello che viene chiamato il colonialismo russo, prima perpetrato dagli zar e poi da Stalin.

L'Unione Sovietica era uno Stato federale multinazionale, il più grande al mondo, dove si sommavano addirittura 110 diverse nazionalità, che secondo l'articolo 70 della Costituzione sovietica del 1977 avevano liberamente aderito alla federazione. Ogni repubblica, infatti, conservava, in astratto, il diritto alla secessione. E due repubbliche, l'Ucraina e la Bielorussia, erano addirittura membri autonomi delle Nazioni Unite. Le quindici repubbliche che componevano l'URSS erano: Russia, Ucraina e Bielorussia (le cui lingue traggono origine dall'antico slavo); Lituania, Lettonia ed Estonia (le tre baltiche); Georgia, Armenia, Azerbaigian (le tre caucasiche); la Moldavia (con una lingua simile al rumeno); infine le cinque repubbliche dell'Asia centrale (Kazakistan, Uzbekistan, Turkmenistan, Kirghizistan, Tagikistan). La Russia era ed è la più estesa per territorio (17mila chilometri quadrati, superando il Canada di 7 chilometri quadrati), all'epoca contava 145 milioni di abitanti (oggi 143 milioni incrementati però da oltre 10 milioni di immigrati). La seconda repubblica per numero di abitanti era l'Ucraina, con 50 milioni di abitanti, mentre la seconda per vastità territoriale era il Kazakistan, con oltre 2700 chilometri quadrati. La repubblica più piccola era l'Armenia, di appena 30 chilometri quadrati, la meno popolata l'Estonia, con un milione e mezzo di abitanti.

L'URSS, a partire dalla metà degli anni Sessanta, era stata attraversata da una grave crisi demografica, diventando il primo paese industrializzato al mondo ad avere un calo dell'attesa di vita media della popolazione maschile (dai 64,6 anni del 1965 ai

61,4 del 1980), causato soprattutto dall'elevato consumo di alcol e dal deterioramento delle condizioni di vita collettive.

Oltre alle quindici repubbliche federate, l'URSS comprendeva venti repubbliche autonome, che facevano riferimento a gruppi nazionali ed etnici. Sedici di queste repubbliche erano situate nella Federazione Russa (repubblica Baschira, Buriata, Ceceno-Inguscia, Chuvashia, Daghestana, Kabardino-Balkara, Calmucca, Careliana, Komi, Mari, Mordovia, Nord Ossetia, Tatara, Tuva, Urdmurta, Yakuta), una in Azerbaigian (Nakhichevan), due in Georgia (Abkhazia e Adzharia), una in Uzbekistan (Kara-Kalpak). Anche queste avevano organi costituzionali ma con una doppia soggezione all'Unione Sovietica e alla Repubblica di appartenenza. Il complesso mosaico sovietico si completava con otto regioni autonome, riconoscimento di piccoli gruppi nazionali, di cui cinque nella Repubblica Russa, una in Azerbagian (il Nagorno-Karabakh, che diventerà causa di un conflitto), una in Georgia e una in Tagikistan.[12]

L'Unione Sovietica era l'erede dell'impero zarista, al quale la politica espansionista di Stalin aveva aggiunto nuovi territori e nuove entità etniche. Dal principato di Mosca del 1261 c'era stata un'espansione progressiva, prima l'autoritarismo degli zar poi la violenza dello stalinismo erano riusciti a tenere sotto controllo le profonde diversità nazionali, più o meno come era riuscito a fare Tito in Iugoslavia. La *perestrojka* e la *glasnost*, non senza meriti importanti rispetto alla tutela dei diritti e al ripristino di un minimo standard di libertà, avevano però scoperchiato il magma di risentimenti latenti, odi religiosi, rivalse territoriali. Memorie di antichi e mai dimenticati fatti storici si erano messe di nuovo in movimento.

Nel febbraio del 1988 si pongono le premesse per quello che sarebbe stato il primo conflitto nel Caucaso, tra l'Azerbaigian, repubblica musulmana e ricca per gli ingenti giacimenti di gas e petrolio, e l'Armenia, povera e di religione cristiana. Il *casus belli* era la regione autonoma del Nagorno-Karabakh, inglobata in una condizione non chiara dal punto di vista giuridico all'interno dell'Azerbaigian ma con popolazione a maggioranza armena (circa 123mila unità). Il 20 febbraio il Soviet regionale, all'interno del quale era presente una schiacciante maggioranza armena, vota il passaggio all'Armenia. L'Azerbaigian è nettamente contrario, nella capitale Baku i manifestanti inalberano immagini dell'ayatollah Khomeini, simbolo di un risveglio islamico. Nelle rispettive capitali, Erevan e Baku, esplodono le manifestazioni nazionaliste in cui si accendono gli animi contro l'altra parte.

L'intreccio geografico ed etnico è una miscela esplosiva perché, secondo il censimento del 1979, 161mila azeri risiedevano in Armenia, e 350mila armeni erano, invece, in Azerbaigian.[13] Nel sobborgo industriale di Sumgait, a nord di Baku, dopo aver appreso dalla radio che due azeri erano stati uccisi, si scatenano scontri tra le due etnie, gli armeni parleranno di un vero e proprio pogrom con centinaia di morti, le «Izvestija» forniranno il bilancio ufficiale di 26 armeni e 6 azeri uccisi. Per paura di rappresaglie, decine di migliaia di armeni abbandonano l'Azerbaigian e lo stesso fanno in senso inverso migliaia di azeri.

Gorbačëv, dopo un accorato appello all'unità e al dialogo, è costretto a un gesto di forza, inviando nell'area i paracadutisti del generale Lebed'. Gli eventi del 1988 e quelli più gravi del 1989 sono il preludio a una lunga vicenda che sfocerà in una guerra aperta, nel 1992, fra Azerbaigian, Nagorno-Karabakh e Armenia e le cui ferite sono ancora aperte.

Un banco di prova ancora più severo si rivela la vicenda delle tre Repubbliche Baltiche; Lituania, Estonia e Lettonia, da sempre una spina nel fianco dell'URSS. Avevano ottenuto l'indipendenza nel 1918 dopo la Prima guerra mondiale ma Stalin le aveva rioccupate nel 1944, inglobandole nell'URSS (atto mai riconosciuto dagli Stati Uniti). Gli Stati baltici, da sempre sensibili al richiamo culturale ed economico della Germania, anche nei periodi più cupi dello stalinismo, avevano mantenuto una fiera identità nazionale, al punto che fino al 1956 avevano agito gruppi di resistenza armata sostenuti dalla popolazione.

Tra settembre e novembre del 1989 i loro Parlamenti approvano le «Dichiarazioni di Sovranità» che contemplano il potere per i Parlamenti di bloccare le leggi federali ove vengano ritenute contrarie all'interesse nazionale. Si tratta di un atto che va verso l'indipendenza. Nel contempo, nelle tre repubbliche nascono movimenti politici di ispirazione nazionaldemocratica che sopravanzano i partiti comunisti locali. Nel 1990, tra febbraio e marzo, si celebrano tre referendum sull'indipendenza: in Lituania i sì ottengono il 90 per cento; in Estonia il 78 per cento; in Lettonia il 73,6 per cento. Tra il 1990 e il 1991 si completa il percorso che porterà alla loro indipendenza, cui segue quella di altre repubbliche che erano state parte dell'URSS: la Georgia, la Moldavia, la Bielorussia, l'Ucraina e via via tutte le altre.

Le tre Repubbliche Baltiche sarebbero in futuro entrate a far parte dell'Unione Europea e della Nato, motivo questo di forte risentimento da parte di Mosca.

La questione nazionale innesca un'altra questione nata come risposta, in alcuni casi legittima, alla prima, quella nazionale russa. La dissoluzione dell'Impero, la vicenda delle popolazioni russe che si trovano a diventare improvvisamente minoranza nelle repubbliche che si dichiarano indipendenti, il senso di accerchiamento geopolitico e, più in generale, la perdita di prestigio e di forza, generano un vasto sentimento nazionalista russo. È un fronte variegato che comprende democratici, nostalgici stalinisti, monarchici neozaristi, circoli cristiano-ortodossi, associazioni di storia patria, anticomunisti, destra sociale non marxista, fautori della rivoluzione conservatrice. Questi gruppi sviluppano le idee di Pamyat, associazione patriottica che si era manifestata già alla fine degli anni Settanta con la leadership di Dmitrij Vasilyev.

Un mondo composto che sviluppa una serrata critica alle «debolezze» di Gorbačëv, a questi gruppi si unisce una parte dell'establishment, a cominciare dal complesso militare e industriale. Non tutti ritengono che la dissoluzione dell'Unione Sovietica sia un fatto ineludibile: Čebrikov, capo del KGB, ammonisce che «servizi segreti di centri stranieri imperialisti e antisovietici» stanno fomentando «iniziative ed estremismo nazionale».[14]

L'ascesa di Eltsin

Tutti i tentativi del leader sovietico di rianimare la *perestrojka*, attraverso una ristrutturazione programmatica del PCUS, falliscono. Il 3 marzo del 1989 si tengono le elezioni del Congresso dei deputati del popolo (organismo nato dalla riforma della Costituzione del 1977). Si tratta di una consultazione parzialmente democratica perché gli elettori sovietici eleggono solo i due terzi dell'assemblea, 1500 deputati, mentre un terzo, gli altri 750, vengono nominati dalle organizzazioni inquadrate nel PCUS. Non mancano le sorprese: nelle Repubbliche Baltiche ottengono la maggioranza i gruppi contrari ai comunisti e anche in Russia alcuni esponenti della nomenklatura vengono bocciati. Boris Eltsin decide di correre a Mosca, il più grande collegio elettorale del paese con 7 milioni di elettori, e rifiuta di candidarsi nell'originaria Sverdlovsk; vince contro il candidato ufficiale con la percentuale dell'89 per cento. I membri dell'Accademia delle Scienze, invece, rifiutano il candidato ufficiale designato dal partito ed eleggono Sacharov.

Nonostante i contrastanti risultati, il 15 marzo Gorbačëv viene eletto dal Congresso dei deputati presidente dell'URSS, primo e ultimo a ricoprire questa carica. Il fatto più decisivo, però, è l'elezione, il 29 maggio, poche settimane dopo, di Boris Eltsin a presidente del Congresso della Repubblica Russa sconfiggendo di misura Polozkov, il candidato ufficiale del PCUS.

Da quel momento, di fatto, a Mosca ci sono due parlamenti, due governi, due presidenti, una struttura sovietica e una russa. Eltsin fa approvare una dichiarazione di sovranità nella quale si affermano le prerogative della Russia e soprattutto una legge che sottrae all'URSS il controllo delle risorse naturali e di buona parte delle imposte. Il potere di Eltsin viene rafforzato quando è eletto, a giugno del 1991, questa volta a suffragio popolare, presidente della Russia, carica istituita con referendum.

Questo assetto non può durare, è una forma di diarchia che crea solo confusione, mentre Gorbačëv è sempre più sotto accusa da parte della vecchia nomenklatura, che gli rinfaccia di non aver adoperato la forza per fermare il processo di dissoluzione dell'URSS. Il leader sovietico, invece, sempre più visionario, riponeva le sue speranze nel nuovo patto federativo dell'URSS, frutto di una complessa trattativa politica e giuridica, che avrebbe visto nascere l'Unione delle Repubbliche Sovietiche Sovrane al posto dell'Unione delle Repubbliche Socialiste Sovietiche. Dodici Stati ex membri dell'URSS erano pronti a sottoscrivere la nuova intesa, anche perché pochi mesi prima, in un referendum popolare, il 70 per cento dei cittadini sovietici si era espresso per il mantenimento dell'Unione. Freddi erano stati solo gli elettori delle grandi metropoli (Mosca e Leningrado) mentre le Repubbliche Baltiche non avevano partecipato riaffermando la volontà di non fare parte di alcuna entità.

Un riservato incontro a tre, tra Gorbačëv, Eltsin e Nazarbaev, rispettivamente rappresentanti delle tre entità più importanti, URSS, Russia e Kazakistan, definì gli ultimi accordi in tema di competenze e divisioni dei poteri. Eltsin e Nazarbaev prima di dare il via libera chiesero e ottennero l'impegno a rimuovere tutti i conservatori del Cremlino: il ministro della Difesa Dmtrij Jazov; il ministro dell'Interno Boris Pugo; il vicepresidente dell'Unione Sovietica Gennadij Janaev; il primo ministro Valentin Pavlov; e soprattutto il capo del KGB Vladimir Krjučkov. Ma quest'ultimo, che aveva predisposto la sorveglianza del vertice, mediante microfoni, venne a sapere delle intenzioni di destituirli.

Conclusa la complessa trattativa, Gorbačëv, il 4 agosto, decide di raggiungere la sua dacia in Crimea, a Foros, per un periodo di riposo. Un po' per ingenuità, un po' perché tradito da persone a lui vicinissime, il leader sovietico non immagina cosa si sta fomentando alle sue spalle. Era almeno un anno che, di fronte al progressivo svuotamento dell'URSS, gli ambienti nostalgici si agitavano e ripetevano, nel chiuso delle stanze, che qualcosa andava fatto. Il risentimento abbracciava un fronte vasto e ancora molto potente: generali, čekisti, quadri del partito e del Comitato Centrale, esponenti del complesso militare-industriale. I critici avevano trovato consenso fin nella cerchia dei più stretti collaboratori di Gorbačëv. Con loro si era infatti schierato il suo capo segreteria, Valerij Boldin. Ci volle del tempo prima che quel «qualcosa da fare» assumesse le sembianze di un golpe.

Il 17 agosto 1991 i golpisti, dopo aver fatto un ultimo tentativo di convincere il leader sovietico ad autorizzare l'uso della forza per ristabilire il primato del PCUS e schiacciare ogni velleità d'indipendenza nazionale, tentativo ancora una volta infruttuoso, decidono di muoversi. Il primo atto sovversivo è la costituzione di un comitato statale per lo stato di emergenza (GKČP), il secondo, più traumatizzante, è la messa sotto sorveglianza di Gorbačëv, dichiarato ammalato.

I golpisti, però, peccano di indecisione e lentezza. Il vicepresidente Janaev tentenna a lungo prima di firmare lo stato di emergenza e, dopo averlo fatto, si dichiara in malattia, così come il primo ministro Pavlov. Gli unici a essere determinati furono due generali, Varennikov e Makašov, che all'alba del giorno 19 spedirono truppe corazzate nelle città del Baltico e a Mosca. Il golpe avrebbe potuto anche riuscire poiché incontrava il consenso della stragrande maggioranza dei quadri del PCUS e dell'apparato statale, oltre che del Comitato Centrale. Non manca una certa base, sia pur minoritaria, di consenso popolare, circa il 40 per cento, secondo alcune analisi che verranno condotte dopo. A dirigere le operazioni sono essenzialmente in tre: Jazov, Krjučkov e Pugo.

Al golpe sono nettamente contrari gli abitanti di Mosca e Leningrado, con i rispettivi sindaci, Lužkov e Sobčak (nella cui cerchia si mostra dichiaratamente antigolpista Vladimir Putin), che mobilitano la loro base metropolitana.

L'elemento decisivo si rivela essere Boris Eltsin, che assume immediatamente la guida della risposta democratica. L'atteggiamento coraggioso e grintoso del presidente della Russia si rivelerà determinante per il fallimento dei golpisti. Dichiara immediatamente illegittime le attività del GKČP e invita la pubblica opinione a disobbedire a ogni loro ordine. Eltsin, che in quei giorni si guadagna il soprannome di «Corvo bianco» per via della capigliatura bianca, si mostra iperattivo e tenace. Dichiara incostituzionale l'istituzione e gli atti del GKČP e minaccia l'applicazione di sanzioni penali a carico di quei funzionari pubblici che dovessero seguirne le direttive.

Fanno il giro del mondo, ma appaiono anche sul telegiornale sovietico Vremija, le immagini di Eltsin che arringa la folla riunita a difesa del Parlamento russo montando in piedi sulla torretta di un carro armato. La Casa Bianca, sede del Parlamento della Repubblica Russa, diventa l'epicentro della resistenza al golpe. Il sindaco di Mosca Lužkov invia manufatti e ruspe a fare da barriera di protezione, la folla si stringe attorno all'edificio. Sono ore concitate, agli ordini della troika golpista si sovrappongono quelli di Eltsin, che assume, in via provvisoria, anche la direzione dei poteri esecutivi dell'URSS.

Il punto di svolta si determina quando il GKČP non riesce a convincere i militari ad assaltare la Casa Bianca, l'opera di persuasione condotta da Eltsin nei confronti delle alte gerarchie delle forze armate risulta efficace. La maggior parte dei militari resta nelle caserme e quelli che sono in strada non si muovono.

Il fronte dei golpisti si indebolisce di ora in ora, alcuni volano a Foros a invocare il perdono di Gorbačëv, che si rifiuta di riceverli, altri vengono fatti arrestare da Eltsin, Pugo si suicida. Il golpe si spegne nel disordine dei suoi organizzatori che avevano commesso il grave errore di non arrestare preventivamente quelli che si sarebbero rivelati oppositori decisivi. A Mosca la folla abbatte la statua di Feliks Dzeržinskij, il fondatore della Čeka, la polizia segreta del terrore rosso.

I fatti di agosto decretano conseguenze ben più importanti delle vicende di singoli personaggi. La vittoria di Eltsin sancisce tre fatti di portata storica: la fine dell'Unione Sovietica, la fine del PCUS e la fine politica di Gorbačëv che, pur annunciando le dimissioni da segretario generale del Partito comunista, è ormai svalutato agli occhi dell'opinione pubblica, inviso ai nostalgici quanto a democratici e riformatori.

Davanti alle telecamere di tutto il mondo Eltsin umilia Gorbačëv, obbligandolo a leggere davanti al Parlamento russo i verbali delle riunioni del suo governo i cui membri, tranne uno, si erano schierati tutti con il golpe. Il 6 novembre di quello stesso 1991 Boris Eltsin con atto ufficiale decretava lo scioglimento del PCUS e ne proibiva ogni attività confiscandone anche i beni che passavano agli Stati.

In quei giorni si consumano anche gli ultimi passaggi che sanciranno la fine dell'URSS. Ai primi di dicembre, in Ucraina il 90 per cento dei cittadini si esprime per l'indipendenza. La Russia perde un pezzo della sua storia, è l'interruzione di un legame che, fra alterne vicende, si perdeva nei secoli.

Poche ore dopo, a Brest, in una riserva di caccia, Eltsin convoca un vertice con i presidenti di Bielorussia e Ucraina per decidere come porre fine all'Unione. Con un testo messo a punto dai loro collaboratori e controfirmato senza alcuna solennità si sancisce che le quindici repubbliche sono sciolte dai legami di sovranità e che la stessa URSS non esiste più sul piano internazionale. Gorbačëv, che formalmente ne è ancora il presidente, non solo non è stato invitato alla riunione ma non viene neanche informato, mentre Eltsin ritiene opportuno darne notizia agli Stati Uniti.

Solo venerdì 21 dicembre Eltsin si reca al Cremlino nell'ufficio che era stato di Lenin e di Stalin, e di cui avrebbe preso possesso pochi giorni dopo, per mettere Gorbačëv a conoscenza dell'avvenuta decisione. L'ormai ex leader sovietico ha un malore, deve sdraiarsi per qualche minuto, ma acconsente a consegnare al vincitore di quella convulsa stagione i codici di lancio delle testate nucleari, vero bastone di comando.

L'ultimo atto politico di Gorbačëv sarà un discorso televisivo, il 25 dicembre, in cui rivendicherà le svolte storiche della sua *perestojka*.

Si chiude un'era iniziata con la Rivoluzione d'Ottobre, la temibile potenza sovietico-comunista non esiste più, ritorna la Russia.[15]

VII

IL VICESINDACO

Il professor Sobčak

Volodja aveva riflettuto a lungo su quale potesse essere il suo futuro. I dubbi erano tanti, a cominciare dalla decisione di dimettersi o restare nel KGB, l'istituzione a cui aveva tanto sognato di appartenere. Le giornate del ritorno a Leningrado, che di lì a non molto sarebbe tornata a chiamarsi San Pietroburgo, sono scandite da questi interrogativi. Il vecchio mondo sovietico stava cedendo e Putin era stato bravo a capirlo prima di altri. Ma il suo carattere razionale lo aveva portato ad analizzare le sue possibilità. Conosceva bene le lingue straniere, aveva una buona laurea in Giurisprudenza, conseguita nella prestigiosa università statale di Leningrado, in Germania aveva stabilito relazioni che potevano tornare utili.

Quasi per istinto era tornato alla sua università, sull'isola Vasil'evskij, nell'antico edificio che da sempre aveva ospitato l'ateneo fondato per volontà dello zar Pietro il Grande nel 1724. L'idea era quella di riprendere gli studi con un dottorato in Diritto privato internazionale. L'economia socialista, con i suoi disastri non poteva reggere ancora a lungo, prima o poi il sistema si sarebbe dovuto aprire al mercato e alle relazioni di scambio fra privati nel mondo. Poteva essere appropriato specializzarsi in questo ambito studiando il diritto privato orientato alle norme e alla prassi internazionale. «Avevo scelto il mio referente scientifico, Valerij Abramovič Musin, uno dei più accreditati studiosi del diritto internazionale. Avevo individuato un argomento di diritto internazionale privato e stavo definendo il piano di studi.» Avrebbe potuto fare l'avvocato esperto in transazioni con l'estero o magari iniziare la carriera universitaria.

Tuttavia, Volodja aveva una famiglia, due figlie piccole e avrebbe dovuto lavorare. La moglie era riuscita a iscriverle a un asilo non particolarmente attrezzato ma comodo perché vicino casa. L'occasione di un nuovo lavoro gli fu data dalla stessa università che, come molte istituzioni sovietiche, dopo l'avvio della *perestrojka*, cominciava, sia pur lentamente, ad aprirsi all'esterno. Putin, di cui quasi tutti conoscevano l'appartenenza al KGB, fu contattato per fare da assistente al prorettore Vjačeslavovič Molčanov, personaggio dinamico che con le privatizzazioni sarebbe diventato un imprenditore del settore edile. Il prorettore aveva la delega alle relazioni internazionali e gli tornava utile un assistente che sapesse parlare bene tedesco e inglese. Inoltre, le università avevano subito pesanti tagli dei fondi statali compensati, almeno in teoria, dalla possibilità, prima negata, di concludere rapporti economici con l'estero. Una possibilità ancora tutta teorica che diventa il primo banco di prova di Putin, che riesce a concludere un'operazione interessante.

Molčanov e Putin stabilirono un proficuo accordo con la multinazionale americana Procter & Gamble che, in cambio dell'1 per cento degli utili derivanti dalla vendita di saponi, prodotti per l'igiene e dentifricio, merce rara a Leningrado, ottenne l'uso di una palazzina di proprietà dell'università. L'ateneo avrebbe ricavato un po' di soldi e finalmente i cittadini di Pietroburgo avevano un posto dove comprare sapone e dentifricio, fino ad allora tutt'altro che prodotti di primo consumo. Ljudmila ricorda la passione nel nuovo impiego: «Penso che si fosse stancato così tanto del regime disciplinato e regolare tenuto durante i quattro anni e mezzo a Dresda che a Pietroburgo non era mai in casa».[1]

Volodja, in questo modo, poteva lavorare e studiare. Ricopre il ruolo di assistente del prorettore per tre mesi, senza dimettersi dal KGB. Putin cercava anche di interpretare i diversi segnali, a volte antitetici, su come potesse evolvere la situazione politica nel paese. Il suo futuro dipendeva anche dagli assetti generali. Ripresi i contatti con i vecchi amici, fra cui il compagno di scuola Leonid Polochov, li tartassò di domande per conoscere dettagli della realtà economica, sociale e soprattutto per capire «chi stava con chi».

La vera svolta, però, maturò sempre in ambito universitario quando, attraverso il professor Molčanov e il rettore dell'ateneo Stanislav Petrovič Merkur'ev, Putin entrò in contatto con Anatolij Sobčak, il giurista più famoso dell'URSS. Un uomo coltissimo, dall'aria raffinata, dotato di grande eloquenza e modi garbati, vestito sempre in maniera molto curata, dote rara per gli uomini dell'era sovietica.

Sin dai tempi di Brežnev, pur essendo iscritto al PCUS Sobčak aveva assunto con un certo coraggio posizioni eretiche rispetto alla linea ufficiale, favorevoli al dialogo con i dissidenti, diventando una sorta di intellettuale di confine. Con l'apertura della stagione della *perestrojka* e giocando sul suo prestigio culturale, Sobčak si era spinto ancora oltre diventando il più visibile leader democratico riformista di Leningrado, posizione rilevante anche in tutto il resto del paese. Nel 1989 era stato eletto come candidato indipendente al Congresso dei deputati dell'Unione Sovietica, qui era stato cofondatore del gruppo parlamentare riformista, chiamato «Gruppo Interregionale», insieme ad altri due nomi eccellenti, Andreij Sacharov e Boris Eltsin. Nell'aprile del 1990 Sobčak era stato eletto anche deputato del Consiglio municipale di Leningrado e nel maggio ne era diventato il presidente.

Putin lo aveva già conosciuto negli anni Settanta perché aveva seguito le sue lezioni di diritto durante il periodo dell'università e aveva sostenuto con lui un esame. Si era trattato, ovviamente, di un rapporto formale tra docente e studente, qualche saluto e qualche domanda al termine delle lezioni.

I vari biografi di Putin hanno fornito diverse versioni su come sia avvenuto l'incontro tra Putin e Sobčak. Il quotidiano

«Moskovskij Komsomolec» racconterà una versione degna di una spy story, secondo cui all'ateneo Putin sarebbe venuto in possesso di documenti che rivelavano comportamenti non legali da parte di Sobčak e che la conoscenza di questi fatti gli avrebbe spalancato le porte di un incarico in municipio. Ma anche gli acerrimi oppositori di Putin non hanno mai creduto a questa ipotesi. Un'altra versione, sempre del genere spionistico, è quella fornita dal generale Oleg Kalugin, ex potentissimo capo del quinto direttorato del KGB, la struttura chiave dedita allo spionaggio dell'Occidente, famoso soprattutto per essere stato colui che alla Lubjanka aveva gestito il caso di Harold Philby, la famosa spia con cui i sovietici erano riusciti a penetrare nei vertici dei servizi britannici.

Il generale Kalugin rivelerà ai media di essere stato lui a indicare Putin a Sobčak quando questi gli aveva chiesto espressamente un «elemento che fosse adatto a tenere i rapporti con il KGB che controlla questa città».[2] Kalugin, personaggio al centro di mille trame, sarà inquisito dalla magistratura britannica per l'assassinio del dissidente bulgaro Georgi Markov, ucciso nel 1978 in un'operazione concertata fra il KGB e il servizio segreto bulgaro, che adoperò per l'esecuzione il famoso ombrello avvelenato.[3] Poi espatriato negli Stati Uniti, ne ha ottenuto la cittadinanza nel 2003. Dall'America è diventato un feroce critico di Putin e le sue ricostruzioni appaiono quantomeno legate a un aperto contrasto tra i due, tenuto contro che Vladimir lo ha definito un «fannullone assoluto».

Le versioni date dai diretti interessati, Sobčak e Putin, ai giornalisti circa l'avvio della loro collaborazione convergono abbastanza. Il professore era stato eletto presidente del Consiglio della città di Leningrado ma continuava a insegnare. L'incontro tra i due sarebbe avvenuto all'università, dove un vecchio compagno di corso di Vladimir, rimasto nell'ambito dell'ateneo, lo fece ricevere dal professore nel suo studio. «Ricordo bene la scena,» racconterà Putin «sono entrato, mi sono presentato e gli ho raccontato tutto. Era un uomo impulsivo e subito dopo mi disse:

"Parlerò con il rettore, comincerai a lavorare lunedì. Ecco fatto. Mi occuperò io di tutto e sarai trasferito.» Il decisionismo di Sobčak, che ha sempre avuto il piglio del barone accademico, era noto. Putin ha poi precisato il suo racconto: «Non potevo non dirgli: "Anatolij Aleksandrovič, per me sarebbe un piacere lavorare per te. Non solo mi interessa, ma voglio questo lavoro. Ma c'è un fatto che probabilmente sarà di ostacolo al trasferimento". Allora lui mi chiese: "E cioè?". "Devo dirti che non sono un semplice assistente del rettore. Sono un funzionario del KGB." Si fermò un attimo a pensare perché per lui era una sorpresa. Ci pensò un po' e poi disse: "Bene e chissenefrega!"».[4]

In un'intervista del 2000 alla «Literaturnaja Gazeta», accreditato giornale russo, Anatolij Sobčak torna a raccontare l'incontro: «Sono sicuro che Putin non mi venne assegnato dal KGB... Io stesso ho trovato Putin e gli ho chiesto di venire a lavorare per me perché l'avevo conosciuto in precedenza. Mi ricordavo bene di lui quando era studente per il suo lavoro alla facoltà di Legge. Come mai divenne il mio vice? Lo incontrai del tutto per caso nel corridoio dell'università. Lo riconobbi e lo salutai e gli chiesi cosa stesse facendo. Seppi che aveva lavorato per parecchio tempo in Germania e che adesso era assistente del rettore. Era stato un ottimo studente anche se come carattere non gli piaceva primeggiare. Per questo è una persona scevra da vanità e senza ambizioni apparenti, ma nell'intimo è un leader».[5]

Messe da parte le ricostruzioni più fantasiose, probabilmente c'è una parte di verità nei diversi racconti. Non ci fu alcuna strategia predeterminata, tantomeno da parte dei vertici del KGB, ma Sobčak, uomo navigato, che si era lanciato in politica e sapeva di avere le doti per emergere nella nuova fase, voleva una squadra efficiente di collaboratori che andasse oltre gli astratti assistenti universitari che lo circondavano. Sobčak era inoltre un sincero democratico ma sapeva anche che in URSS l'apparato era ancora fortissimo e si sarebbe approdati alla democrazia attraverso una politica di passi graduali. In questa strategia tornava utile avere nella sua cerchia persone provenienti da istituzioni che ancora contavano. Non a caso, come vicepresidente al Consiglio municipale aveva voluto il viceammiraglio Viačeslav Ščerbakov, proveniente dai ranghi del PCUS.

I timori di colpi di coda degli apparati dell'*ancien régime* sono fortissimi, Sobčak teme, per esempio, il capo del KGB di Leningrado, Viktor Čerkesov, un amico di Putin. Le affermazioni del professore sono nette: «Čerkesov è al servizio di quelli che sono al potere. Si tratta di persone per le quali le parole "legalità" e "democrazia" sono prive di senso. Per loro ci sono solo i comandi, mentre la legge e i diritti costituiscono degli ostacoli».[6]

In una lunga e ben articolata inchiesta per il quotidiano «la Repubblica», i giornalisti Carlo Bonini e Giuseppe D'Avanzo ricostruiscono il clima di una San Pietroburgo dove le mafie si lanciavano all'assalto dello Stato e delle risorse approfittando del crollo del sistema. Sobčak avversa il KGB ma i potenziali nemici sono tanti e non si possono combattere tutti insieme. I due giornalisti italiani (*Gli anni di Putin a Pietroburgo tra mafie e KGB* in «la Repubblica», 12 luglio 2001) riportano alcune considerazioni di Sobčak: «Il KGB controlla San Pietroburgo. Senza KGB non si governa. Senza KGB non si tengono a bada gli appetiti delle mafie, e le curiosità della magistratura. Senza la lobby del KGB non ci si difende dalle fameliche pressioni del Cremlino. Senza KGB non ci possono essere i flussi finanziari necessari a non lasciar morire di fame gli abitanti di Pietroburgo. Perché il KGB di San Pietroburgo era tutte queste cose insieme: amministrazione, criminalità, economia, politica e finanza». Una fotografia molto chiara che spiegherebbe la scelta di Sobčak di valersi degli individui più «liberali» del KGB. Il professore aveva insegnato diritto all'accademia di polizia e probabilmente anche ai quadri del KGB, pertanto ne conosceva l'apparato, l'unico a garantire un minimo di sicurezza ed efficienza. Secondo il giornalista di Leningrado Boris Višnevskij, Putin avrebbe condotto per conto di Sobčak una trattativa per ottenere, se non un'adesione, quantomeno una neutralità del KGB nella lotta politica che si era inevitabilmente aperta tra la vecchia nomenklatura e i democratici.[7]

Si temevano soprattutto le operazioni sporche del servizio segreto: intercettazioni, provocazioni, falsi scandali, tutte cose capaci di alterare i fattori in campo. In cambio, Vladimir e il neosindaco avrebbero garantito qualche posto nell'amministrazione pubblica a ex elementi del KGB rimasti senza ruolo, come avvenne per Viktor Čerkesov, tacitato con un posto nelle guardie municipali. I democratici, fra cui molti intellettuali ex dissidenti, erano tutti brave persone ma molti non avevano la percezione dei pericoli. Un po' perché visionari oppure illusi, supponevano che bastasse fare proclami per governare una transizione così insidiosa.

Lorenzo Gianotti, uno dei biografi di Putin, conclude la questione sull'origine dei rapporti fra i due in questi plausibili termini: «È impossibile districarsi nel groviglio di versioni. In ogni caso le "referenze" (di qualunque tenore fossero) del KGB erano indispensabili anche per la "nuova Russia", per quanto emergessero le sanguinarie responsabilità che gravavano sul KGB e le sigle che l'avevano preceduto».[8]

Smol'nyj

Vladimir Putin un giorno, varcando l'ingresso di palazzo Smol'nyj, chiese a un ingegnere della manutenzione, con il quale scambiava qualche parola ogni tanto, chi avesse disegnato quell'edificio. «È stato un architetto italiano, Giacomo Quarenghi» rispose. «Uno dei tanti italiani venuti qui a fare fortuna, tra la fine del Settecento e i primi dell'Ottocento. Coloro che hanno fatto la grande San Pietroburgo» aggiunse.

Ironia della vita, Putin lavorava adesso nello stesso edificio dove la madre molti anni prima aveva fatto la donna delle pulizie.

Quarenghi veniva da un posto lontanissimo, dalla Valle Imagna, nella provincia di Bergamo, in Lombardia. Sarebbe diventato l'architetto ufficiale di Caterina II di Russia. Nelle sue geometrie neoclassiche si ispirava a un altro grande architetto italiano, Andrea Palladio, anteriore di qualche secolo. Introdotto da un lungo spiazzo di aiuole perfettamente curate, palazzo Smol'nyj sembra asettico, sonnolento. Eppure, ha scandito fasi cruciali della storia russa perché fu scelto da Lenin come base operativa dei bolscevichi durante la Rivoluzione d'Ottobre ed era diventato poi in epoca sovietica, quando il governo si era trasferito al Cremlino, la sede del potente Partito comunista di Leningrado. Smol'nyj in russo significa pece, ma non c'entra nulla con il colore dell'edificio, che è bianco con riprese in giallo. Indica in realtà il luogo dove nei secoli passati avveniva il rimessaggio delle navi, fatto appunto con la pece. Anche qui la storia ha giocato un altro scherzo, perché chi guarda l'edificio non può non notare una certa somiglianza con la Casa Bianca, la residenza dei presidenti USA a Washington. Una somiglianza chiara e niente affatto casuale perché anche la Casa Bianca, realizzata dall'architetto James Hoban, al momento della sua costruzione fu ispirata ai disegni di Andrea Palladio.

Al crollo del PCUS, Sobčak ne fa la sede del governo cittadino. Quasi a voler significare che quello è ora il potere democratico più importante. In pochi mesi Vladimir ne diventa il motore, vi trascorrerà oltre sei anni. Giorno dopo giorno, sempre presente, dalle prime ore del mattino fino a tarda sera, conquista gli ingranaggi della macchina amministrativa. Nel 1990 è solo un consigliere per gli affari internazionali del presidente del consiglio cittadino, poi diventa, con lo scorrere dei mesi, il collaboratore più ascoltato del professore. Sobčak, che è soprattutto un accattivante oratore, si fida di lui per la parte burocratica, non c'è documento o atto che prima di essere deliberato non transiti sulla scrivania di Putin per una sorta di verifica di regolarità. Dopo l'elezione a sindaco del leader democratico, Putin diventa, insieme ad altri, vicesindaco e presidente del Comitato degli Affari internazionali (KVES). Nel 1994 è nominato primo vice, una sorta di vicario, di fatto è il numero due di Smol'nyj e di San Pietroburgo.

Marina Yentaltseva, che è stata la sua segretaria per quattro anni, ha rievocato l'imbarazzo che ebbe al loro primo incontro. «La prima volta che ho visto Vladimir Vladimirovič era da dietro la porta a vetri di un ufficio. Ero seduta di fronte alla porta a mettermi il rossetto. Improvvisamente, ho visto il nuovo direttore del Comitato per le Relazioni Estere arrivare dal lungo corridoio, e ho pensato: "Oh, ora sicuramente non mi confermerà al mio posto di lavoro". Ma invece tutto è andato bene. Fece finta di non aver notato la cosa.»[9]

Il 20 agosto 1990 segna un momento decisivo. Vladimir, convinto che questa è la sua nuova strada, decide di lasciare il servizio attivo nel KGB rassegnando le dimissioni e rimanendo soltanto nella «riserva attiva», possibilità che lascia una porta aperta al rientro nei ranghi. Putin racconta così la sua svolta: «Era una decisione molto difficile. Era passato quasi un anno da quando avevo smesso di lavorare per il servizio di sicurezza, ma tutta la mia vita era stata incentrata su quel servizio. Era il 1990, l'URSS non era ancora sconfitta, il colpo di Stato di agosto non era ancora avvenuto e quindi non c'era nessuna certezza su come sarebbe andato a finire il paese. Sobčak era una persona eccezionale e un politico importante, ma mi sembrava rischioso legare il mio futuro a lui. Tutto poteva rovesciarsi in un attimo. Non riuscivo a pensare a cosa avrei potuto fare se avessi perso il mio lavoro per la città. Pensavo che avrei potuto tornare all'università, scrivere una tesi, fare lavori saltuari. Avevo un posto stabile con il KGB e il trattamento era buono. Avevo successo in quella situazione eppure decisi di andare via. Perché? Per cosa? Stavo veramente male. Dovevo prendere la decisione più difficile della mia vita. Ho riflettuto a lungo cercando di mettere in ordine i miei pensieri, alla fine mi feci coraggio, presi la penna e scrissi la lettera di dimissioni, di getto, senza fare una brutta copia».[10]

In una intervista resa alla giornalista Natalja Nikiforova aggiunge altri argomenti: «Avevo due bambine piccole e dei genitori anziani. Questi avevano superato gli ottant'anni e vivevamo insieme. Erano sopravvissuti all'assedio della guerra: potevo trascinarli via dal posto dov'erano nati? E non potevo certo abbandonarli».[11]

Il golpe

All'alba del giorno 19, i più mattinieri si erano accorti che c'era qualcosa d'insolito. Dalle sei del mattino, da quando, come ogni giorno, iniziano i programmi televisivi, tutti i canali trasmettono *Il lago dei cigni*, celebre balletto di Pëtr Il'ič Čajkovskij, una sorta di opera nazionale. Dei programmi abituali non c'è traccia, né di quelli informativi, né di quelli leggeri e neanche dei cartoni animati per i bambini che si preparano ad andare a scuola. Molti girano nervosamente da un canale all'altro, ma è inutile. Non un cartello in sovrimpressione, nessuna comunicazione per quell'imprevisto cambio di palinsesto. Qualcuno comincia a telefonare alla TV di Stato per chiedere cosa fosse successo, ma nessuno risponde. Intanto, le melodie di Čajkovskij vanno avanti.

A metà di agosto Leningrado è una città in torpore. Non è certo una capitale occidentale che va in vacanza in massa, solo chi ha la dacia parte. Ma tutto rallenta, scuole e università sono chiuse, le industrie lavorano a basso regime, gli uffici sono vuoti.

D'improvviso l'opera viene interrotta e inizia la lettura dei comunicati della giunta golpista (GKČP). «L'onore e l'orgoglio dell'uomo sovietico saranno completamente rivalutati» ripeteva la TV. Alla fine del comunicato si chiarisce: «Per garantire la legge e l'ordine viene dichiarato lo stato di emergenza per un periodo di sei mesi».

Il generale Viktor Samsonov appare dagli schermi televisivi dove si qualifica come capo regionale del GKČP, per ribadire che anche Leningrado è sotto lo stato di emergenza e al suo comando.

Molta gente accorre nelle strade, nei luoghi di tradizionale raduno, per saperne di più. I democratici si radunano a palazzo Mar'inskij, nella sede del Consiglio municipale. Un'ingenuità, perché tutti insieme lì rischiano di essere arrestati. Putin non è a palazzo Mar'inskij.

Nelle ore più critiche del golpe, Sobčak è nei pressi di Mosca, asserragliato nella dacia di Boris Eltsin, dove si sta svolgendo una riunione d'emergenza dei capi democratici che si trovavano già a Mosca, tra cui il sindaco di Leningrado. La tensione è altissima, c'è paura perché si teme il peggio. A metà mattinata, mentre il *putsch* è in piena esecuzione, la dacia viene circondata da reparti del «gruppo Alfa», un'unità di attacco militare del KGB. È possibile che entrino e arrestino tutti, intanto, nessuno può entrare e uscire. L'arresto di Eltsin, la cosa più logica per la riuscita del golpe, una mossa chiave, fallisce due volte. La prima, quando avrebbe dovuto essere arrestato all'aeroporto di Mosca dove era giunto all'alba, la seconda quando non scatta la prevista irruzione nella dacia. Si saprà poi che i due vicecomandanti del «gruppo Alfa» – che avrebbero dovuto eseguire l'ordine – si erano opposti. I militari erano rimasti nei pressi della residenza, armati di tutto punto, ma avevano lasciato transitare il corteo di auto con Eltsin e i suoi ospiti diretti verso Mosca.

Putin, intanto, torna d'urgenza a San Pietroburgo. Era appena giunto nella penisola di Neriga, nella provincia di Kaliningrad, per trascorrere le vacanze. Aveva da poco disfatto le valige quando apprende del putsch. Riparte immediatamente guidando per ore, per evitare aeroporti e stazioni ferroviarie. Appena in città raccoglie uomini armati, li avrebbe schierati all'aeroporto per accogliere e scortare Sobčak, altri li disloca a palazzo Mar'inskij, lui stesso si arma. Fa eseguire anche un ordine che il sindaco gli aveva trasmesso prima di ripartire in aereo da Mosca: far presidiare da militari fedeli la sede della televisione a Leningrado per evitare che cada nelle mani dei golpisti.

Dopo essere atterrato, il sindaco non raggiunge subito il suo ufficio nel palazzo dell'assemblea comunale, decide di recarsi dal generale Samsonov, autoproclamato capo dei golpisti nella seconda città della Russia. Ne ottiene l'impegno d'onore a non far entrare le truppe nel centro della città e, soprattutto, a non porre in essere atti di violenza. A Leningrado le cose vanno effettivamente meglio che a Mosca, dove le truppe entrano da ogni direzione e volontari armati alla meglio si radunano davanti alla Casa Bianca per iniziare a resistere.

Concluso l'accordo, Sobčak raggiunge palazzo Mar'inskij e

dopo poco tiene un primo discorso dalla finestra, sotto sono radunate decine di migliaia di persone. Rende pubblica la dichiarazione concordata con Eltsin a Mosca. «Chiediamo al popolo russo di rispondere in modo appropriato ai golpisti» esordisce Sobčak, fra i più efficaci oratori russi del momento, «e che al paese sia consentito di tornare al suo normale percorso di sviluppo costituzionale.»[12]

Putin è accanto al suo sindaco, si guarda continuamente attorno, dà ordini agli uomini della sicurezza che è riuscito a radunare, è attento a che non vi siano cecchini appostati. Alle nove di sera Sobčak arriva alla televisione di Leningrado per rifare il suo discorso, questa volta in diretta TV. La televisione di Leningrado riveste un'importanza particolare perché il suo segnale si irradia in quasi tutta la Russia, anche in regioni lontane. Il sindaco comincia a parlare, il segnale è nitido, la prosa è chiara e soprattutto carica di sentimento e passione. Non legge, parla a braccio, a tratti mostra commozione. Da Mosca i golpisti del GKČP chiedono di interrompere il segnale ma per incapacità tecnica o perché gli addetti fingono di non saperlo fare, la trasmissione va avanti fino alla fine. Sobčak, oltre ad appellarsi alla democrazia e al mantenimento del percorso delle riforme, invita i cittadini di Leningrado a partecipare a una manifestazione di piazza convocata per il giorno successivo. Inoltre, compie un altro passo decisivo, nomina il viceammiraglio Ščerbakov «alto comandante militare della piazza di Leningrado».

Putin individua alcune cimici che erano state collocate dal KGB negli uffici dell'amministrazione comunale ma soprattutto trova un posto sicuro dove poter dormire la notte, alternativo alle rispettive abitazioni note a tutti, soprattutto ai golpisti. Conosceva i bunker della Guerra fredda, quelli antiatomici, attrezzati come centri comando, ne individua uno, sotto uno dei più grandi impianti industriali della città, gli stabilimenti Kirov, dove trascorrono alcune notti. Di giorno escono, muovendosi con rapidità, per partecipare alle manifestazioni, alle conferenze stampa, alle riunioni dei vari comitati di autodifesa che erano sorti spontaneamente. Si recano anche in alcune fabbriche e al mercato per farsi vedere, parlare con la gente e tranquillizzarla. Valutano l'ipotesi di far tagliare l'elettricità, i telefoni e l'acqua agli edifici dove sono i golpisti del GKČP, misura adottata a Mosca dal sindaco Gavril Popov. Ma a Leningrado i golpisti non sono particolarmente attivi. Putin rievocherà quei momenti: «Abbiamo fatto molte cose, siamo stati sempre attivi: andammo allo stabilimento industriale di Kirov a parlare con gli operai, siamo poi andati in altre fabbriche anche se non ci sentivamo molto sicuri quando ci spostavamo».[13] L'opposizione al golpe ha consenso: «La gente ci appoggiava dappertutto. Era chiaro che, se qualcuno avesse voluto rovesciare la situazione, ci sarebbe stato un enorme numero di vittime».[14] Alla fine di quei convulsi avvenimenti le vittime ci saranno ma di numero contenuto, tre, tutte a Mosca.

Durante le molte ore trascorse insieme, Vladimir confida all'amico di trovarsi in una posizione delicata e pericolosa, perché, almeno formalmente, appartiene al KGB e poiché l'organizzazione ha preso una posizione di aperto e dichiarato sostegno al putsch, lui rischia l'accusa di tradimento e la fucilazione. Su consiglio di Sobčak, scrive una seconda lettera di dimissioni che il sindaco, in quanto massima autorità del governo russo di Eltsin, controfirma immediatamente.

«Sin dall'inizio del golpe decisi da che parte stare. Sapevo per certo che non avrei mai fatto nulla secondo le direttive dei golpisti e che non sarei mai stato dalla loro parte. Sapevo anche benissimo che questa sarebbe stata considerata come minimo una trasgressione. Quindi il 20 agosto scrissi la mia seconda lettera di dimissioni dal KGB.»[15]

In realtà, i sentimenti di Putin sull'Unione Sovietica sono complessi, si mescolano elementi di realismo politico e personali. Vladimir non è un comunista ideologico, è stato iscritto al PCUS, come tutti i cittadini che lavoravano nell'amministrazione statale per obblighi di ufficio. Condivide la svolta democratica, soprattutto le riforme economiche che aprono al mercato ma non ritiene che la storia dell'URSS debba essere condannata a priori.

«Quando ci fu il colpo di Stato, ho provato sentimenti confusi. Molto confusi! In primo luogo, non condividevo come si stavano evolvendo gli avvenimenti...»[16]

Il 22 agosto 1991 in tutta la Russia veniva ammainata dagli uffici pubblici la bandiera rossa con la falce e martello, al suo posto arrivava – secondo quanto deliberato dal Parlamento russo – la bandiera della Repubblica Russa, con tre bande orizzontali di colore bianco, blu e rosso. Era la vecchia bandiera zarista, senza l'aquila imperiale, creata da Pietro il Grande che si era ispirato alla bandiera olandese.

Nei giorni successivi avvenne un curioso episodio. L'amministrazione comunale di San Pietroburgo decise di togliere dalle disponibilità del Partito comunista locale l'imponente edificio che ospitava la Casa dell'istruzione politica, una delle strutture di indottrinamento del PCUS, per trasformarlo in un business center. Tuttavia, il sindaco fu generoso, perché ne lasciò al partito un'ala consistente. Ogni mattina qualche nostalgico comunista, approfittando dell'accesso al tetto dell'intero edificio, issava sul pennone, ben visibile in tutta la città, la deposta bandiera rossa. La cosa fu notata anche da Sobčak e Putin che mandarono a sostituirla con il nuovo vessillo russo. Non bastò. I comunisti, a ogni sostituzione, rimettevano il drappo rosso con la falce e martello. Era una sfida, un po' strapaesana ma chiara. Allora Vladimir chiese all'intendenza del Comune una gru e una squadra di operai, ai quali, sotto la sua personale supervisione, fu ordinato di segare il grande pennone di ferro. L'operazione richiese una mattinata di lavoro ma riuscì. Molti anni dopo Putin avrebbe restituito in uso, solo alla Marina, il vessillo rosso.

Il putsch di agosto fallì soprattutto per il prestigio, la determinazione, l'azione di Boris Eltsin e dei suoi collaboratori a Mosca. Ma, forse, le cose sarebbero andate diversamente se nella seconda città del paese, luogo simbolo di tutta la Russia, non ci fossero stati Sobčak e il suo gruppo democratico a organizzare la resistenza. La storia non si fa con le ipotesi. Ma cosa sarebbe accaduto se Leningrado fosse passata ai golpisti?

VIII

LA CORSA AL MERCATO

L'inverno arriva

L'aria di libertà che si era respirata dopo il golpe era bella, intensa. L'URSS si sta dissolvendo, le forze dell'*Ancien Régime* sembrano irrimediabilmente sconfitte, ciascuno in quei giorni è libero, per la prima volta nella storia russa, dopo secoli di stato di polizia, di dire e fare quello che pensa. L'entusiasmo, però, rischia di finire presto. La nuova classe dirigente, appena nata dal confronto con la vecchia nomenklatura, ha davanti a sé problemi drammatici, enormi. L'inverno del 1991 sta arrivando e si annuncia tragico. La vecchia, povera, scarsa economia socialista è crollata ma quella nuova, di mercato, non può certo sorgere dal nulla in poche settimane.

Gli scaffali dei negozi sono vuoti, all'ingresso ci sono le solite lunghe code, immagine nefasta del fallimento del socialismo reale. Si aspetta per ore e poi non si può comprare nulla. La penuria di cibo è di nuovo il problema drammatico della quotidianità delle famiglie. La situazione appare particolarmente critica nella ritrovata San Pietroburgo, seconda città della Russia con milioni di abitanti. Il sindaco Sobčak fa l'unica cosa possibile, affida l'emergenza nelle mani del suo collaboratore più efficace, Vladimir Putin, che, come presidente del Comitato degli affari internazionali (KVES), è chiamato a trovare una soluzione guardando al di fuori dei confini nazionali.

Alcuni consiglieri economici avevano prospettato una soluzione, ancora tutta teorica e da verificare sul campo. Se Mosca non era in grado di dare alcun aiuto, come avrebbe dovuto, quantomeno poteva autorizzare le autorità di San Pietroburgo a vendere direttamente all'estero le materie prime di cui la regione era ricca e alcuni manufatti industriali. Vladimir non perde tempo. Il 4 dicembre manda una lettera formale al suo superiore moscovita, Pëtr Olegovič Aven, presidente del Comitato per le relazioni economiche estere del ministero dell'Economia, che in futuro sarebbe diventato uno dei più ricchi oligarchi russi.

La lettera di Putin è molto dettagliata, elenca le necessità ineliminabili di San Pietroburgo e prospetta anche una soluzione. Una sorta di lista della spesa per milioni di concittadini.

«Per il periodo gennaio-febbraio la regione ha bisogno di 83mila tonnellate di carne congelata, 11mila tonnellate di burro, 3 tonnellate di latte in polvere, 0,4 tonnellate di alimenti infantili, 4,5 tonnellate di burro vegetale, 58 tonnellate di zucchero, 2 tonnellate di aglio, 3,5 tonnellate di agrumi, 8 tonnellate di cacao, il tutto per la somma complessiva di 122 milioni di dollari A causa del carattere eccezionale della situazione creatasi e della necessità di avviare operazioni di scambio, prego di assegnarci quote per l'esportazione delle seguenti materie prime: 750mila metri cubi di legname, 150 tonnellate di prodotti petroliferi, 30mila tonnellate di barre di metalli non ferrosi, 14 tonnellate di metalli rari (tantalo, niobio, gadolinio, cerio, zirconio, ittrio, scandio, itterbio), 1000 tonnellate di alluminio, una tonnellata di rame, 20 tonnellate di cemento, una tonnellata di ammonio. Il tutto per la somma complessiva di 124 milioni di dollari. Per garantire la sicurezza delle operazioni di scambio chiedo anche l'autorizzazione all'import di 120mila tonnellate di fibra di cotone. Infine chiedo che al comitato da me presieduto sia riconosciuta la facoltà di assegnare le quote e concedere le licenze.»[1]

In altre parole, il meccanismo escogitato da Putin e i suoi collaboratori prevede di assegnare al municipio di San Pietroburgo la potestà di commerciare in proprio o, meglio, attraverso società di *trade commodities* scelte in loco, superando quelle prerogative che assegnavano a Mosca la titolarità esclusiva del commercio estero. Del resto, l'unico modo di procurare derrate alimentari è di acquistarle sui mercati internazionali e la municipalità non dispone di liquidità per pagarle.

Mosca risponde in due momenti, con una nota del 1° febbraio che manifesta disponibilità a riconoscere alla municipalità di San Pietroburgo di vendere da sola materie prime sui mercati internazionali; e una seconda comunicazione, la numero 172 del 25 marzo, in cui dà il benestare formale del ministero.

L'inverno è però alle porte, carico di freddo e fame. Se si attendono le risposte di Mosca, la città rischia una tragedia umanitaria.

«Putin non aspettò i documenti con i timbri ministeriali e procedette alla scelta delle società cui concedere la licenza. Gli si deve riconoscere una capacità di movimento che fuoriusciva dalla tempistica dei *činovniki* russi.»

I biografi di Putin hanno molto dibattuto su questa operazione. Se si fosse trattato di una geniale trovata per far fronte con tempestività all'emergenza, oppure se si fosse trattato di un grande affare, con lati oscuri.

Il punto su cui alcuni autori individuano criticità è quello delle autorizzazioni alle società a cui concedere il via libera in questo import-export, materie prime in cambio di derrate alimentari. Si sarebbe trattato di società create ad hoc, in maniera repentina e senza particolari esperienze nel settore. Scrivono i giornalisti italiani Carlo Bonini e Giuseppe D'Avanzo: «Putin sceglie, in solitaria autonomia, le società a cui attribuire le licenze che, per gran parte, non erano produttrici di materie prime da esportare; per la quasi totalità non potevano mostrare contratti con società straniere per l'importazione dei viveri e, quel che è peggio, alcune erano a totale azionariato straniero, spesso collocate in paradisi offshore».[2] E aggiungono altri dettagli su queste operazioni: «Il Comitato di Putin – con la firma del vice di Volodja, Aleksandr Anikin – distribuisce illegalmente.in quei pochi mesi licenze per una somma superiore a 95 milioni di dollari (190 miliardi di lire) e sigla "almeno" tredici contratti».[3] Lorenzo Gianotti, invece, ricostruisce le personalità di alcuni degli intestatari delle società che ottennero le licenze, alcuni ex ufficiali del KGB diventati imprenditori e altri che finiranno nelle maglie della giustizia, non solo quella russa.[4]

La vicenda approdò tra i banchi del Soviet di Leningrado, dove il gruppo radicale chiede e ottiene una commissione d'inchiesta, presieduta da Marina Sal'e, che diventerà una delle più dure oppositrici di Putin. La commissione scrive una relazione di una ventina di pagine nella quale si critica soprattutto la «svendita» dei metalli rari che sarebbero stati ceduti a prezzi di saldo rispetto a quelli dei mercati internazionali. I deputati della commissione inviarono i loro atti al capo dell'ufficio controllo dell'amministrazione presidenziale di Mosca, Jurij Boldjrev, e coinvolsero il presidente del Comitato per i rapporti economici con l'estero dell'area Nordovest, Martjnenko.

Il KVES di Mosca concesse una licenza per l'esportazione di ingenti quantità di prodotti petroliferi al centro commercio estero Interkommerc-Formula-7, amministrato dall'ex agente KGB Georgij Mirošnik, che ottenne in cambio carne congelata, patate e zucchero. Un'altra licenza fu concessa alla società Nevskij Dom di Vladimir Smirnov, mentre la società Croce Rossa Lokk poté scambiare metalli rari con carne. Gli oppositori di Putin e le inchieste giornalistiche sulla vicenda hanno sempre insistito sulla circostanza che queste società erano spuntate all'improvviso.

Tuttavia, le valutazioni non possono essere fatte a posteriori ma devono tenere conto del contesto storico e generale. All'epoca la Russia sta confusamente uscendo da uno stringente controllo statale sull'economia, non esiste mercato, non esistono capitali, tutto appartiene allo Stato. Non ci sono società di comprovata esperienza a cui affidare *trade commodities* in una situazione di emergenza. A San Pietroburgo, come nel resto di tutta l'URSS, alcuni ex esponenti dell'apparato si improvvisano imprenditori, certamente lanciandosi all'arrembaggio di beni pubblici. Ma quello è il contesto, non ci sono alternative.

Marina Sal'e, acerrima nemica politica, che assumerà il ruolo di pasionaria anti-Putin, parlerà di «scandalo del baratto» aggiungendo che «il carattere criminale dei contratti stipulati dal comitato di Putin è indubbio».[5]

La vicenda fu portata all'attenzione del procuratore generale di San Pietroburgo Vladimir Eremenko che dopo un'inchiesta, pur ammettendo il carattere confuso dell'operazione, non rilevò fatti eclatanti da un punto di vista penale e archiviò. Lo stesso avvenne per il ministero dell'Economia. Tantomeno la cosa sfiorò Putin, del quale non furono mai rilevati arricchimenti personali.

Con riferimento a quello stesso periodo, Boris Abramovič Berezovskij, accademico e matematico, diventato uomo d'affari e uno dei primi miliardari dell'era post-sovietica, ricorderà di aver conosciuto Putin nel 1990 quando stava tentando di mettere in piedi una rete di concessionarie auto, con annesse officine, a Leningrado. Aveva lasciato l'università per comprare auto usate in Occidente e rivenderle in Russia, nel momento in cui era partita la corsa alla motorizzazione di massa. Volodja lo aveva aiutato a ottenere tutti i permessi e le autorizzazioni che la *burokratia* imponeva. Con grande meraviglia, Putin, che era riuscito a fargli avere ciò che voleva, aveva rifiutato una mazzetta, «era stato il primo burocrate che non aveva accettato tangenti, ne rimasi molto impressionato».[6]

Un altro episodio è significativo al riguardo. Un imprenditore amico di Berezovskij si rivolge a Putin per ottenere la licenza ad aprire chioschi-bar in alcune piazze e parchi pubblici. La richiesta è stata fatta da tempo ma è bloccata dalla burocrazia municipale. Si reca da Vladimir, espone il progetto, soprattutto le opportunità di lavoro e il servizio al pubblico. Ma soprattutto lo invita a pranzo per parlare di quelli che definisce dettagli. Volodja telefona subito all'ufficio competente e risolve immediatamente il problema. Poi dice: «O mi inviti a pranzo, o vieni qui a chiedermi un favore».

Sulla vicenda del baratto Putin fornirà alcune risposte, ammettendo l'organizzazione caotica dell'operazione: «Non ci fu alcun reato, perché non poteva esserci. Noi non avevamo il diritto di dare licenze. È tutta lì, la faccenda. Le licenze le davano le divisioni del ministero delle Relazioni economiche con l'estero».

Le accuse a Putin e al comitato da lui presieduto sono in contrasto con altre scelte, come quella di assoggettare la contabilità e i bilanci dei comuni alla società KPMG, una delle prime quattro società di revisione al mondo. In seno all'amministrazione, Vladimir è fra quelli convinti che occorra privatizzare alcuni apparati obsoleti e, soprattutto, attrarre capitali stranieri per investimenti. Il suo comitato promuove due zone franche di investimento, una a Pamas e l'altra a Pulkovo Heights, ancora oggi operative. In quelle aree, per la prima volta arrivano grandi multinazionali come la Coca-Cola, poi la Gillette, la Wrigley e altre, per un investimento che supera mezzo miliardo di dollari. Il comitato lavorò anche per le prime infrastrutture degne di un business center: furono installati i primi cavi a fibre ottiche e potenziata la rete telefonica.

È un'epoca, in un certo senso, pionieristica, segnata da un passaggio brutale al mercato, nella quale si inseriscono anche molti approfittatori, come lo stesso Putin ammetterà anni dopo. Non tutto è facile e si creano molte zone di ombra, dove è difficile distinguere reali attività economiche e interessi economici della mafia russa che è in grande espansione. Putin in quegli anni lotta per assoggettare al controllo pubblico tutte le case da gioco della città, il Comune assume direttamente il controllo di quote di proprietà dei casinò, incorporate in una società pubblica di cui detiene il 51 per cento. L'operazione riceve critiche, si scontrano due visioni, una realistica, che ritiene che le case da gioco siano ineliminabili, magari clandestine e gestite dalla mafia, per cui tanto vale farne una fonte di introiti per l'amministrazione; e l'altra, più utopistica, di chi ritiene, invece, che possano essere abolite e basta.

In questa fase, San Pietroburgo, per la sua storia, la sua tradizione, il suo tratto molto europeo, si trova ad accentuare la sua funzione di porta della Russia per chi giunge da Occidente e pensa di fare affari.

Nel 1992 Putin guidò una delegazione economica ufficiale della municipalità a Francoforte sul Meno, di fatto la capitale finanziaria della Germania; ad accompagnarlo, anzi a fare da coordinatore della missione, fu German Gref, futuro ministro delle Finanze della Russia, brillante economista, nativo del Kazakistan ma di etnia tedesca. L'obiettivo fu quello di convincere alcuni investitori tedeschi a costituire una serie di joint venture a San Pietroburgo per investimenti immobiliari. La città era ricca di palazzi storici, dotati di pregiate architetture, che, però, cadevano a pezzi. Il luogo della mitologia delle «notti bianche» creata dalla letteratura di Puškin e Dostoevskij poteva tornare ai suoi fasti compromessi dal comunismo. Da quella missione nacque la S. Petersburg Immobilien und Beteiligungen Aktiengesellschaft, detta anche semplicemente SPAG, registrata a Merfelden-Waldorf, località accanto a Francoforte. La guida fu assunta da un avvocato lussemburghese, Rudolf Ritter, fratello di un importante giurista consulente del Liechtenstein, Michael Ritter. Questa società immobiliare riuscì a concludere alcune importanti lottizzazioni nel centro di San Pietroburgo che nella caotica fase post-sovietica significavano spesso l'apertura di centri commerciali e la costruzione di nuovi condomini.

In quello stesso periodo Putin si adoperò per facilitare lo sbarco a San Pietroburgo del colosso creditizio tedesco Dresder Bank, il primo istituto bancario occidentale a operare in Russia. Una banca notevole sullo scacchiere finanziario tedesco – che nel 2008 confluirà in Commerzbank –, dalla storia molto densa e da sempre sensibile ai rapporti con la politica. Nel 1894 con i suoi capitali aveva contribuito alla fondazione della Banca Commerciale Italiana, durante gli anni del regime hitleriano era stata, invece, il braccio finanziario delle SS, capitalizzando le ricchezze rapinate agli ebrei. L'arrivo della Dresder Bank, in quella che si annuncia come una nuova prateria del mercato, è coerente con le sue vocazioni. L'istituto affidò la direzione della sua prima filiale in Russia, aperta appunto a San Pietroburgo, a Matthias Waring, ex maggiore della Stasi, che era uscito nel 1989 dall'organizzazione spionistica. I rapporti fra i due ex ufficiali dei servizi sono finiti sotto le lenti d'ingrandimento di varie inchieste giornalistiche, perché veniva naturale ipotizzare rapporti risalenti all'epoca in cui Putin era in Germania. Ma sul punto Waring ha sempre dichiarato di averlo conosciuto nel 1991 a San Pietroburgo. L'ex agente Stasi farà molta strada nel ruolo di uomo d'affari che fa da cerniera tra la Russia e la Germania, diventando *chief executive officer* di Nord Stream AG, il consorzio responsabile della costruzione del gasdotto che va da Vyborg in Russia a Greifswald in Germania, uno dei progetti energetici più ambiziosi al mondo, voluto dall'ex cancelliere Gerhard Schröder e da Vladimir Putin.

La Germania, tra le prime economie manifatturiere al mondo, dotata di un'industria capace di sfornare eccellenti prodotti, si è sempre dimostrata molto abile nell'aprire nuovi mercati. Il suo potente ingresso nell'economia russa, per motivi geografici, storici e strutturali, era inevitabile.

Il vicesindaco Vladimir colleziona incarichi chiave per il governo della metropoli e Sobčak, non fidandosi di altri, gli affida anche l'Agenzia per lo sviluppo delle infrastrutture di trasporto, che significa costruzioni di metropolitane, linee tranviarie, strade. Se è vero che Putin, soprattutto grazie alla sua grande capacità di lavoro (stava anche quattordici ore in ufficio), ha favorito la conclusione di tanti affari, è altrettanto indubbio che in questo periodo la sua condizione personale resta molto spartana. Dopo anni di convivenza forzata con i suoceri, la moglie Ljudmila riesce finalmente a organizzare il trasferimento in una casa indipendente sull'isola Vasilevskij, una zona centrale della città. Ma è sempre un alloggio modesto, di appena due stanze, che necessita di una radicale ristrutturazione. I lavori attesero anni per la mancanza di soldi, anche perché la signora Putin si fece carico di trovare anche una nuova casa ai genitori, prima un monolocale in periferia, poi una migliore sistemazione in un bilocale più centrale. Vladimir non approfittò della posizione in seno all'amministrazione cittadina per farsi assegnare una casa lussuosa né, tantomeno, chiese a qualcuno di ristrutturargli il minuscolo appartamento ottenuto. Di denaro in quella stagione ne girava parecchio ma non pochi dei suoi amici e collaboratori dell'epoca ripetevano: a lui interessa il potere, non i soldi.

In quei mesi Ljudmila fu vittima di uno spaventoso incidente automobilistico, a un incrocio nei pressi dello Smol'nyj, dove fu presa in pieno nella fiancata della Žiguli di famiglia, investita da un'altra vettura che non aveva rispettato il semaforo rosso o, forse, era guidata da un conducente ubriaco. In auto c'era anche la figlia Katja, che la signora Putin stava accompagnando a un saggio scolastico di danza. La bambina non riportò danni, fatta eccezione per il tremendo e spaventoso shock. La madre rischiò di morire, colpita da un forte trauma alla base del cranio e da danni alla colonna vertebrale. Perse conoscenza. I passanti accorsi chiamarono immediatamente l'ambulanza e si preoccuparono di accudire la bambina. «Mi portarono in un ospedale assolutamente orribile» rievocherà Ljudmila. «Là, la gente moriva. Nel corridoio c'erano i lettini con i cadaveri. Mi rimase impresso per tutta la vita. Si chiamava "Il XXV anniversario di Ottobre".»[7] L'ambulanza giunse dopo quarantacinque minuti. Come moglie di un militare, la signora Putin avrebbe potuto chiedere di essere trasportata all'Accademia medica militare, ospedale più qualificato. Ma era in stato confusionale. Il medico di guardia non si accorse della frattura cranica e non sapeva certo operare alla colonna vertebrale. «Nella migliore delle ipotesi avrei potuto rischiare una meningite post-traumatica con esito fatale.»[8]

Quel giorno Putin era impegnato in colloqui e incontri con una delegazione comunale che stava conducendo il magnate americano Ted Turner e l'attrice Jane Fonda, allora sposati, a visionare un'area di San Pietroburgo dove si sarebbero celebrati i Giochi della buona volontà. Fu raggiunto appena possibile dal suo segretario personale, Igor Sečin, che lo informò sulla situazione. In Russia, come negli Stati Uniti, i medici degli ospedali militari sono tra i migliori e a salvare la moglie fu un famoso dottore, il professor Jurij Leonidovič Ševčenco, chirurgo di punta dell'Accademia medica militare che mandò una sua équipe per trasferire con urgenza Ljudmila alla sua clinica. Passò ore sotto i ferri, i medici erano convinti che avrebbe riportato conseguenze permanenti. Jurij Leonidovič Ševčenco eseguì un'operazione tecnicamente perfetta. Nel 1996, durante la prima guerra in Cecenia, avrebbe estratto una pallottola dal cuore di un soldato, tirandola fuori dal muscolo cardiaco, e con Putin sarebbe diventato ministro della Sanità della Russia.

La guarigione fu lunghissima, Ljudmila trascorse alcuni mesi in ospedale e molti altri di convalescenza a casa. Ci vollero tre anni perché recuperasse a pieno le sue funzioni. Vladimir dovette occuparsi in prima persona delle due bambine, aiutato dalla suocera, che da Kaliningrad si trasferì per un periodo a San Pietroburgo.

Quella fase di grandi difficoltà per la famiglia Putin non si concluse tuttavia con quell'incidente. Un'altra disgrazia familiare si consumò d'estate, durante le vacanze nella dacia – situata a cento chilometri da San Pietroburgo – che i coniugi Putin avevano cominciato a costruire sei anni prima, e che con grandi sacrifici stavano cercando di completare. «Nel 1991 abbiamo comprato i mattoni, 3 rubli l'uno, poi non bastavano e ne avevo acquistati altri ma a 7 rubli» racconterà Ljudmila. Putin era entrato a far parte di una cooperativa, Ozero (in russo significa «lago»), che raccoglieva funzionari pubblici e si occupava di lottizzazione di alcuni ettari di terreno sulla costa orientale del lago Komsomol'skoe, nel distretto di Priozerskij. Si tratta di un'area decisamente bella e invitante, collocata sull'istmo di Carelia, che si estende dal Mar Bianco al Golfo di Finlandia, tra la Russia e il paese scandinavo. Ricca di foreste, laghi e corsi d'acqua, che d'inverno, quando è bianca di neve, assume un aspetto incantevole. Erano i primi tentativi di lottizzazione privata, sia pure con la formula della cooperativa.

Quella era la prima estate che trascorrevano nella dacia, i lavori erano andati a rilento per mancanza di soldi ma alla fine ce l'avevano fatta. In quei giorni, era loro ospite la segretaria di Vladimir, Marina Entalceva, insieme al marito e alla figlia. Una sera decisero di provare la sauna, appena installata, che si trovava al primo piano. Per i russi, e in generale per tutti i popoli nordici, la sauna in casa costituisce qualcosa d'immancabile. Dopo la sauna andarono a nuotare nel fiume che scorreva di fronte alla dacia, quindi tornarono all'interno. All'improvviso sentirono un crepitio, come se qualcosa friggesse, poi intravidero del fumo e delle fiamme. La casa era in muratura ma le pareti delle stanze erano rivestite in legno. Le luci si spensero e le due famiglie si ritrovarono al buio, interrotto solo dal fuoco che cominciava a espandersi. C'era tanto fumo e un odore acre provocato dal monossido di carbonio. Vladimir Vladimirovič urlò: «Tutti fuori!».

Ma con angoscia si accorse che mancava qualcuno all'appello. Al secondo piano, dove si trovavano le camere da letto, erano rimaste la figlia più grande dei Putin, Maša, e Marina Entalceva. Impaurite, a causa del fumo che saliva, non riuscivano a guadagnare le scale per scendere e uscire fuori. Vladimir rientrò nella dacia: «C'era così tanto fumo che non si vedeva la scala da cui si doveva scendere. Al secondo piano c'erano Marina e Maša, mia figlia maggiore, che giravano e non riuscivano a capire da che parte correre, non riuscivano a vedersi l'un l'altra. Ho preso Maša per mano e l'ho portata sul balcone. Poi ho tolto le lenzuola dal letto, le ho legate tra loro e saldate al balcone e ho detto a Maša: "Scendi!". Era spaventata: "Non scendo ho paura!". L'ho minacciata: "Allora adesso ti prendo e ti butto giù come un cucciolo! Non capisci che la casa sta andando in fiamme?". L'ho presa per il bavero e l'ho scaraventata oltre la ringhiera, di sotto l'hanno presa al volo».[9]

Messa in salvo la figlia, Putin cercò la sua segretaria, Marina, l'accompagnò sul balcone e la fece scendere attraverso le lenzuola. Temeva potessero strapparsi con il peso di un adulto e che Marina potesse cadere sul selciato di dura pietra. Ma c'era il marito, che riuscì a prenderla pur fratturandosi una mano.

A quel punto Vladimir commise un'imprudenza che avrebbe

potuto costargli la vita. Rientrò in casa per cercare una borsa che portava sempre con sé e nella quale teneva i risparmi di famiglia. Le fiamme si stavano espandendo e il fumo ormai era tossico. Volodja non trovò la borsa e non riuscì a raggiungere la stanza dove potevano averla nascosta. Se avesse atteso ancora un attimo non sarebbe più riuscito a tornare sul balcone. Per raggiungerlo, passando per stanze ormai roventi, si avvolse in un vecchio lenzuolo, al quale la madre attribuiva virtù protettive. Poi giù, poco prima che le fiamme lo raggiungessero.

«La casa è bruciata come una candela» racconterà nei giorni successivi. «La squadra di pompieri è arrivata, ma sono rimasti subito senz'acqua. Eppure il fiume e il lago erano accanto. Dico: "Come, l'acqua è terminata? C'è un lago intero qui!". Hanno assentito: "Sì, c'è il lago. Ma non abbiamo il tubo flessibile". In sostanza, i pompieri sono arrivati e partiti tre volte fino a quando la casa non è completamente bruciata.»[10]

A questo episodio si attribuisce la conversione di Putin, anche se era stato già battezzato, alla religione cristiana ortodossa.

Il ritratto

Quel ritratto, Vladimir Vladimirovič lo aveva visto tante volte. Lo zar Pietro in posa marziale, impugna la sciabola, con la mano destra poggiata sulla bocca di un cannone, l'altro braccio poggiato su un bastione di pietra, probabilmente della fortezza di Pietro e Paolo, nucleo fondante della sua città. Il sovrano ha anche una carta geografica che riproduce le insenature della zona, indossa una fascia azzurra a banda sull'uniforme. A immaginarlo così, con la folta chioma nera e i baffi, era stato il pittore francese Paul Delaroche, vissuto circa un secolo dopo il monarca russo, uno specialista di soggetti storici. Il ritratto è del 1838 ed è conservato al Kunsthalle Museum di Amburgo, ma aveva avuto tante riproduzioni in Russia.

Dopo la Rivoluzione d'Ottobre del 1917 si era scatenata una foga distruttrice nei confronti dell'iconografia simbolo dello zarismo, poi la furia antimonarchica si era attenuata quando Stalin, sotto attacco della Germania, aveva proclamato la grande guerra patriottica, mitigando la retorica comunista a vantaggio di quella nazionale. Ma tutto ciò non aveva certo significato il ritorno alla gloria degli zar, rimasti, secondo la vulgata ufficiale, despoti e affamatori di popolo. Solo il mito di Pietro il Grande era riuscito ad attraversare indenne settant'anni di comunismo.

All'indomani del golpe del 1991, e della dissoluzione dell'Unione Sovietica, in tutti gli uffici della Russia, senza che neanche fosse necessario intimarlo, fu una gara a rimuovere i ritratti, non solo quelli di Michail Gorbačëv, ma anche quelli anteriori che raffiguravano i vecchi leader comunisti, da Lenin, a Stalin, a Brežnev, Andropov, Černenko. Al loro posto fu collocato il ritratto di Eltsin.

Vladimir Putin, invece, stupì tutti quando nella sua stanza a palazzo Smol'nyj decise di collocare il ritratto di Pietro il Grande, una riproduzione del quadro di Delaroche. Sulle prime apparve un vezzo per distinguersi, ma il significato politico vero e autentico di quella scelta sarebbe apparso chiaro negli anni successivi, intimamente connesso alla sua visione strategica.

Alla caduta dell'URSS, con la fine dell'unità ideologica del leninismo, e soprattutto dopo la proclamazione, l'11 giugno 1990, della sovranità della Russia, si apre un problema d'identità politica e, prima ancora, culturale. La punta più avanzata dello schieramento riformista pensa che la Russia possa diventare rapidamente una democrazia liberale di tipo anglosassone ma si tratta di una minoranza, magari illuminata. Nello stesso periodo emergono visioni opposte. Si fa avanti, in maniera confusa e a volte folkloristica, una galassia imperial-patriottica che propugna il ritorno ai valori dello zarismo e della Santa Russia ortodossa, il movimento Pamjat' e tanti altri gruppuscoli che cominciano a scendere in piazza con le immagini dello zar Nicola II, gli stemmi di san Giorgio, che si coagulano attorno alla rivista «Den'», che reca come sottotitolo «giornale dell'opposizione spirituale».

Putin non fa certo parte di questi gruppi, non simpatizza per loro ma ritiene che il vuoto culturale lasciato dal crollo comunista vada riempito con un richiamo alla storia patria. Ritiene, soprattutto, che le difficoltà di questa fase di transizione e le macerie lasciate dal comunismo non debbano significare un cedimento totale della sovranità nazionale.

In alcune occasioni Putin, in controtendenza con il clima generale di accondiscendenza all'Occidente, non manca di esprimere a chiare lettere questa sua visione. Durante una visita ufficiale del vicepresidente degli Sati Uniti Al Gore alla città di San Pietroburgo, Putin è protagonista di uno scontro con un funzionario del consolato americano che, deviando dal cerimoniale stabilito, aveva impedito un breve incontro tra il vice di Clinton e una delegazione della municipalità. Vladimir si fa portavoce del disappunto e della delusione delle autorità cittadine e a seguito delle proteste ottiene la rimozione del funzionario scortese da parte dell'ambasciata USA a Mosca, ma soprattutto incassa il plauso dei suoi colleghi.

Nel marzo 1994, invece, Putin è ad Amburgo, a un seminario organizzato dall'Unione Europea sulla collaborazione fra Est e Ovest. Durante i lavori, il presidente della Lettonia, Lennart Meri, che conosceva bene sia lui che Sobčak, prende la parola e nel suo intervento sferra un duro attacco alla Russia, denunciandone l'imperialismo e ripercorrendo tutte le tappe dell'oppressione in danno dei popoli baltici. L'Estonia, come le altre due Repubbliche Baltiche Lettonia e Lituania, nutriva diffusi sentimenti di rivalsa nei confronti dell'URSS, che assimilavano storicamente all'imperialismo russo. I tre Stati che per lunghi secoli avevano avuto una propria specifica identità nazionale e culturale – più vicina all'Europa che a Mosca per certi versi – erano stati brutalmente invasi e annessi all'URSS all'inizio della Seconda guerra mondiale, poi occupati dalla Germania che li aveva sottratti all'Armata Rossa, quindi riconquistati definitivamente dall'Unione Sovietica e per volere di Stalin sottoposti a una russificazione forzata, fatta di deportazioni e di una vera e propria pulizia etnica.

Nel suo discorso Lennart Meri rievoca la repressione e le sofferenze delle nazioni baltiche, avvertendo che ogni futura collaborazione non potrà prescindere dalla memoria, e chiede le scuse formali dei russi.

Putin ascolta, seduto al lungo tavolo ovale, insieme agli altri membri della delegazione russa. Ma, all'improvviso, quando Meri torna a ribadire la vergogna storica dell'occupazione sovietica, Vladimir si alza e prende la strada dell'uscita. «Fece molta impressione,» commenterà uno dei rappresentanti della delegazione di San Pietroburgo «la riunione si teneva nella sala dei cavalieri, che ha un soffitto alto dieci metri e il pavimento di marmo. Mentre Putin camminava nel silenzio assoluto, si sentivano i suoi passi echeggiare contro il soffitto. Come se non bastasse, quando uscì dalla stanza il portone in ghisa rimbombò come un tuono assordante.»[11]

Si chiude un capitolo

L'entusiasmo, la stagione romantica in cui i cittadini di San Pietroburgo avevano assaporato la prima forma di libertà della loro lunga storia era durata poco. Sobčak era stato l'affascinante oratore delle giornate del riscatto democratico, ma le sue parole erano state tanto ammalianti quanto incapaci di fargli superare la prova del governo e dell'amministrazione della seconda città della Russia. La metropoli era scivolata in una diffusa incuria e povertà. In pochissimi si stavano arricchendo smodatamente, mettendo le mani sulle risorse minerarie e i beni dello Stato, mediante privatizzazioni selvagge. La stragrande maggioranza dei cittadini, invece, perdeva anche i minimi standard di assistenza, che il comunismo aveva garantito. Una volta gli scaffali erano vuoti, ora erano pieni, ma pochi avevano i soldi per acquistare le attraenti merci occidentali. Dei cinque milioni di residenti nell'area metropolitana, nell'epoca sovietica circa un milione lavorava nell'apparato militare-industriale addetto alla produzione degli armamenti. All'improvviso, con la dissoluzione dell'URSS, questa enorme massa di uomini e donne si era ritrovata senza lavoro, ad arrangiarsi in una vita di stenti.

La Russia era il brutale laboratorio di un passaggio dal socialismo più marcato al capitalismo più sfrenato e senza regole, una cosa mai successa nella storia. Tutto questo avveniva anche in un contesto sociale e urbano fortemente deteriorato dall'intervento della criminalità organizzata, che si stava facendo parte attiva nei processi di appropriazione dei beni messi in circolazione dalle liberalizzazioni. San Pietroburgo è teatro quotidiano di omicidi, sembra la Palermo degli anni Settanta, si susseguono regolamenti di conti fra bande rivali, che cominciano a darsi una struttura mafiosa.

L'opinione pubblica fa presto a addossare questo stato di cose al sindaco Anatolij Sobčak, il quale, al di là delle effettive ma circoscritte responsabilità, appare come scollegato dalla realtà, avvolto nel suo mondo di parole, fatto di ricevimenti ufficiali, accompagnato dalla bella moglie e da un corteo di auto. «Era una sorta di *dandy* che passeggiava inconsapevole sull'orlo di un vulcano, una persona casualmente arrivata all'apice della seconda capitale russa.»[12]

Il primo campanello d'allarme suonò chiaro in occasione delle elezioni per il rinnovo della Duma municipale, nella primavera del 1994, che nel sistema allora vigente potevano cadere in un momento diverso dalla consultazione per il rinnovo del mandato del sindaco. Si votava con sistema uninominale di collegio, all'interno del quale veniva eletto il candidato più votato. Per la lista di Sobčak, che si era chiamata Tutta Pietroburgo e si richiamava alle posizioni nazionali del partito di Eltsin Nostra Casa Russia, fu un clamoroso fallimento. Passarono solo in quattro, tra cui Putin, che ottenne un successo personale in un collegio centrale di San Pietroburgo. L'intera lista, però, ottenne solo quattro eletti, finendo dietro all'opposizione di Amata città, collegata al partito d'opposizione a Mosca Jabloko (Partito democratico unificato russo), di ispirazione liberale. L'affluenza al voto fu talmente bassa, sintomo della disaffezione generale, che la consultazione fu annullata.

Nel maggio 1996, il primo mandato di Sobčak giunse a scadenza e nonostante tutti i collaboratori lo sconsigliassero dal tentare la ricandidatura, consapevoli della bassissima credibilità e di un consenso dilapidato, il sindaco volle correre ugualmente. Si era alienato anche il sostegno dei vecchi dissidenti antisovietici, persone di grande prestigio morale che avevano creduto in lui, come lo storico Roy Medvedev che arrivò a definirlo un «incapace».

In una prima fase della campagna elettorale, Putin si tenne defilato, restando a occuparsi dell'amministrazione della città. Sobčak decise di dirigerla in prima persona, poi di affidarla alla moglie Ljudmila Borisovna Narusova, donna bella quanto insopportabile e invisa anche ai suoi più stretti collaboratori. Vladimir aveva più di un dubbio, anzi era sicuro che, a meno di un miracolo, ci sarebbe stata una catastrofe elettorale. Consapevoli dell'impresentabilità di Sobčak, da Mosca, gli uomini di Eltsin avevano lanciato la candidatura di uno dei suoi tre vicesindaci, Vladimir Jakovlev. Era il titolare della delega ai Lavori pubblici, uomo onesto ma molto ordinario, privo di ogni appeal, incapace di parlare in pubblico, anche se radicato fra gli strati popolari della città.

A metà campagna elettorale Sobčak fa effettuare un sondaggio molto accurato a un istituto specializzato. Il risultato è sconcertante: viene accreditato di appena il 6 per cento dei voti, dietro ben tre candidati. A peggiorare le cose erano giunti due avvisi di indagine dalla procura di Mosca. Un'inchiesta condotta da un pool di ben quaranta magistrati aveva messo sotto la lente d'ingrandimento la gestione del gabinetto del sindaco, in particolare l'utilizzazione di fondi che, a norma di legge, erano nella diretta disponibilità del primo cittadino ma andavano spesi per emergenze e non per altro.

Tutto questo fu un amaro risveglio, Sobčak non aveva percepito l'antipatia, a tratti l'odio, che lo circondava. Sentendosi perso, chiese aiuto a un suo vecchio amico di università, Aleksandr Jurijev, professore di psicologia politica, anche lui della cerchia degli ex dissidenti, uno studioso stimato e sincero democratico.

Pochi giorni dopo l'annuncio che Jurijev avrebbe assunto la direzione della campagna elettorale, uno sconosciuto suonò alla porta di casa del pacifico professore per gettargli in faccia una dose di acido: solo la cautela con cui l'anziano docente aveva aperto la porta, mantenendosi coperto, evitò danni letali, che comunque in parte ci furono. Di fatto fu Jurijev a rinunciare a ogni impegno per subire una serie di operazioni al volto.

Non rimaneva che Putin, al quale Sobčak chiese di assumere la guida della campagna elettorale. Volodja era assolutamente contrario ad accettare l'incarico, la situazione era disperata, giudicava inutile impegnarsi. Alla fine, però, prevalsero i sentimenti di amicizia e riconoscenza nei confronti del suo professore e sindaco. Putin si spese con veemenza, non mancò di definire «giuda» tutti quelli che avevano tradito Sobčak passando dalla parte del candidato più forte.

Le elezioni furono perse, Vladimir Jakovlev, il candidato voluto dal Cremlino fu eletto con un'alta percentuale di voti. Con grande sorpresa, il neo sindaco propose a Volodja di rimanere nell'amministrazione, col medesimo ruolo. Era un riconoscimento del suo lavoro e della perizia che aveva dimostrato nella gestione della macchina comunale. Putin ringraziò ma rifiutò, non sarebbe stato credibile. Una scelta che gli fece guadagnare stima generale, soprattutto a Mosca.

I mesi successivi alla sconfitta elettorale, rimasto disoccupato, furono spesi da Putin per coronare un suo vecchio sogno, quello di conseguire un dottorato di ricerca, il titolo che nel mondo anglosassone è definito PhD. Il 27 giugno 1997 Vladimir discute la sua tesi presso il corso di Scienze economiche della facoltà di Ingegneria mineraria, dal titolo molto articolato, *Pianificazione strategica dell'innovazione dei materiali minerali basici della regione nelle condizioni costitutive delle relazioni mercantili.* In sostanza, uno studio sulle potenzialità commerciali delle materie prime minerali della regione di San Pietroburgo, attività che negli anni seguenti e non per caso si rivelerà un business molto importante.

Gli anni trascorsi al vertice dell'amministrazione di San Pietroburgo non erano stati affatto inutili. Putin aveva steso relazioni importanti, si era guadagnato la fama di persona efficiente, di poche parole ma capace di fare.

Ci fu un altro passaggio importante in cui confermò le sue doti. Durante i fatti del settembre-ottobre 1993, quelli che la stampa aveva chiamato «secondo golpe», ebbe luogo il tentativo di disarcionare Eltsin per tentare una restaurazione neosovietica o quantomeno filocomunista.

Da tempo il pletorico Congresso dei deputati del Popolo, composto da più di mille deputati, di cui 252 appartenevano al Soviet Supremo, aveva iniziato una fastidiosa opposizione alle politiche di Eltsin. Era stata bloccata la riforma del codice civile e di quello penale, per cui in Russia era ancora reato acquistare o vendere merci al di fuori degli apparati statali o possedere valuta straniera. Eltsin decide che è tempo di sbarazzarsi di questi organismi, eredità dell'era sovietica, e di attuare un piano di riforma costituzionale già delineato sulla carta ma non ancora posta in essere.

Il presidente russo emana un decreto con il quale viene istituita la Duma di Stato e vengono abolite le funzioni di controllo del Congresso dei deputati del Popolo e del Soviet Supremo, mentre in regime transitorio le funzioni legislative vengono assunte dal presidente stesso e dal governo. Per gli oppositori di Eltsin è un «autogolpe», per i suoi sostenitori una misura necessaria per uscire dallo stallo.

La Corte Costituzionale dichiara l'incostituzionalità del decreto eltsiniano. Inizia una dura crisi politico-istituzionale. Il Soviet Supremo risponde votando la destituzione di Eltsin (ai sensi dell'art. 121 punto 6 della Costituzione del 1977, e attribuisce i poteri presidenziali al vicepresidente Aleksandr Rutskoj. Il Congresso dei deputati del Popolo approva la decisione di destituire Eltsin. Mentre nei palazzi si combatte a colpi di decreti, gli oppositori di Eltsin cominciano a costruire barricate intorno alla sede del Soviet Supremo, posta in quella stessa Casa Bianca che due anni prima era stata il luogo della resistenza democratica contro il golpe filosovietico. Altri gruppi di sostenitori di Rutskoj e Ruslan Khasbulatov (presidente del Soviet Supremo) occupano il municipio di Mosca e tentano di prendere il controllo della TV di Stato.

Questa volta la reazione militare è efficiente. Eltsin ordina il cannoneggiamento della Casa Bianca e l'assalto delle forze speciali del Gruppo Alfa, in breve sia l'edificio sede del Soviet che il municipio di Mosca vengono sgomberati. Gli oppositori si rifugiano nell'albergo Mir ma vengono cacciati. Tra gli assalitori c'è anche un reparto di *specnatz*, il tradizionale corpo di teste di cuoio russe, giunto da San Pietroburgo. A coordinarne il trasferimento e a curarne la logistica è l'ex tenente colonnello Vladimir Putin. Lo spirito d'iniziativa e la risolutezza mostrati in questa occasione lo segnalano a Mosca.

IX

L'ASCESA

La grande rapina

Boris Eltsin ha avuto indubbi meriti storici e nel contempo incontestabili demeriti. La sua politica fu un intreccio di grandezza e miseria. È stato l'uomo che difese la Russia dai rigurgiti di stalinismo e dai colpi di coda del comunismo, ma che consentì un autentico Far West economico-sociale nella transizione dall'economia statalista a quella di mercato, fase che in alcuni casi si risolse nella più grande rapina della storia di beni dello Stato e della collettività. Con la sua audacia, mosso solo dal suo intuito politico, Eltsin aveva superato le ambiguità e le ingenuità di Gorbačëv, che ancora si illudeva di poter costruire un socialismo buono e dal volto umano. «Corvo bianco» era stato deciso nello smantellare l'apparato capillare e asfissiante del partito, lo Stato di polizia e aveva messo fine all'imperialismo annullando il Patto della Federazione del 1923, nel famoso vertice con i presidenti di Ucraina e Bielorussia. Aveva donato ai russi, sia pure con i limiti dettati dal contesto generale del momento, il bene più prezioso a cui uomini e donne possano ambire: la libertà.

Un accenno di privatizzazioni c'era stato in Russia, già prima del crollo dell'URSS, tra il 1987 e il 1992, quando una serie di leggi, volute da Gorbačëv, aveva abolito il monopolio statale del commercio internazionale e consentito la nascita di piccole imprese private, cooperative e joint venture con società straniere.

Ad avvantaggiarsi di queste aperture, già allora, furono soprattutto i membri della nomenklatura, in particolare due tipologie: i capi locali del partito, quelli che avevano uno stretto controllo del territorio ed erano lontani dai riflettori di quella grande stampa dove si erano aperti spazi di libertà; e i quadri dell'organizzazione giovanile del partito (*Komsomol'*).

Quando l'URSS era crollata, molti dirigenti delle industrie di Stato, in connivenza con i potentati locali, si erano trasformati in proprietari di fatto delle imprese pubbliche che erano solo chiamati a gestire. L'ambito in cui ci si era mossi con maggiore spregiudicatezza era stato quello delle materie prime, gas e petrolio, e tutti quei metalli di cui l'Occidente ad alta tecnologia aveva fame. Gli uomini della ex nomenklatura che si erano dati agli affari avevano cominciato a fare quello che in gergo economico si chiama *dumping*, cioè a svendere a prezzi ribassati se non stracciati grandi quantità di materie prime, depositando presso le banche occidentali i proventi di queste operazioni, che poi sarebbero stati utilizzati per comprare prodotti tecnologici da rivendere in Russia.

Gorbačëv pensava fosse possibile creare un'economia mista, Eltsin riteneva che la Russia potesse diventare un'economia di mercato, come gli Stati Uniti. Ma anche su questa prospettiva ci si divideva, c'erano economisti che auspicavano una ricetta «gradualista» (Abalkin, Aganbegjan, Petrakov, Shatalin, Javlinskij) e quelli che venivano definiti «neo-Chicago boys» leningradesi, guidati da Egor Gajdar e Anatolij Čubajs, che propugnavano una «terapia shock». A questi ultimi Eltsin affidava la direzione dell'economia.[1]

La transizione ha due facce: da un lato quella della privatizzazione, dall'altro quella dell'emergenza sociale: l'inevitabile fine del poderoso apparato industriale sovietico crea milioni di disoccupati (arriveranno a 10 milioni e mezzo nel 1999), la quota degli operai fra i lavoratori dipendenti scende dal 64 per cento dei primi anni Novanta al 58,6 del 1997.[2] Quell'industria obsoleta e arretrata non poteva sopravvivere ma la creazione di nuovi posti nei settori della modernizzazione non riesce ad assorbire se non una minima quota di coloro che fuoriescono dall'industria di Stato. La disoccupazione passa dal 30 per cento del 1993, al 45-48 per cento del 1994-95 e frana anche quel welfare misero che il comunismo aveva garantito. L'aspettativa di vita media di un maschio russo era passata dai 65 anni del 1987 ai 58 del 1993, perché ancora una volta l'alcol era diventato il rifugio mortale per chi non aveva speranze.

La parola «oligarchi», di antica derivazione greca, comincia a circolare nel 1994 per indicare quegli uomini d'affari, alcuni ex boss del Partito comunista sovietico i quali, grazie alle forti entrature politiche, si stavano arricchendo dopo aver acquisito aziende pubbliche che, per quanto obsolete, serbavano al loro interno grandi ricchezze. Si realizza anche un patto non scritto, ma evidente, tra questi oligarchi e Eltsin. Loro assicurano il consenso politico dei mezzi d'informazione di cui hanno quasi completamente acquisito il controllo, in cambio il Cremlino lascia loro campo libero nel depredare ricchezze pubbliche. Inoltre, dalle materie prime passano a controllare anche le banche, fonti di elargizioni e di potere clientelare.

Le grandi privatizzazioni statali portano il nome di Anatolij Čubajs, ma sono anche ispirate dal Fondo Monetario Internazionale. La sua è una strada estrema, che Čubajs stesso chiama «bolscevismo di mercato», per indicare la radicalità delle operazioni. L'idea era quella di creare un vasto azionariato popolare per le grandi compagnie di Stato, con la distribuzione gratuita a tutti i cittadini russi di voucher da convertire in titoli di imprese che stavano per essere quotate. Il decreto presidenziale del 2 gennaio 1992, messo a punto dallo stesso Eltsin e da Gajdar, sostanzia quello che dovrebbe essere un facile passaggio all'economia di mercato.

Lo scrittore francese Emmanuel Carrère ha raccontato meglio di altri cosa successe nel romanzo *Limonov*, un libro che è stato un successo mondiale: «Il primo settembre 1992 erano stati spediti per posta a ogni russo con più di un anno di età buoni per il valore di diecimila rubli, il che corrispondeva alla quota di ogni cittadino nell'economia del paese. Dopo settant'anni in cui in teoria nessuno aveva avuto il diritto di lavorare per sé ma soltanto per la collettività, l'idea era quella di stimolare l'interesse personale e favorire la nascita di imprese e proprietà private, insomma del mercato. Purtroppo però, a causa dell'inflazione, appena recapitati i buoni non valevano più niente. I beneficiari hanno scoperto che ci si poteva comprare tutt'al più una bottiglia di vodka. Così li hanno rivenduti in massa ad alcuni furbetti, che in cambio hanno offerto loro l'equivalente, diciamo, di una bottiglia e mezzo. Questi furbetti, che nel giro di qualche mese sono diventati i re del petrolio, si chiamavano Boris Berezovskij, Vladimir Gusinskij, Mikhail Khodorkovskij. ... Erano giovani, intelligenti, pieni di energia, non disonesti per vocazione – soltanto, erano cresciuti in un mondo in cui era vietato fare affari, attività per la quale avevano un vero talento, e da un giorno all'altro si erano sentiti dire: "Fatevi sotto". Senza regole del gioco, senza leggi, senza sistema bancario e fiscale. ... era il Far West».[3]

Dal basso inizia il rastrellamento dei voucher, vi lavorano broker e società finanziarie. Chi prima di altri aveva avuto l'intelligenza di fiutare l'affare ne fa incetta, mentre la povera gente li dà via per poco. Non sono estranei a questa strategia alcuni centri di potere internazionale: a Mosca arrivano gli emissari di alcune grandi banche d'affari americane di cui, al termine della grande operazione, gli oligarchi saranno nominati *advisor council*.

Lo schema messo a punto da Čubajs prevede anche che una parte delle azioni, quando si privatizza un'impresa, vada ai suoi operai e ai suoi manager interni. I *biznismen* più scaltri si fanno finanziare da banche d'affari e acquistano queste azioni. È il caso di Alexey Mordashov, che da giovane direttore finanziario della Cherepovetskij Metallurgical Plant crea due fondi d'investimento con i quali assume il controllo della compagnia dalla quale nascerà il colosso minerario e dell'acciaio Severstal. Oppure, il più noto caso di Mikhail Khodorkovskij, brillante dirigente della gioventù comunista, che dopo aver fatto una piccola fortuna con le speculazioni valutarie durante la stagione dell'inflazione, schizzata al 2600 per cento, acquista – secondo quanto scrive Emmanuel Carrère – per centosessantotto milioni di dollari la compagnia petrolifera Yukos che fattura 3 miliardi l'anno. Oleg Deripaska, invece, sempre col meccanismo della svendita delle azioni, in pochi anni diventa il re dell'alluminio, classificato dalle riviste internazionali come il nono uomo più ricco al mondo. È socio in affari di un altro illustre oligarca dell'epoca, Roman Abramovič, proprietario dell'Evraz Group, della compagnia petrolifera Sibneft e della famosa squadra di calcio inglese del Chelsea.

In pochi anni i russi entrano di prepotenza nelle classifiche di «Forbes» dedicate alle persone più ricche al mondo, anche se la stragrande maggioranza dell'opinione pubblica ritiene che queste fortune siano state acquisite illegalmente. Gli oligarchi dispongono di piccoli e temibili eserciti privati di guardie del corpo, spesso reclutate nella malavita, utilizzati a volte per eliminare gli avversari. Hanno flotte di costosissimi aerei privati, panfili, elicotteri, mentre Mosca diventa la città con più Mercedes modello Maybach da centinaia di migliaia di euro.

La cosiddetta «terapia shock», secondo i suoi critici, come lo scrittore francese di origini russe Carrère, ha fatto piombare la Russia nel caos «e la maggior parte della popolazione considera quello che è successo dopo il 1989 né più e né meno una catastrofe storica». Per altri questa fase sarebbe stata fisiologica, ineliminabile dal processo storico, simile a quella pionieristica del primo capitalismo americano dei Cornelius Vanderbilt, John D. Rockefeller, Andrew Carnegie, J.P. Morgan. E la terapia avrebbe, comunque, assicurato alcuni aspetti positivi, come la nascita di una prima economia dei servizi, attorno alla quale si sarebbe strutturato il primo nerbo di classe media.

Quando Vladimir Vladimirovič Putin sbarca a Mosca il contesto è questo. Nel luglio 1996 Eltsin era stato rieletto presidente della Federazione Russa in una difficile campagna elettorale vinta con il 54,4 per cento dei voti al ballottaggio contro il 40,7 di Gennadij Zjuganov, leader del rinato Partito comunista. Per la vittoria di Eltsin, che all'inizio tutti i sondaggi davano perdente, era stato determinante il sostegno economico degli oligarchi, si parlò di 750 milioni di dollari spesi in campagna elettorale, delle loro televisioni e di sostegni finanziari di fondazioni americane vicine al Partito democratico.[4]

A convocare Vladimir è il capo dell'amministrazione presidenziale Nikolaj Egorov, al quale lo aveva segnalato l'assistente personale nonché miglior amico di Eltsin, Pavel Borodin. Si era ricordato dell'efficienza di Putin a proposito della faccenda del trasferimento a Mosca del reparto di *specnatz* di San Pietroburgo e per la fama che si era fatto di «stakanovista» nell'amministrazione dell'ex capitale. Eltsin vuole dare una sterzata nella gestione dei beni dello Stato e chiede uomini capaci di mettere ordine.

Le cose, però, non sono affatto semplici. La confusione porta cambiamenti repentini. Dopo due giorni dall'arrivo di Putin a Mosca, Egorov viene fatto fuori da una delle tante congiure di palazzo, al suo posto viene nominato proprio Anatolij Čubajs, che conosce bene Volodja, essendo anche lui originario di San Pietroburgo e avendo fatto parte della cerchia di Sobčack. Pur adoperando un'estrema cortesia, Čubajs non vuole Putin all'interno del suo gruppo, forse ne teme il passato di agente del KGB, oppure non lo ritiene manipolabile, ma gli offre un altro posto, quello di responsabile delle relazioni pubbliche. Vladimir accetta senza eccessivo entusiasmo, fa conoscenza del portavoce di Eltsin, Sergej Jastržembskij, che lo accoglie con amicizia e gli indica il suo campo di azione.

Accade, però, un fatto nuovo. Nel vortice dei cambiamenti, a Mosca, viene formato un nuovo governo guidato da Viktor Stepanovič Černomyrdin, ex vice ministro dell'Energia e futuro big di Gazprom, chiamato ad attutire le politiche ultraliberiste di Egor Gajdar. Eltsin, carattere irascibile, cambia spesso, monta e smonta carriere, getta collaboratori nella polvere, poi li perdona e li richiama.

Per Putin è un'occasione, perché uno dei vicepremier del nuovo esecutivo è Aleksej Alekseevič Bolšakov, che era stato il primo vice del comitato esecutivo del Consiglio di Leningrado. Da comunista ortodosso era stato poi spazzato via dall'ascesa dei democratici ma quando si era recato a palazzo Smol'nyj, pur senza più incarichi, Putin lo aveva trattato sempre con disponibilità e cortesia. Nelle ore in cui si componeva la nuova squadra di governo, Bolšakov raggiunge Borodin a un ricevimento di gala. «Che fai? Avevi promesso un lavoro a Putin e poi lo lasci a piedi», dice a muso duro. «Non sono stato io, è stato Chubais a sopprimere quel posto, vediamo di porre rimedio» è la replica.

Anche col sostegno di Alexej Kudrin, altro pietroburghese di rango, lo inserisce nell'amministrazione del Cremlino con l'incarico di vicecapo della Direzione degli affari del presidente, con l'espressa delega alla direzione giuridica di quello che era stato il patrimonio estero dell'URSS e del PCUS.

Ben oltre la formula burocratica, si trattava di mettere ordine in una galassia sconosciuta, quella delle proprietà immobiliari che erano state del partito e dello Stato oltre i confini della Russia. Un'entità non da poco, che Putin catalogò e censì, attribuendo a ogni cespite un valore di mercato e assegnando la titolarità all'amministrazione presidenziale. Ljudmila Putina ha rievocato l'approdo a Mosca: «La questione non era andare o non andare. Era chiaro che dovevamo andarci. Anzi, posso dire che con Volodja non discutemmo molto del nuovo incarico. Volodja disse che, sebbene gli avessero proposto un lavoro che non gli piaceva molto, non c'erano altre alternative. Poi è arrivata un'altra proposta».[5]

Putin prende servizio in un ufficio situato nella Staraja Ploshad (Piazza Vecchia) di Mosca, una delle più belle della città, nell'edificio che era stato la sede del Comitato Centrale del partito. Gli viene affidato anche un alloggio di servizio, da abitare con la famiglia, questa volta un grande salto di qualità rispetto alle abitazioni di San Pietroburgo, perché la casa, sebbene vecchia, su due piani ha ben sei camere, divise in due al piano terra e quattro al primo.

Questo incarico di Putin durò dall'agosto 1996 al marzo 1997, perché in quella primavera Eltsin promuove un altro valzer di nomine, nella continua ricerca di nuovi assetti che possano far uscire la Russia dalla crisi economica. Anatolij Čubajs diventa vicepremier, e lascia libera l'amministrazione presidenziale. Quest'ultimo chiede ad Alexei Kudrin di seguirlo al governo per assumere l'incarico di viceministro dell'Economia, lasciando, così, libera la direzione di controllo principale dell'amministrazione presidenziale. Non solo, in quelle stesse settimane si libera anche il posto di primo vice del dirigente dell'amministrazione del presidente perché il suo titolare Aleksandr Kazakov passa a un incarico manageriale nell'industria energetica. L'impegno di Putin era stato notato da Valentin Jumašev, che è molto di più del suo incarico formale di capo dell'amministrazione presidenziale. Ha sposato in seconde nozze la figlia di Eltsin, Tatjana, da sempre la più ascoltata dal padre, e a sua volta la sua figlia di prime nozze, Polina Jumaševa, ha sposato l'oligarca Oleg Deripaska.

Valentin Jumašev propone Putin per quei due incarichi, direttore del controllo dell'amministrazione presidenziale e primo vice dirigente dell'amministrazione, il che significa entrare nel cuore del potere del Cremlino. Gli fu data la delega dei rapporti con le regioni, un ruolo che Volodja utilizzò bene per comprendere il grande potere di cui disponevano i governatori locali, e di conseguenza stringere rapporti con alcuni di loro. Putin terrà anche a mente lo strapotere dei governatori quando deciderà di verticalizzare il potere in Russia per evitare frammentazioni.

Eltsin gode ancora di prestigio personale e soprattutto internazionale, sostenuto soprattutto dai democratici USA, ma il suo potere è minato da molteplici fattori. In primo luogo le sue malferme condizioni di salute, determinate dall'abuso di alcol e dal fumo. Il 6 novembre 1996 per 23 ore Viktor Černomyrdin assume le funzioni di presidente della Federazione Russa e il relativo controllo dei codici di lancio dei missili nucleari perché a Eltsin vengono impiantati ben cinque bypass. Il leader russo alterna momenti di forza ad altri di profonda depressione, durante i quali il potere resta nelle mani del cerchio magico, guidato dalla figlia Tatjana. «Per quanto comprensivi siano i russi nei riguardi dell'alcolismo,» scrive Carrère «non trovano più molto divertente che il loro presidente si presenti ubriaco fradicio a ogni vertice internazionale in cui li rappresenta.»[6]

A Berlino, in occasione di una delle celebrazioni della vittoria nella Seconda guerra mondiale, a un cero punto Eltsin abbandona il palco d'onore dove erano seduti tutti i capi di Stato e tra lo stupore generale, barcollando malfermo sulle gambe ma con un'aria allegra, va verso la banda militare muovendo le braccia come se volesse dirigere lui i musicisti. Le immagini di quella scena fanno il giro del mondo.

Al consenso personale non corrisponde una base di partito. Nel 1993, alle elezioni per la Duma si afferma il Partito liberaldemocratico, ultranazionalista di destra, guidato dall'avvocato Vladimir Zhirinovsky, che ottiene il 22,9 per cento dei voti. Nel 1995 si afferma, invece, il Partito comunista di Gennadij Zjuganov con il 22,30 per cento dei voti.

Ci vuole un uomo nuovo

Il 17 agosto 1998 era una giornata calda a Mosca ma sarebbe stata ancora più rovente per l'economia russa. Il rublo vede precipitare il proprio valore, che passa da 6 a 20 rubli per un dollaro. Da qualche mese la Banca Centrale russa stava cercando di arginare la svalutazione del rublo imponendo un meccanismo di ancoraggio semirigido al dollaro con il quale si tentava di mantenere il tasso di cambio rublo-dollaro in una fascia di oscillazione determinata. Tutto era cominciato, qualche mese prima, con il contagio della crisi finanziaria proveniente dall'Asia, che aveva trovato terreno fertile nella disastrata economia russa, dove gli speculatori abbondavano, i capitali venivano portati all'estero e l'economia reale, industria e servizi, si trovava in pessime condizioni. Quando il rublo scendeva, la Banca Centrale russa immetteva liquidità attingendo all'unica risorsa rimasta, la vendita di gas e petrolio. Ma presto questo meccanismo non resse, anche perché il prezzo dei prodotti energetici stava scendendo.

Agli inizi di agosto l'istituto di emissione russo comunica che non è più in grado di mantenere in vita il meccanismo di cambio semi-rigido e nel contempo attiva una drastica svalutazione. È il panico, quello che gli economisti chiamano con una parola soffice quanto tragica: *default*. Arriva poi il crollo. In una drammatica conferenza stampa convocata inizialmente per minimizzare, il primo ministro Sergej Kirienko è costretto a adoperare la parola «fallimento».

L'inflazione raggiunge l'84 per cento, i generi alimentari subiscono un rincaro del 100 per cento, la Borsa di Mosca perde il 75 per cento. Il governo russo comunica che non è in grado di pagare i titoli del debito pubblico, i risparmi diventano carta straccia. Gli stipendi non vengono più pagati, crollano la produzione agricola e quella industriale, il 30 per cento della popolazione finisce in netta povertà.

Ai disastri economici se ne aggiungono altri di natura politica, in prospettiva ancora più temibili e devastanti. I governi locali, stretti dall'emergenza, cominciano a muoversi in autonomia, come se lo Stato federale non esistesse più. Le regioni che producono derrate alimentari vietano le esportazioni in altre aree della Russia e non vengono più versate le quote delle tasse dovute a Mosca. Le regioni che hanno, invece, risorse minerarie cominciano a venderle in proprio all'estero per ottenere valuta con cui pagare l'acquisto di generi di prima necessità. La Federazione Russa rischia di dissolversi. La comunità internazionale è soprattutto preoccupata di come possano finire gli armamenti nucleari di cui la Russia è disseminata, in una situazione di sfascio chiunque può essere tentato di far cassa vendendo ordigni.

Arriva il sostegno finanziario del Fondo Monetario Internazionale (FMI) che attiva linee di credito: il prestito complessivo è di 11,2 miliardi di dollari, già il 20 luglio è stata pagata la prima tranche di 4,782 miliardi.

Un anno dopo, però, un'indagine della Corte dei Conti russa, condensata in un documento di 400 pagine, dimostrerà come gran parte di questi soldi, provenienti dal FMI, invece di andare a sostegno dell'agonizzante economia russa, fossero finiti nelle casse di 27 banche commerciali, molte delle quali non russe, che si videro trasferire sui loro conti esteri 5,7 miliardi di dollari. «Una grandiosa operazione di "insider trading statale"» secondo la definizione del quotidiano italiano «la Repubblica». In questo modo le tante banche occidentali che detenevano titoli di Stato russi videro salva la loro posizione. Dunque il sostegno alla Russia si era rivelato soltanto un aiuto alle banche americane ed europee e magari a qualche oligarca russo, perché quelle obbligazioni che per gran parte dei cittadini sarebbero diventate carta straccia furono ripagate a questi creditori prima del crollo.[7] Una situazione finanziaria che, pur tenendo conto delle differenze tra le due economie nazionali, presenta più di una somiglianza con quello che avverrà un decennio dopo in Grecia.

Per i primi di settembre è fissata una storica visita di Bill Clinton a Mosca, «un presidente americano azzoppato dagli scandali (Monica Lewinsky), un presidente russo che non regge più il timone del suo paese», annota il giornalista italiano Sandro Viola.[8]

Violento e sanguinoso, al caos economico e sociale, in quell'agosto del 1998, si sommano le condizioni disastrose dell'ordine pubblico. La quotidianità delle città russe è scandita da una serie di attentati, agguati e uccisioni, dove si stenta a distinguere la matrice mafiosa da quella politica, o meglio sarebbe unificarla nella sola origine politico-mafiosa. Le vittime spesso sono funzionari pubblici o persone impegnate in politica. Il 13 agosto una bomba esplode davanti al famoso edificio della Lubjanka, sede centrale dell'FSB (il nuovo nome con cui è stato ribattezzato il KGB), nessuno aveva mai osato tanto. L'8 agosto c'era stato un attentato contro Said Amirov, il sindaco di Machačkala in Dagestan, che si salva miracolosamente ma subirà altri quindici tentativi di farlo fuori fra cui uno, organizzato con un camion carico di esplosivo che ucciderà 17 persone innocenti.

A San Pietroburgo, il 21 agosto, un agguato uccide Anatolij Levin-Utkin direttore della rivista «Juridičeskij Peterburg Segodnja». Viene picchiato a sangue sulla soglia del suo appartamento e gli viene sottratta una valigetta, all'interno della quale c'erano documenti per un'inchiesta di prossima pubblicazione su intrecci finanziari della politica locale. Sempre a San Pietroburgo, a ottobre sarà ucciso con un'esplosione radiocomandata a distanza, non dissimile da quelle utilizzate per le stragi di mafia in Sicilia, Dmitrij Filippov, direttore della locale compagnia di distribuzione carburante, che era stato anche candidato a governatore della regione.

Nell'ex capitale, a novembre, verrà assassinata la deputata della Duma cittadina Galina Starovojtovaja, famosa per una serie di denunce e che negli ultimi tempi stava indagando su finanziamenti ad alcuni boss del Partito comunista, tornato legale nel 1997. Era stata la promotrice di una legge sulle epurazioni, per mettere fuori dall'amministrazione tutti i collusi con il regime comunista che si andavano riciclando nei nuovi partiti.

Mosca è, invece, il teatro di omicidi eccellenti. Alla periferia è assassinato il presidente del Fondo sociale per gli invalidi militari, Aleksej Vukolov, così il direttore generale della compagnia di idrocarburi Tomsk-Neft-Vostok, Aleksandr Berljand. Vengono uccisi anche alti rappresentanti dello Stato, un magistrato, come il procuratore speciale Jurij Keres, e il viceprefetto di Mosca, Pëtr Birjukov. Due anni prima un attentato con una bomba al cimitero Kotliakovskij aveva fatto tredici vittime.

In provincia e nelle contrade più lontane della Russia gli assassinii sono talmente tanti che si risolvono in un fascicolo alla locale stazione di polizia senza che nessuno cerchi i responsabili. «La serie dei delitti, a cui assai raramente seguivano indagini che ottenessero qualche risultato, mostra lo stato di anarchia feroce in cui si trovava il paese.»[9]

Il 25 luglio del 1998 Vladimir Vladimirovič viene nominato direttore dell'FSB (*Federal'naja služba bezopasnosti*), che dal '91 al '95 aveva assunto la sigla di FSK e poi, dopo un'ulteriore riforma voluta da Eltsin, FSB. «Il Corriere della Sera» scrive: «Mini purga a Mosca: Eltsin licenzia il capo dell'ex KGB».

È un ritorno alle origini, nell'acqua dove aveva cominciato a nuotare. Gli viene offerto di rientrare nei ranghi interni dell'organizzazione con il grado di generale ma si consulta con la moglie e rifiuta: preferisce gestire l'apparato restando un civile. È una mossa apparentemente offensiva verso gli ex colleghi ma, invece, molto accorta. Vladimir sa che i tempi sono cambiati e che se avesse accettato di rientrare a tutti gli effetti nell'organico del servizio segreto sarebbe rimasto confinato in questo ambito e non sarebbe risultato spendibile per altri ruoli. In ogni caso la sua nomina viene letta negli ambienti del Cremlino come una risposta all'anarchia, al caos, al clima da Chicago anni Trenta che percorreva le città di Mosca e San Pietroburgo.

La moglie si trovava in vacanza sul Baltico quando ricevette una sua telefonata. «Comportati cautamente, mi hanno rimesso là dove ho iniziato» esclama. Ljudmila non capiva. «Non riuscivo a decifrare le sue parole... pensavo fosse stato rimesso a fare il vice di Borodin» racconterà. Solo quando si sentì ripetere per la terza volta «mi hanno rimesso là dove ho iniziato» capì cosa significasse.

La nomina, in realtà, era nell'aria da tempo, anche se Volodja aveva confidato alla moglie durante una passeggiata al parco di Archangelsk (in Russia le chiacchierate private si fanno all'aria aperta per evitare di essere ascoltati) che quello era «l'ultimo posto dove avrebbe voluto finire».[10] A proporlo è ancora una volta Valentin Jumašev, che gli aveva accennato a questa ipotesi qualche tempo prima. Il regista del Cremlino pensa a una persona affidabile ed esperta del settore. A sorpresa, per salvare le apparenze, la mattina del 26 agosto gli chiede di raggiungere il premier Sergej Kirienko in aeroporto. Il capo del governo scendendo dalla scaletta gli dà una pacca sulla spalla e gli stringe la mano dicendo: «Congratulazioni per la nomina!».

Putin doveva riferire al presidente Eltsin anche se, almeno formalmente, era tenuto a informare della sua attività anche il primo ministro, incarico rivestito fino ad agosto da Sergej Kirienko, a cui poi subentrò Evgenij Primakov.

«La comunità dei servizi segreti negli ultimi anni di Gorbačëv e i primi di Eltsin era demoralizzata» rievoca il giornalista italiano Demetrio Volcic «il suo responsabile, Bakatin, inseguiva le idee astratte di Gorbačëv e Eltsin, nella speranza di far dimenticare le colpe storiche dell'organizzazione».[11] Il segno dei nuovi tempi è la consegna alla CIA americana della mappa della dislocazione dei microfoni all'interno dei mattoni dell'edificio della nuova ambasciata USA.

Al passaggio delle consegne c'è il generale dell'esercito Nikolaj Kovalëv, che è stato per due anni direttore dell'FSB e nel quale Eltsin aveva riposto speranze di una rapida riorganizzazione. È contento di lasciare: «Apre la cassaforte e dice: "Qui c'è il mio quaderno segreto. Qui le cartucce". Io guardo con tristezza tutto questo».[12] Quando Kovalëv insiste perché Volodja accetti le stellette di generale, lui sorride e risponde: «Non ci vuole un generale per comandare i colonnelli, ci vuole solo uno capace di farlo».[13]

A ben vedere il contesto in cui arriva Putin è più complesso. L'FSB non ha più il potere, i mezzi, il prestigio interno e non incute la paura che provocava il KGB. Farne parte non significa più appartenere all'élite del paese, gli stipendi sono bassi, i ruoli confusi, non si lavora più per l'espansione imperiale. Inoltre, e questo è il tratto più preoccupante, ambienti ed elementi dei servizi segreti sono a libro paga degli oligarchi o, peggio ancora, della mafia. Aleksej Kondaurov, uno dei più temuti capetti del KGB, finirà a Londra a fare il capo della sicurezza privata dell'oligarca Chodorkovskij.

L'arrivo di Putin è una scossa. Decide che bisogna far dimagrire l'apparato portandolo da 6000 a 4000 dipendenti diretti, ma nel contempo aumentarne la qualità. Ottiene da Eltsin un sostanzioso aumento degli stipendi, per evitare che gli elementi migliori per i quali lo Stato aveva speso migliaia di rubli nella formazione finiscano poi a fare i buttafuori della malavita. Riorganizza la struttura, accorciando la catena di comando, abolendo i grandi dipartimenti del controspionaggio economico e di quello dedito al controllo di materiali strategici, sostituendoli con agili nuclei. Fatto nuovo e inedito, costituisce un gruppo per la lotta al narcotraffico.

A poche settimane dalla sua nomina al vertice dell'FSB, Putin veniva chiamato a far parte del consiglio di sicurezza della Federazione Russa, organismo presieduto direttamente da Eltsin, assumendone il ruolo di segretario generale nella primavera del 1999. Questi incarichi, ovviamente, si andavano a sommare a quello principale al vertice del servizio segreto.

In tutto il periodo moscovita, Putin non ha abbandonato il vecchio amico Anatolij Sobčak. Persa l'immunità prevista dalla legge per la carica di primo cittadino, era entrato nel mirino della procura di San Pietroburgo, che stava rovistando in tutte le sue attività da sindaco. I magistrati lo inseguivano per notificargli un atto di comparizione e poi procedere a un formale interrogatorio. Con varie strategie il professore era riuscito a evitarlo ma, incalzato dalla procura, dovette presentarsi il 3 ottobre 1997 davanti a un pool di magistrati pronti a contestargli una serie di fatti e a chiedere spiegazioni. Sobčak giunse accompagnato dalla moglie Narusova, che in quel momento era deputata al Parlamento. Durante l'interrogatorio l'ex sindaco, forse nella concitazione del momento, fu colpito da un infarto e trasportato in ospedale d'urgenza con un'ambulanza. I medici confermarono l'attacco cardiaco.

Dopo pochi giorni fu trasferito dal primo ospedale all'Accademia medica militare, la stessa struttura sanitaria dove era stata curata Ljudmila dal professor Jurij Ševčenko. Gli veniva ordinato, però, di restare a disposizione delle autorità giudiziarie.

Putin lasciò Mosca e fece visita al suo amico, trascorse alcune ore con lui e lo tranquillizzò. Il 7 novembre, quattro giorni dopo, era l'anniversario della Rivoluzione d'Ottobre, rimasto festività nazionale anche se il comunismo era caduto.

Mentre San Pietroburgo era ferma per la festa, Sobčak fu caricato su un'ambulanza e portato all'aeroporto, dove un aereo medico finlandese attrezzato per il trasporto dei malati di cuore lo condusse a Parigi. Dopo qualche giorno la moglie annunciò che era stato operato presso l'ospedale americano della capitale francese. Fino alla fine del weekend nessuno si era accorto che l'ex sindaco aveva lasciato San Pietroburgo. La convalescenza a Parigi durò a lungo. Qualcuno lo aveva aiutato a espatriare.

X

AL GOVERNO

Biarritz

Un'unica lunga spiaggia, molto larga, ventosa, con il mare raramente calmo. Sullo sfondo, i palazzoni degli alberghi dove moderne e orribili architetture si mescolano con quelle più graziose e tradizionali di vecchie pensioni. Questa è Biarritz, località di mare dei cosiddetti Pirenei atlantici, in un punto chiave del Golfo di Biscaglia, nella regione dell'Aquitania, di fatto nella parte francese dei Paesi Baschi. A nord c'è Anglet, a sud Bidart, di queste località c'è il nome francese e quello basco. Infatti Biarritz in basco si chiama Miarritze, ma lo sciovinismo transalpino non ama queste sottolineature. In effetti, la distanza con Vitoria-Gaseiz, la città spagnola capoluogo della comunità autonoma dei Paesi Baschi, per molti anni epicentro del terrorismo dell'ETA, è poco più di cento chilometri.

Biarritz d'inverno è spazzata dalla pioggia e dai forti venti dell'Atlantico, la gente torna presto a casa, le strade sono morte. Victor Hugo, che la visitò d'inverno, auspicò che questo luogo rimanesse intatto mentre Charles Dickens la definì una «distesa d'un grigio crudele», anche se poi aggiunse che il tutto era di una «bellezza eccentrica».[1]

D'estate, invece, si anima, somiglia a una località turistica mediterranea, la spiaggia assume i colori dei diversi blocchi di ombrelloni, gli alberghi sono pieni e sul lungomare c'è un filare di bar e ristoranti. Tutto è molto pulito e ordinato, perché il turismo è una risorsa importante.

A riempire questa cittadina è la classe media francese, famiglie con bambini, anziani che la frequentano da sempre, pochi
turisti stranieri.

Siamo lontani dal glamour della Costa Azzurra, concentrato
di ricchi da tutto il mondo, il luogo dove si erano precipitati alla
metà degli anni Novanta i primi oligarchi russi. A Biarritz non ci
sono hotel superlusso, molte pensioni tre stelle, qualche albergo
quattro stelle, fa eccezione l'Hôtel du Palais, imponente edificio
ottocentesco, che richiama gli stili di una residenza reale. Fu voluto, infatti, nel 1855 dall'imperatrice Eugenia, la moglie dell'imperatore Napoleone III. Originariamente era una delle residenze
private della sovrana, nata appunto come Villa Eugénie, in perfetto stile Luigi XIII, poi, dopo varie vicende successive alla caduta
dell'Impero, agli inizi del Novecento diventa un hotel di lusso. A
ridisegnarlo è un architetto famoso, Édouard Jean Niermans, firma della Belle Époque, famoso per il Moulin Rouge, l'Hôtel de
Paris di Montecarlo e il teatro Marigny nei pressi degli Champs
Élysées. All'interno c'è anche un ristorante, a cui è riconosciuta
una stella Michelin. Ha avuto presenze famose, a cominciare da
teste coronate come la regina Vittoria, re Edoardo VII e l'imperatrice Elisabetta d'Austria, fino a personaggi come Coco Cha-
nel e Frank Sinatra. Quanto ai russi, Biarritz aveva legato il suo
nome a quello del grande compositore Igor Stravinskij che qui
aveva trascorso alcuni periodi della sua vita.[2]

La mattina del 12 luglio 1999, due uomini fanno colazione sulla splendida terrazza dell'hotel: l'uno, Boris Berezovskij, indossa abiti da businessman, anche se non porta la cravatta, l'altro,
Vladimir Putin, indossa una polo e pantaloni sportivi. In realtà
Volodja non alloggia in quell'albergo, ha preso in affitto un re-
sidence «... in un condominio davvero modesto. La cucina, una
stanza da letto o qualche stanza da letto in più. Veramente molto modesto».[3]

Berezovskij è atterrato la sera prima con il suo jet privato all'aeroporto di Biarritz-Anglet-Bayonne e ha dormito lì.

Parlano fitto, a due tavoli accanto sono seduti quattro uomini in abito scuro che fanno da cordone, due sono le guardie del corpo dell'oligarca, due gli agenti dell'FSB di scorta a Putin che è pur sempre il capo del secondo servizio segreto al mondo.[4] Vladimir è con la famiglia, la moglie Ljudmila e le due figlie sono in spiaggia. Fa vacanze a luglio perché ad agosto, mese che la storia insegna essere il migliore per le destabilizzazioni politiche, vuole stare a Mosca. Che cosa aveva da dirgli di tanto importante Berezovskij, per piombare di domenica a Biarritz, con un caldo torrido, anziché girare con il suo panfilo tra la Sardegna e la Costa Azzurra? Che cosa c'è di tanto importante che non può essere comunicato al telefono?

Boris Berezovskij è il principe degli oligarchi russi, quello più vicino alla famiglia Eltsin, anzi, a quell'epoca legatissimo a Roman Abramovič e al banchiere Aleksandr Mamut, come ad altri supermiliardari, in un certo senso il rappresentante dei loro interessi al Cremlino. Era stato lui a raccogliere i soldi decisivi per la campagna elettorale del 1996 e da allora era diventato l'eminenza grigia della presidenza.

I giornalisti contrari a Eltsin scrivevano che ormai il vero potere era nelle mani della «Sem'ja» (la Famiglia) di cui facevano parte non solo coloro che avevano vincoli di sangue. C'era, certamente, in primo piano la figlia Tatjana, suo marito e capo dell'amministrazione del Cremlino Valentin Jumašev, il capo di gabinetto Aleksandr Vološin, il regista delle politiche economiche, Anatolij Čubajs, e forse, in posizione di preminenza, Berezovskij.

Il secolo e il decennio per la Russia di Eltsin si stanno chiudendo nel peggiore dei modi con tre fronti aperti. La crisi economica, con l'iperinflazione e la povertà per milioni di cittadini, le strade delle città insanguinate dagli agguati mafiosi e dalle vendette politiche, l'esplosiva situazione nel Caucaso. Poi c'erano le gravi condizioni di salute, non solo l'abuso di alcol, quanto i dolori che il presidente avvertiva con grande sofferenza, che costringevano i medici a sedarlo, lasciandolo spesso in stato di semincoscienza. Era una condizione penosa per un uomo che aveva avuto tanta energia, che era saltato sui carrarmati per impedire la deriva golpista e aveva dato alla Russia la prima ventata di libertà della sua storia.

Da tempo la «Famiglia» stava ragionando su una via d'uscita, che consisteva nell'individuare una persona fidata, su cui puntare per il dopo Eltsin. Un terzo mandato presidenziale non solo era impedito dalla Costituzione ma si rivelava impensabile nei fatti, per la salute e per l'impopolarità crescente del «Corvo bianco».

C'era stata più di una discussione sul «successore», anzi questa era la questione chiave per il futuro di ciascuno di loro. Il clan temeva l'ascesa di Evgenij Primakov, ex giornalista, ex primo vicepresidente del KGB ed ex capo del servizio estero dei servizi segreti, un sovietico a tutto tondo sopravvissuto con abilità alla caduta dell'URSS. Eltsin lo aveva utilizzato come ministro degli Esteri, non senza problemi. Primakov era un oppositore dell'allargamento della NATO, sostenitore del multilateralismo in alternativa a una politica internazionale tutta centrata sugli Stati Uniti. Coltivava rapporti intensi con l'Iran, la Cina e l'India, al punto che nei consessi diplomatici si parlava di «Dottrina Primakov».

Dopo il crollo finanziario dell'agosto 1998, il primo ministro Sergej Kirienko era stato costretto alle dimissioni, Eltsin aveva richiamato alla guida del governo il fidato Viktor Černomyrdin ma a settembre, quando questi si era recato davanti alla Duma per ottenere la fiducia, era stato irrimediabilmente bocciato per ben due volte. C'erano stati momenti di altissima tensione con il leader comunista Zjuganov che aveva lanciato un appello alle forze armate e Eltsin che aveva minacciato di sciogliere il Parlamento. Alla fine, il Cremlino aveva dovuto ripiegare su una soluzione di compromesso, incaricando proprio Primakov, uomo di mediazione, gradito a un vasto schieramento parlamentare. Nel suo governo aveva chiamato i comunisti, con il vicepremier Maslyukov, i riformisti di Yabloko, il partito di Grigorij Javlinskj, oltre al partito di centro di Eltsin. All'opposizione erano rimasti solo gli ultranazionalisti di Vladimir Žirinovskij.

Per la «Famiglia» era una soluzione subita, imposta dalle circostanze. Primakov si era dimostrato un decisionista, attuando la riforma fiscale e rilanciando una politica estera di orgoglio nazionale. Mentre era in viaggio ufficiale verso Washington, raggiunto in volo sull'Atlantico dalla notizia dell'inizio dei bombardamenti NATO sulla Serbia, aveva dato ordine di tornare immediatamente a Mosca, annullando la visita. L'entourage di Eltsin cominciava a temere la vittoria elettorale del partito politico Otečestvo-Vsja (Patria di tutta la Russia), nuova creatura a cui Primakov stava lavorando arruolando un gran numero di quadri locali, a cominciare dal sindaco di Mosca Jurij Lužkov.

I rapporti fra Eltsin e Primakov diventavano giorno dopo giorno sempre più tesi, fino alla clamorosa defenestrazione del primo ministro, il 12 maggio 1999, accusato in uno scarno comunicato del Cremlino di poca incisività nell'applicazione delle riforme economiche. Era chiaro, invece – e così si esprimeva tutta la stampa internazionale – che Eltsin aveva eliminato un pericoloso concorrente. Scrisse nella circostanza il corrispondente della «Repubblica», Alberto Stabile: «Molto probabilmente, licenziando Primakov, il signore del Cremlino ha colto l'occasione per liberarsi di un avversario scomodo e per giunta molto popolare al punto di godere del più alto indice di gradimento come possibile candidato alle presidenziali del 2000».

Occorreva, per quell'appuntamento, costruire un'alternativa di sicura affidabilità.

«Chiunque fosse arrivato alla guida del paese dopo Eltsin sarebbe facilmente diventato popolare se lo avesse processato.»[5] Ci voleva qualcuno che si impegnasse a concedere una sorta di «grazia presidenziale», un salvacondotto, per Eltsin e i suoi parenti una volta che questi fossero usciti di scena.

Primakov, dal canto suo, non era rimasto inerte. Aveva scatenato un suo amico e protetto, il procuratore generale di Mosca Jurij Skuratov, che aveva avviato una mastodontica indagine sugli arricchimenti della «Famiglia». Con una rogatoria internazionale accolta dal procuratore federale svizzero Carla Del Ponte erano stati individuati, e in alcuni casi sequestrati, quaranta conti correnti riconducibili a big del Cremlino, fra cui un conto ascritto a Pavel Borodin, uno dei vertici dell'amministrazione presidenziale (che verrà arrestato a Ginevra nel 2001 per riciclaggio) e altri due, chiamati Forus e Andava, riconducibili a Boris Berezovskij. Emerge un vortice di milioni di dollari e di società di comodo, spesso orchestrate dal finanziere Behgjet Pacolli, futuro presidente del Kosovo e famoso in Italia per essere stato il marito della cantante Anna Oxa. «Per fare qualche nome,» scrive Giuseppe D'Avanzo su «la Repubblica», «le figlie e i generi di Eltsin (Elena Borisovna Okulova, Tatjana Borisovna Djačenko, Valerij Okulov, Nikolaj Djačenko); un omaccione della Jacuzia (Pavel, Pasha, Borodin) che, al presidente, fa da tesoriere; un ragazzotto della steppa di Orenburg (Victor Stolpovskikh) che, al tesoriere (e a Tatjana), fa da prestanome; un albanese miliardario del Kosovo (Behgjet Pacolli) al servizio del presidente, della figlia del presidente, del tesoriere, della moglie del tesoriere (Valentina Borodina), dell'amata figlia del tesoriere (Ekaterina Sileskaja).»[6]

C'è di più: «Da uno schedario della Mabetex, Behgjet Pacolli saltarono fuori i pagamenti di tre carte di credito a disposizione del Vecchio e delle figlie Elena e Tatjana».[7]

L'azione del procuratore Skuratov ha fondamenti e trova riscontri, anche se il magistrato è notoriamente legato alla cordata di Primakov che lo pressa ad andare avanti. Rilascerà anche una clamorosa intervista al quotidiano «Moskovskij Komsomolec» nella quale parla di un gruppo di eccellenti che avrebbero preso parte «all'operazione di *insider trading*, lo scorso agosto, in cui una decina di miliardi di dollari (inclusi 4,7 del Fondo Monetario Internazionale) finirono dalle casse della Banca Centrale in quelle private degli oligarchi russi, dei loro "amici" e degli "amici degli amici". E, sorpresa, nella lista compaiono come protagoniste indiscusse le due figlie di Boris Eltsin, Tatjana Djačenko e Elena Okulova».[8]

Quando sembrava che il Cremlino potesse essere stritolato dagli scandali messi a nudo dalla procura, accade un fatto nuovo. Nelle redazioni dei giornali russi viene recapitata, da fonte anonima, una videocassetta nella quale si mostra «una persona rassomigliante al procuratore generale» in compagnia di due giovani e avvenenti prostitute durante un festino.[9] Il procuratore rigetta il contenuto del video affermando che si tratta di un fotomontaggio. Intanto, ambienti del Cremlino gli propongono di dimettersi da procuratore in cambio del silenzio sullo scandalo sessuale che si andava profilando. Skuratov rifiuta sdegnato. La risposta al rifiuto di «lasciare pacificamente» non si fa attendere. Il video viene trasmesso prima dal primo canale della TV pubblica, RTR, poi dal canale OTR, di proprietà di Berezovskij all'interno di un seguitissimo talk show condotto dal giornalista Sergej Dorenko. Lo scandalo è grande. Il procuratore parla di complotto ai suoi danni.

«Un terremoto a luci rosse» scrive il giornale italiano «La Stampa». La cronaca del corrispondente Giulietto Chiesa ricostruisce bene il clima di veleni di una situazione che di giudiziario ha poco ma ha molto di scontro politico: «Ieri mattina Eltsin, appena prima di lasciare la clinica per muovere alla volta di una delle sue dacie, ha convocato sia Jurij Skuratov che il premier Evgenij Primakov. Cosa si siano detti non è dato sapere. Si sa solo che Eltsin ha nominato una commissione del Consiglio di Sicurezza, tutta composta di suoi uomini, per fare luce sulle violazioni della vita privata del procuratore, ma anche sui suoi comportamenti. Il che non lascia presagire bel tempo per il povero Skuratov. La sera prima il secondo canale TV (sotto diretto controllo presidenziale) aveva mostrato alcuni secondi di una videocassetta che mostra il procuratore generale di Russia, Jurij Skuratov, a letto simultaneamente con due signorine bionde. Una manciata di secondi esplosivi, perché l'evento seguiva di poche ore un voto clamoroso della Camera alta del Parlamento russo, il Consiglio della Federazione, che confermava al suo posto il procuratore generale, respingendo la richiesta di Eltsin di estrometterlo».

Il 7 aprile 1999 un ulteriore colpo di scena. Il direttore dell'FSB, Vladimir Putin e il premier Sergej Stepašin (colui che aveva preso il posto di Primakov alla guida del governo) convocano una conferenza stampa, che viene anche trasmessa in diretta TV. Tutta la Russia è incollata davanti ai video. I due producono una serie di documenti, distribuiti anche ai giornalisti, con i quali si prova che il filmino sexy con il procuratore e le due donne non è frutto di una manipolazione video. Ben due perizie tecniche certificano che il protagonista del «pornovideo» sia davvero Skuratov e non una controfigura somigliante, come il procuratore aveva affermato.

«Ma c' è di più,» scrive Luigi Ippolito sul «Corriere della Sera», «il rapporto sostiene che gli incontri di Skuratov con le professioniste del sesso furono numerosi. E che le "parcelle", ammontanti a diverse centinaia e in un caso fino a 1500 dollari, non vennero pagate dal procuratore. Secondo la TV, le fanciulle venivano invece fornite da imprenditori desiderosi che la giustizia chiudesse un occhio sui loro affari.»[10]

Skuratov in quei giorni aveva ottenuto un voto favorevole del Senato russo, dove Primakov e i suoi alleati avevano la maggioranza. Ma a suo carico emergono altri fatti imbarazzanti, un regalo di abiti di lusso, fra cui quattordici completi di Zegna, per un valore di 40mila dollari, pagati da quello stesso Behgjet Pacolli su cui il magistrato indagava.

Alla fine il procuratore si dimetterà. Anche il suo grande sponsor Primakov, di fronte a tali accuse, per evitare di essere coinvolto, lo invitò a lasciare. Si sarebbe rifatto quando avrebbero vinto la definitiva battaglia politica. Skuratov lo ritroveremo candidato alle elezioni presidenziali del 26 marzo 2000, proprio contro Vladimir Putin, ma otterrà un magro risultato, solo 319.189 voti pari allo 0,43 per cento. Mentre il nuovo procuratore archivierà le indagini contro la «Famiglia».

Nei giorni della bufera giudiziaria, attorno a Boris Berezovskij si era creato il vuoto, tutti gli amici, anche coloro che gli dovevano cariche e affari, si erano defilati e resi irreperibili. In Russia, memori dello stalinismo, c'erano un particolare fiuto e grande prontezza nell'allontanarsi da chi stava per finire in disgrazia.

L'oligarca avrebbe voluto organizzare una festa per il compleanno della moglie Lena ma, sondati i potenziali invitati, aveva desistito perché quasi tutti, accampando scuse personali, si erano resi indisponibili. Nella sua lussuosa villa di Mosca, Berezovskij sta festeggiando solo con i familiari e alcuni collaboratori quando lo avvertono che è in arrivo Vladimir Putin, una visita assolutamente inattesa. Reca con sé un mazzo di fiori. «Volevo fare gli auguri di compleanno a tua moglie» esclama sulla soglia di casa.

Il miliardario favorevolmente sorpreso risponde: «Volodja, perché lo fai? Hai già abbastanza problemi. Vuoi proprio rendere pubblica la cosa?». «Sì, voglio proprio renderla pubblica.» Questa vicenda e il non aver abbandonato Sobčak, furono elementi che vennero valutati come molto positivi al Cremlino.

L'aver parato il pericoloso colpo di Skuratov non risolveva i problemi, soprattutto quello chiave: chi contrapporre politicamente a Primakov, che andava componendo un vasto schieramento. L'argomento, all'interno del ristretto clan, veniva dibattuto quotidianamente. La sera il gruppo restava a conversare fino a tardi e venivano analizzate tutte le possibili opzioni. Le domande su cui ci si arrovellava erano sempre le stesse: le alleanze. «Chi dava affidabilità? Chi non avrebbe tradito? Chi poteva guadagnare appeal presso l'opinione pubblica? Quali alleanze si potevano far convergere?» Era evidente che non si poteva puntare su di un uomo della cerchia di Eltsin, già compromesso e bruciato agli occhi della gente. Sarebbe stato inutile perché avrebbe condotto a una sconfitta sicura. Un anno prima si era pensato con insistenza al brillante Anatolij Čubajs ma dopo il crollo dell'economia era inviso a tutti.

Berezovskij sosterrà di essere stato il primo a fare il nome di Putin. «Abbiamo Putin» avrebbe detto in uno di questi conciliaboli, fra le mura del Cremlino. «Ma come, un čekista?» risposero tutti, pensando come in un riflesso condizionato al passato tenebroso del KGB. La gente avrebbe pensato subito allo stalinismo più cupo, quando la polizia segreta spadroneggiava. Difficile capire se questo dialogo sia vero oppure se il miliardario abbia millantato l'iniziativa per giustificare ciò che accadrà dopo. Sta di fatto che la stampa internazionale nelle corrispondenze da Mosca metteva sempre in evidenza il ruolo chiave dell'oligarca nella tessitura delle trame politiche di quegli anni. Tenendo presente un altro elemento non marginale: Boris, assieme ad altri oligarchi, aveva il quasi totale controllo dell'emittenza televisiva russa e di un buon numero di giornali, quindi, la forza di orientare non poco l'opinione pubblica.

Di questo delicato e decisivo passaggio parla nella sua autobiografia un altro oligarca famoso, Roman Arkad'evič Abramovič, all'epoca legatissimo a lui, socio in tanti affari, a cominciare dalla quota di controllo del colosso petrolifero Sibneft. Boris, in uno degli incontri che avevano ogni settimana, gli espose il suo progetto: «Sergej Stepašin è un inetto e poi è ambiguo. Alla presidenza ci vuole uno di polso, uno che proviene dal KGB, un čekista, non certo uno di quelli che dormono con la Mauser di Dzeržinskij sotto il cuscino ma uno deciso». Abramovič, come Berezovskij proveniente da una famiglia di religione ebraica che aveva conosciuto i morsi del regime comunista, trasecolò e obiettò: «Con Putin non c'è il rischio che arrivino al Cremlino i vecchi, i veraci, arroganti čekisti? Che come gli scarafaggi s'infilino in ogni dove? Non è pericoloso?». «Che cosa stai dicendo, scusami?» replicò subito Berezovskij «Dove sono i vecchi čekisti? Dove li vedi? Quali čekisti? Non ci sono più quelli, sono estinti da tempo, archeologia!» E tornò sul suo ragionamento: «A Putin non interessa il potere per il potere, vuole il prestigio. Deve diventare presidente proprio lui perché non sarà mai un usurpatore. Al potere devono esserci quelli che non lo vogliono, anzi lo temono. Putin è così. Con lui è solo necessario accordarsi come si deve».[11]

Al Cremlino, intanto, si continuava a guardare con grande panico all'evolversi della situazione. Era chiaro che Primakov, insieme al sindaco di Mosca, Jurij Lužkov, e ai comunisti di Zjuganov, avrebbe ottenuto la maggioranza e sarebbe stato anche in grado di modificare la Costituzione. Già cinquanta governatori locali su ottantanove avevano aderito al loro movimento politico. Si pensava che la Russia sarebbe scivolata verso un regime neocomunista di tipo cinese, certo mitigato da elementi di modernità ormai acquisiti, ma ci sarebbe stata di nuovo la nazionalizzazione dell'economia, la fine del multipartitismo e della libertà di stampa.

All'inizio, l'idea di puntare su Putin aveva incontrato grande scetticismo all'interno del cerchio magico. Čubajs, che poi lo avrebbe sostenuto, diceva che non sembrava un grande trascinatore e non avrebbe ottenuto il voto di conferma del Parlamento. Ma il tempo lavorava a favore di Volodja, perché nessuno era in grado di delineare un'alternativa credibile. Aleksandr Vološin riteneva che a favore dell'ex čekista giocasse sia l'appartenenza a una diversa generazione, che il non essere stato un quadro attivo del PCUS. Anche fisicamente ricordava più i leader politici occidentali che i boss sovietici.

Alla fine, la «Famiglia» decise che valeva la pena provare. Occorreva, però, superare lo scoglio più importante, avere il consenso e l'impegno di Boris Nicolaevič, senza il quale nulla sarebbe stato possibile.

Valentin Jumašev non solo era il genero e il capo dell'amministrazione del Cremlino ma negli ultimi tempi era colui che sussurrava a Eltsin, l'uomo di cui il vecchio più si fidava, colui che gli stava più vicino. Fu incaricato dagli altri di sondare la sua disponibilità circa la candidatura di Putin. La prima risposta di Eltsin fu particolare: «Putin? Potrebbe andare ma mi sembra un po' piccolino».

A Biarritz, quel 12 luglio 1999 Vladimir e Boris conversarono quasi un giorno intero, dalla colazione passarono a un pranzo leggero. Si erano incontrati, ovviamente, molte altre volte per discutere questo argomento. Quando Berezovskij faceva visita a Putin al palazzone della Lubjanka, Volodja, dopo aver parlato con lui del più e del meno, lo portava nell'ascensore privato dove venivano dette le cose importanti.

Questa volta avevano il mare davanti, l'oceano Atlantico. Berezovskij gli aveva telefonato la sera prima dicendogli che era fondamentale incontrarsi. Alla fine, quasi sospirando, Putin rispose: «Va bene, proviamo. Ma tu capisci che deve essere Boris Nicolaevič a chiedermelo».

La risposta di Berezovskij chiuse la discussione: «È lui che mi ha mandato. Vuole essere sicuro che non ci siano equivoci, per evitare che quando te lo avesse chiesto, dicessi no».[12] Putin aveva chiesto qualcosa in più, temeva di finire nel tritacarne di quei premier che duravano pochi mesi, per poi essere estromessi alla prima difficoltà. Boris, dal canto suo, probabilmente, aveva chiesto quello a cui il clan teneva più di tutto, che Eltsin non fosse processato una volta uscito di scena.

Qualche giorno dopo Volodja lasciò la Francia e rientrò a Mosca, dove incontrò Eltsin al Cremlino, un incontro più che cordiale, tutto era già noto.

Putin riferirà in questi termini il loro incontro: «Boris Nicolaevič mi ha invitato da lui e mi ha detto che aveva in mente di propormi al posto di primo ministro, ma che doveva ancora comunicarlo a Stepašin. Non mi sono meravigliato particolarmente. Era già chiaro che tutto sarebbe andato in quella direzione... Eltsin non mi chiese se fossi d'accordo o meno a diventare il Primo Ministro. Ha detto solamente che aveva già preso la sua decisione rispetto a Stepašin». In quel colloquio il vecchio leader non adopera la parola «successore», tuttavia dice a Putin: «Sarai un premier con prospettive».[13]

Berezovskij si pentirà molto di quella scelta e di tutto il suo attivismo profuso in quella trattativa. Ma, accanto a elementi di verità, ci sono anche tante esagerazioni. Volodja aveva lavorato bene a capo dell'amministrazione del Cremlino e si era guadagnato il consenso dei sindaci e dei governatori che non erano passati con Primakov. Da capo dell'FSB aveva coltivato i rapporti con le alte sfere delle forze armate, abbandonate, in quel periodo, in condizioni di degrado morale e materiale.

Il 9 agosto 1999 con un decreto firmato dal presidente della Federazione, Boris Nicolaevič Eltsin, Vladimir Vladimirovič Putin venne nominato primo viceministro, assumendo *pro tempore* la guida del governo russo. Nel contempo fu licenziato il primo ministro Sergej Stepašin.

La sorpresa sarebbe venuta dal discorso televisivo con cui Boris Eltsin annunciò la sua decisione. Quando, in maniera alquanto solenne, annunciò: «Ho deciso di nominare una persona che, a mio parere, è in grado di consolidare la società. Vladimir Vladimirovič Putin... Credo in lui. Desidero che in lui abbiano fiducia tutti coloro che nel giugno 2000 andranno nei seggi elettorali per compiere la loro scelta. Ritengo che ci sia tempo sufficiente perché egli possa dare dimostrazione delle sue capacità».

Il 16 agosto Putin fu confermato dalla Duma di Stato nell'incarico di capo del governo. In favore del nuovo premier si esprimono 233 deputati contro 84, astenuti 17. I comunisti avevano lasciato libertà di voto ai loro deputati. Il primo passaggio politico furono le temute elezioni per la Duma del dicembre (1999), che arrivarono meno di quattro mesi dopo la nomina. Il fattore novità fu determinante, così come il decisionismo mostrato nei primi passi da premier. Con l'aiuto degli ex seguaci di Eltsin fu improvvisata una nuova formazione politica: *Edinstvo* (Unità), conseguì un buon risultato, 23,3 per cento dei voti, battendo il temuto partito di Evgenij Primakov e Jurij Lužkov (*Otecestvo-Vsja Rossija*, Madrepatria-Tutta la Russia), che ebbe il 13,3 per cento. Il Partito comunista russo (*Kommunisticeskaja partija Rossijskoj federacii*) di Gennadij Zjuganov rimase la prima forza politica del paese con il 24,3 per cento dei voti, ma perse voti e seggi. I partiti liberali di ispirazione filoccidentale conseguirono risultati più contenuti, l'Unione delle forze di destra (*Sojuz pravych sil*) di Egor Gajdar e Anatolij Čubajs ebbe l'8,5 per cento, *Jabloko* (Mela) di Grigorij Javlinskij il 6 per cento. La destra ultranazionalista di Vladimir Žirinovskij ebbe un tracollo precipitando al 6 per cento.

Putin fu ancora più abile nel coagulare queste forze creando la prima maggioranza anticomunista della recente storia russa. Il 31 dicembre la nuova Duma confermò Putin alla testa del governo. Il potere si andava consolidando.

XI

CECENIA, LA GUERRA DECISIVA

Via Kashirskove

Caterina quella sera aveva ordinato con orgoglio tutti i quaderni nuovi e i libri che la madre Olga le aveva comprato. Li aveva riguardati e risistemati più volte. In Russia la scuola ha inizio il 1° settembre ma solo una decina di giorni dopo la madre aveva trovato il tempo di fare le compere necessarie. Quella sera Caterina si era addormentata felice pensando a quando, l'indomani, avrebbe finalmente anche lei esibito alle compagne i suoi quaderni nuovi e tutto il corredo scolastico.

Nel pieno della notte, un boato, seguito da uno schianto, travolge pensieri e sogni. Pochi attimi di coscienza, prima della morte. Caterina perde la vita a nove anni, insieme ad altri dodici bambini e 105 adulti.

È la notte fra il 12 e il 13 settembre 1999. Alle ore 4.29 l'agenzia Reuters, ripresa dall'Ansa italiana, batte un lancio con tre croci, quello che nel linguaggio giornalistico indica una notizia molto rilevante: «Palazzo salta in aria a Mosca, è terrorismo». A loro volta, le due agenzie fanno riferimento a un annuncio della BBC, che cita un dispaccio dell'agenzia russa Interfax. L'esplosione avviene alle 5.20 ora locale, che sono le 3.20 in Italia, distrugge un palazzo di sette piani in via Kashirskove nella zona sud-est di Mosca. In quell'edificio popolare dell'epoca brezneviana, costruito con blocchi di cemento sovrapposti, abitano prevalentemente famiglie di poliziotti.

L'attentato è l'esatta replica di un'analoga esplosione notturna di quattro giorni prima, che aveva polverizzato un edificio civile, nel quartiere Piciatniki, a Ulitsa Guryanov, provocando la morte dei novantadue residenti e oltre duecento feriti. «Tragico déjà-vu» scriverà un giornale. Uno shock tremendo, per una nazione pur abituata alle purghe comuniste che, però, si consumavano in maniera selettiva e silenziosa. È dai tempi dell'invasione nazista che la Russia non conosceva un attacco esterno di tale portata.

Chi ha colpito lo ha fatto con perfidia, il nuovo immane attentato è scattato proprio all'inizio del giorno per il quale era stato proclamato il lutto nazionale in ricordo delle vittime di Piciatniki. E invece, non ci sarà tempo per le cerimonie, ci sono da contare altri morti.

L'alba di Mosca è squarciata dal suono delle sirene, ai poliziotti e ai pompieri giunti in via Kashirskove si para davanti una grande nube di polvere e poi una montagna di detriti. Anche in questo caso è stata adoperata un'enorme quantità di esplosivo, duecento chili di tritolo, in tutti e due i casi collocato in uno di quei seminterrati che vengono affittati come depositi o cantine. In entrambi gli attacchi non si colpisce un obiettivo militare, a morire sono persone inermi, le bombe schiantano abitazioni civili con dentro bambini, anziani, madri. I corpi delle vittime vengono allineati per strada in attesa di essere infilati in sacchi di plastica neri. I primi soccorritori li hanno coperti con lenzuola prese dalle ambulanze, un cordone di poliziotti tiene lontano curiosi sgomenti ma anche parenti e conoscenti delle famiglie che abitavano quell'edificio. Si comincia a scavare con cautela, per evitare altri crolli, nella speranza di trovare qualcuno vivo sotto i detriti. Alla fine della giornata, le persone estratte ancora in vita saranno una trentina.

Le autorità subito parlano di «stessa firma», così si esprimono il ministro dell'Interno, Vladimir Rushailo, e il sindaco di Mosca, Jurij Lužkov, i quali, qualche ora dopo, davanti alle macerie, non avranno dubbi nel parlare di «chiara responsabilità cecena». Eltsin è durissimo, bolla i ceceni come «animali selvaggi».

Tra Mosca e Auckland, capitale della Nuova Zelanda, ci sono
nove ore di fuso orario. Putin è nel Pacifico australe per la sua prima partecipazione, da capo del governo, a un vertice internazionale, quello dell'APEC (Asia-Pacific Economic Cooperation). Sono
le 14.30, è in riunione con la delegazione russa, in attesa della ripresa dei lavori plenari dell'organismo internazionale. Viene chiamato a un telefono su una linea protetta. Il ministro Rushailo gli
comunica la tragica replica dell'attentato di quattro giorni prima.

Decide di rientrare immediatamente. Mentre percorre a passo svelto i corridoi del Palazzo dei congressi di Auckland qualche diplomatico straniero che sa già dell'attentato gli stringe la
mano, in segno di solidarietà. Ma prima Putin richiama i ministri
dell'Interno e della Difesa e impartisce l'ordine di mettere sotto
stretta sorveglianza le centrali nucleari e altri obiettivi sensibili. Appena giunto a Mosca riunirà il governo e chiarirà che non
intende proclamare lo stato di emergenza, come qualche canale televisivo aveva riferito. «Rompere la normalità sarebbe una
vittoria per i terroristi» ripete. Tuttavia, reparti dell'esercito con
i blindati fanno la comparsa per le vie di Mosca, schierati a protezione di possibili obiettivi. Vladimir in queste ore pronuncia
anche una frase che diventerà famosa: «È inutile che i terroristi si
nascondano, li inseguiremo ovunque fuggano, ovunque si vada-
no a nascondere. Anche nel cesso. E li ammazzeremo nel cesso».
Questa frase fa effetto, diventa virale, piace ai russi. «Li inseguiremo anche nel cesso!» ripetono investigatori e forze di sicurezza. Da allora, molti russi cominceranno a ripeterla quando vogliono mostrare decisione: «Ti vengo a prendere anche nel cesso».

In realtà, gli attentati sono più di due, perché il 31 agosto un'altra bomba, di minore consistenza, circa trecento grammi di esplosivo, era stata collocata nella sala giochi posta nel sotterraneo di
un lussuoso centro commerciale nella piazza del Maneggio, a
pochi passi dal Cremlino. Era scoppiata alle ore 20, nell'orario in
cui c'erano tantissimi giovani, 41 i feriti e solo per miracolo nessun morto. Il centro commerciale colpito era stato inaugurato due
anni prima, simbolo del consumismo post-sovietico, in occasione

dell'850° anniversario di Mosca, parte di un più vasto progetto di risistemazione dell'area affidato all'architetto Zurab Tsereteli. Il 25 luglio c'era stato un altro tentativo di attentato alla sinagoga Bolshaia Bronnaia, dove si doveva svolgere una cerimonia, sventato per puro caso dal figlio del rabbino.

I ceceni avevano annunciato dieci attentati, un altro arriverà il 16 settembre a Volgodonsk, una città della Russia meridionale, nella regione di Rostov. L'obiettivo e la tecnica sono gli stessi, un edificio abitato, di notte. Il numero di vittime è più contenuto, 17. Ora è panico in tutta la Russia. Davanti agli edifici, di notte, a Mosca come altrove, si organizzano ronde per prevenire attacchi.

Le bombe esplodono anche altrove. A Buinaksk, nel Daghestan, un'autobomba distrugge una palazzina di cinque piani abitata da famiglie di militari russi e da civili daghestani: 64 morti. Polizia e servizi segreti lavorano a pieno ritmo, Putin mette sotto pressione i suoi ex colleghi dell'FSB alla cui guida aveva posto un fedelissimo, Nikolaj Patrušev. Vengono diffusi identikit di vari terroristi ceceni, sulla matrice «islamica» le autorità non hanno dubbi, anzi, Putin è più prudente rispetto a Eltsin o al sindaco Lužkov: quest'ultimo invoca la pena di morte mediante fucilazione che, pur ancora vigente, era stata sospesa su richiesta del Consiglio d'Europa.

I ceceni, per i russi, sono già detentori di una fama sinistra, legata alla Obščina, la loro mafia, la più potente a Mosca e San Pietroburgo, una sorta di Cartello di Medellín caucasico specializzato nel traffico di droga. La mafia è legata agli indipendentisti islamici, che finanzia in cambio dell'impunità sul territorio. Adesso, dopo questa serie di attentati sanguinari, ancora di più rappresentano un nemico da combattere con la massima energia.

La seconda guerra cecena

La tragica partita in atto fra Russia e indipendentisti ceceni di matrice islamica, tuttavia, è ben più ampia. Gli attentati in territorio russo sono solo una parte del fronte, quello interno in cui si colpiscono inermi civili. Le bombe di Mosca hanno antefatti precisi e sono la parte più brutale di una strategia di più vasto raggio.

Il 7 agosto le Brigate internazionali islamiche, guidate da Shamil Basaev, il carismatico capo dell'ala fondamentalista islamica cecena, fiancheggiate dalle formazioni del terrorista saudita Ibn Al-Khattab, con alcune migliaia di uomini cominciano a penetrare il territorio russo del Daghestan per sostenere le azioni dei separatisti musulmani locali che stanno attaccando i militari della Federazione Russa. Inizia la seconda guerra cecena, inevitabile corollario della prima.

All'indomani della dissoluzione dell'Unione Sovietica, il Caucaso si era rivelata l'area geopolitica più turbolenta e problematica per Mosca. In misura ancora maggiore di tutta la Cecenia, che sotto il tacco del comunismo aveva mantenuto viva una radicata identità islamica che si era sommata a un forte risentimento contro la Russia. Nel febbraio 1944 con un'operazione lampo, gestita dall'NKVD, Stalin aveva fatto deportare circa 497mila fra ceceni e ingusci in Asia centrale e in Siberia. Era il prezzo che i ceceni pagavano per aver simpatizzato con la Germania nazista e aver collaborato affinché le armate di Hitler penetrassero nel Caucaso. Solo nel 1957 Nikita Chruščёv autorizzò i ceceni a rientrare nella loro terra.

Nel 1991, appena l'URSS entra in crisi irreversibile, per i ceceni si prospetta l'occasione di regolare i conti della storia. Si armano, sotto la guida di un ex generale dell'aviazione sovietica, Džokhar Musaevič Dudaev, e proclamano la totale indipendenza dalla Federazione Russa. È una sfida aperta, tenuto anche conto che la politica di Boris Eltsin era improntata al riconoscimento di un'ampia autonomia fiscale e amministrativa, sia pur nell'ambito di un Trattato della Federazione. A disegnare la nuova architettura era stato proprio un politico di origine cecena, Ruslan Khasbulatov, raffinato economista che presiedeva la Duma russa. Tutte le repubbliche sottoscrivono, la Cecenia si rifiuta e ribadisce l'indipendenza.

Per Mosca si tratta di una questione cruciale, che mette in discussione l'esistenza storica e politica della Federazione Russa. Non solo si teme che accordando la piena indipendenza alla Cecenia possa scatenarsi un effetto domino sulle altre repubbliche, ma c'è un timore più forte. I russi, non a torto, ritengono che la Cecenia, attraversata da correnti di integralismo islamico, possa diventare l'epicentro attorno a cui aggregare il «Califfato caucasico», aspirazione dei combattenti musulmani.

Ciò che avverrà negli anni a venire confermerà quelle paure. I ceceni parteciperanno a tutte le guerre dove si proclama il *jihad*, la guerra santa contro gli infedeli, dall'Afghanistan all'Iraq alla Siria, fino alla creazione di una cellula cecena in seno ad al-Qaeda, e sempre si mostreranno i più feroci e determinati.

Nel 1994 Eltsin invia una forza armata di quarantamila unità per reprimere la rivolta cecena e ricondurre la repubblica sotto il controllo di Mosca. Ma l'ex Armata Rossa è a pezzi, la fine dell'URSS coincide con il declino militare della potenza sovietica, i militari reduci dalla sconfitta afghana non hanno il morale per impegnarsi in un'altra guerra. Mal equipaggiati e demotivati, contro gli agguerriti ceceni si ritrovano presto in un altro pantano.

Dopo due anni di intensi e sanguinosi combattimenti, Eltsin, nel 1996, è costretto a siglare gli accordi di Khasavyut, conclusi anche grazie alla mediazione dell'OSCE (l'Organizzazione per la Cooperazione e la Sicurezza in Europa), nei quali la Russia riconosce l'indipendenza della Cecenia. È la consacrazione di uno smacco. Dopo la vittoria, i ceceni eleggono Aslan Maskhadov presidente. È l'ex comandante dei ribelli che aveva trattato con il generale russo Aleksandr Lebed'.

La vicenda cecena, però, non è affatto conclusa. Proprio il cedimento russo alimenta le insorgenze delle altre repubbliche caucasiche, a cominciare dal Daghestan, repubblica confinante con la Cecenia e posta sulla sponda occidentale del Mar Caspio. Le posizioni politico-religiose della sua popolazione sono ancora più radicali, essendo diffusi il sufismo e la predicazione del *jihad* sunnita.

Il 7 agosto 1996 i ceceni sconfinano in Daghestan e si impadroniscono di tre villaggi. Inizia anche una caccia ai russi, una sorta di pulizia etnica. La Shura daghestana, il consiglio dei capi religiosi islamici che è anche potere politico, proclama l'indipendenza sotto forma di Repubblica islamica e chiama tutto il Caucaso al *jihad*. Tutti i leader islamici della Cecenia e del Daghestan conferiscono al capo guerrigliero Shamil Basaev il roboante titolo di emiro militare. Il 15 agosto il presidente Maskhadov proclama lo stato di emergenza, l'escalation è innescata. Il controspionaggio russo accerta che i guerriglieri hanno stabilito una consistente testa di ponte in Daghestan, con linee fortificate, sistemi di comunicazione e canali per l'approvvigionamento di armi dalla Cecenia.

Putin, da pochi giorni nominato capo del governo, sa di giocarsi la testa sulla questione cecena, che il suo successo o il suo fallimento come leader politico dipenderà tutto da questo, la successione a Eltsin è intimamente legata alla soluzione della crisi. Per la stragrande maggioranza dei russi la Cecenia è una ferita morale, un'offesa al loro orgoglio. Decide di dare un segnale. A sorpresa giunge in Daghestan per una visita lampo e incontrare ai militari russi. Il viaggio non è annunciato, atterra a Makhachkala, arriva col giubbotto da aviatore, stringe le mani ai soldati russi e tiene un breve discorso. Si dichiara aperto alla trattativa ma avverte di essere pronto e deciso, se serve, ad adottare «altri metodi».

Le sue parole corrispondono a una ripresa dell'iniziativa militare russa: sia la frontiera con la Cecenia che quella con il Daghestan vengono chiuse. Inizia un massiccio uso dell'aviazione, che bombarda le posizioni dei guerriglieri. Il 22 agosto le forze federali occupano il villaggio strategico di Tando e riconquistano il passo del monte Kharami, decisivo per far affluire truppe e rifornimenti. Gli attacchi russi questa volta sono massicci e brutali. Fedele al motto «vi seguiremo fin nel cesso», il nuovo governo non si preoccupa tanto dell'immagine internazionale. Il 25 agosto i generali russi annunciano la sconfitta e l'uccisione di oltre mille guerriglieri e mostrano alla TV tutti i villaggi che sono stati ripresi. Si accerta la presenza sul campo di battaglia anche di quattro combattenti sudanesi che erano stati decapitati dai loro compagni per aver tentato di disertare. Qualche tempo dopo, Vladimir Putin avrebbe chiarito le sue idee:

«Ero convinto che se non avessimo fermato gli estremisti subito, saremmo finiti per diventare una seconda Iugoslavia. Tutto il territorio della Federazione Russa sarebbe stato attraversato da guerre etniche, avremmo avuto la *Yugoslavization* della Russia. Era necessario riprendere il controllo del Daghestan e buttare fuori i guerriglieri ceceni. La Cecenia andava circondata con un cordone sanitario. Sapevo di rischiare tutto, che la mia carriera poteva finire se fallivo su questo fronte.»[1]

Al neo primo ministro appare chiara una minaccia più grave: «Il problema non era la secessione. La minaccia che incombeva sul nostro paese era più grande. La Cecenia non si sarebbe limitata alla propria indipendenza, sarebbe diventata una testa di ponte per ulteriori attacchi contro la Russia. Avrebbero inghiottito il Daghestan, e sarebbe stato l'inizio della fine. L'intero Caucaso si stava infiammando. Alla Cecenia sarebbero seguiti il Daghestan, l'Inguscezia, e poi, lungo il fiume Volga, il Bashkortostan e il Tatarstan, fin dentro le profondità della Russia. Ho avuto paura quando ho immaginato le conseguenze reali».[2]

Gli attentati al tritolo ed exogen sono l'altra faccia della guerra. Del resto, era stato lo stesso capo guerrigliero Shamil Basaev ad annunciarli come rappresaglia nei confronti dell'azione militare russa in Daghestan e Cecenia. Gli investigatori parlano di inequivocabile «matrice islamica», una pista confermata anche dagli sviluppi giudiziari perché i tribunali russi indicheranno la precisa responsabilità di gruppi *wahabiti* guidati dai capi jihadisti arabi Chattab e Abu Umar. Matrice islamica «senza ombra di dubbio», dicono i comunicati ufficiali del ministero dell'Interno.[3]

Fonti giornalistiche e una certa pubblicistica, negli anni successivi, prospetteranno l'ipotesi che gli attentati sarebbero stati preparati e attuati da soggetti collegati ai servizi russi. Una sorta di «strategia della tensione» messa in atto con bombe di Stato, grazie all'intervento, in particolare, di un'ala deviata dell'FSB, che avrebbe fatto capo al generale German Ugrjumov. L'obiettivo di questa cinica strategia sarebbe stato quello di alimentare il consenso verso l'intervento armato in Cecenia e, soprattutto, la soluzione «dell'uomo forte» per il Cremlino.

Nella matrioska di sospetti si inseriscono le dichiarazioni del sindaco di Mosca Jurij Lužkov, che parlò di «provocazione politica», senza mai chiarire, però, a chi si riferisse. Lo storico russo-americano Jurij Felštinskij, dichiarato oppositore di Putin, scriverà un libro insieme all'ex agente del KGB e poi dell'FSB, Aleksandr Litvinenko, finanziato da Berenzovskij, *Russia: il complotto del KGB*, nel quale avvalorerà la tesi di un coinvolgimento dei servizi segreti negli attentati agli edifici. La tesi si basa, oltre che sulla provenienza militare dell'esplosivo, su un presunto collegamento tra un uomo d'affari, legato all'FSB, che avrebbe affittato dei locali negli edifici fatti esplodere, e gli esecutori materiali degli attentati.

Si scriverà anche di un vertice misterioso in Costa Azzurra, fra Nizza e Monaco, in una villa di proprietà di un miliardario arabo. A questa decisiva riunione sarebbero intervenuti il banchiere venezuelano Alfonso Davidovich, il miliardario russo-israeliano Yakov Kosman e due persone provenienti dal caucaso, giunte con un aereo privato, fra cui il capo guerrigliero Shamil Basaev.[4] La procura generale russa, invece, tirerà in ballo lo stesso Berenzovskij, accusandolo di aver finanziato gli attentati di Basaev con il quale intratteneva rapporti dal 1996, dai tempi in cui aveva trattato il rilascio di alcuni ostaggi russi.[5] Il quotidiano «Moskovskij Komsomolec» pubblica nel settembre 1999 l'estratto di un colloquio dell'oligarca con i capi ceceni Kazbek Maschašev e Movladi Udogov, che dimostrerebbe l'esistenza di un patto. Berenzovskij, pur ammettendo contatti con i fondamentalisti, escluderà sempre ogni partecipazione alla strategia stragista.

Nessuna di queste congetture, nonostante il decorso del tempo, ha mai trovato prove sufficienti e seri riscontri, nessuna inchiesta da parte di organismi ufficiali, non solo russi, ha dato consistenza a queste ipotesi. L'impressione è che piccoli spunti di verità siano stati piegati a tesi precostituite, legate agli interessi di parte in gioco.

Nel volume *First person – An Astonishingly Frank Self-Portrait by Russia's President Vladimir Putin*, Vladimir risponde a una domanda diretta su questo punto. «Lei sa che esiste una versione della storia che dice che le palazzine furono deliberatamente fatte saltare in aria, al fine di giustificare l'inizio di azioni militari in Cecenia? Cioè, le esplosioni erano presumibilmente il lavoro dei servizi speciali russi?» domandano gli intervistatori. Secca la risposta: «Che cosa?! Far saltare in aria i nostri condomini? Sai, che è veramente... una follia assoluta! È completamente pazzesco solo immaginarlo. Nessuno dei servizi speciali russi sarebbe capace di un tale crimine contro il suo stesso popolo. L'ipotesi è molto amorale».[6]

Putin non ha dubbi e, probabilmente, le sue convinzioni incrociano quelle della stragrande maggioranza dell'opinione pubblica. «Basta con le miopie del passato, con il riconoscimento *de facto* dell'indipendenza cecena,» dichiara alla televisione «per troppo tempo abbiamo fatto finta di non vedere e ci siamo ritrovati con questa ondata di terrorismo.» E riafferma un punto di vista diffuso: «Lo scopo finale del terrorismo ceceno è quello di smembrare la Russia, creare un grande Stato islamico tra il Caspio e il Mar Nero e impadronirsi delle ricche risorse energetiche della regione».

A metà settembre, in quei giorni delle bombe, Vladimir incontra il premier irlandese Bertie Ahern durante la conferenza stampa di fine vertice. Non solo conferma di essere certo della matrice cecena ma chiarisce che gli stragisti «hanno trovato rifugio nella repubblica separatista». Davanti ai giornalisti e alle telecamere lancia il suo diktat: «Abbiamo già fermato alcuni individui utilizzati per la preparazione degli attentati mentre abbiamo prove che gli esecutori materiali sono fuggiti nella Repubblica della Cecenia. Si nascondono lì e ci devono essere assolutamente consegnati».

A fine agosto Putin aveva avuto un segnale politico rassicurante: nella consultazione elettorale per governatore della regione di Sverdlovsk, nonostante i sondaggi della vigilia dessero come scontata una netta vittoria del partito di Primakov e Lužkov (*Otecestvo-Vsja Rossija*, Madrepatria-Tutta la Russia), il loro candidato, il sindaco di Ekaterinburg Arkadij Cernietskij, era stato battuto da quello vicino al neo premier Eduard Rossel.

Tuttavia, sia gli attentati che la guerra nel Caucaso mettono subito sotto pressione il nuovo governo, che finisce sotto il tiro della stampa. I giornali di Berenzovskij diffondono la voce che Putin, dopo appena un mese, possa essere sostituito dal generale Aleksandr Lebed', rappresentato come il militare forte in grado di assumere la guida in un momento critico e soprattutto grande amico della figlia di Eltsin, Tatjana. Il quotidiano «Kommersant», di proprietà dell'oligarca, pubblica un sondaggio in cui il 54 per cento dei russi riterrebbe Putin «una nullità politica».

È evidente che in poche settimane i rapporti tra i due si sono deteriorati. Berenzovskij era stato il grande sponsor di Putin e il collettore dei finanziamenti per la campagna elettorale presidenziale di Eltsin nel 1996, ma di fronte all'emergere di scandali sempre più clamorosi, il neo premier non solo non vuole farsi manipolare dagli oligarchi ma decide che è giunto il tempo di sganciarsi dagli affaristi più imbarazzanti. Il giornale popolare «Moskovskij Komsomolec» definisce Berenzovskij un «impresentabile». Il sostegno a Putin si rivelerà, per il principe degli oligarchi, un clamoroso errore di valutazione. Egli riteneva che l'ex agente del KGB fosse un *siloviki* qualsiasi, mentre i fatti andranno nella direzione opposta. Di fronte alle notizie sullo scandalo Aeroflot, inchiesta gestita insieme dalla magistratura russa e da quella svizzera su 200 milioni di dollari sottratti dalle casse della compagnia area e finiti in rivoli di conti elvetici, Vladimir ordina alla «Famiglia» di interrompere i rapporti con l'uomo d'affari.

Le bombe, la guerra e gli scandali si sovrappongono in un mix micidiale nel quale è complicatissimo districarsi. Le cronache raccontano di una sontuosissima villa circondata da un parco di dieci ettari, «La garoupe», a Cap d'Antibes che apparterrebbe a Tatjana, figlia di Eltsin. Una costruzione di due piani che affaccia meravigliosamente sul mare, dotata di eliporto e di una fantastica piscina, ufficialmente appartenente a un fondo anglo-svizzero ma che gli inquirenti ritengono di proprietà, o quantomeno essere in uso, alla «zarina» del Cremlino.

L'ipotesi che una parte dei finanziamenti che il Fondo Monetario Internazionale ha accordato a Mosca possa essere finita su conti privati spinge il Tesoro americano, attraverso il suo segretario, Lawrence Summers, a chiedere una pausa nell'erogazione di fondi. «Atteggiamento retorico» gli risponde il neo premier, che gli ricorda come il direttore del FMI, Michel Camdessus, avesse affermato che nessun elemento concreto era emerso per suffragare questa ipotesi.

Putin in queste settimane cammina sulla lama di un rasoio, deve districarsi tra numerosi pericoli: gli scandali che hanno determinato una forte impopolarità di Eltsin e della sua cerchia; le insidie della questione cecena, rispetto alla quale l'opinione pubblica teme sia nuovi attentati che una rovinosa sconfitta; e non ultima, la possibilità che il «vecchio patriarca» del Cremlino sotto pressione si dimetta, prima che lui possa consolidarsi in vista delle elezioni presidenziali.

A metà settembre alcuni giornali diffondono la notizia che Eltsin avrebbe contattato Primakov, in quel momento dato ancora come il più forte sullo scacchiere politico russo, per rassegnare le dimissioni in cambio di un'immunità permanente per sé e i suoi familiari. Nella proposta, era compresa anche la destituzione di Putin. Vero o falso, di voci a Mosca in quei giorni ne circolano tante.

Il salvacondotto, una totale immunità penale e amministrativa, quella che gli consentirà di morire nel suo letto, con sufficiente tranquillità, Eltsin la otterrà poi, a tempo debito, da Vladimir.

Nella partita cecena appare decisivo il fattore tempo. Già dopo gli attentati Putin dichiara che «il problema sarà risolto in due settimane». Ci vorrà, in realtà, un po' di più. Tuttavia, era dai tempi dell'invasione della Cecoslovacchia e prima dell'Ungheria che i russi non mostrano una tale determinazione.

Gli investigatori russi, intanto, hanno individuato un camion che sarebbe stato adoperato per trasportare l'esplosivo dal Caucaso a Mosca. Questa prova, che viene indicata come la pistola fumante, rafforza l'ultimatum per ottenere l'estradizione di coloro che sono indicati come i responsabili diretti degli attentati.

Nel solo Daghestan vengono inviati oltre trentamila soldati. Questa volta non si tratta di truppe di leva ma Putin in persona seleziona in tutta la Russia i migliori reparti, comprese formazioni d'assalto, preparate ed equipaggiate, provenienti da San Pietroburgo. Nelle deserte vie di Groznyj, la capitale della Cecenia, abbandonata dai suoi abitanti, si sente il suono acuto dei missili russi che piovono a ripetizione. L'aviazione russa compie fino a settanta missioni al giorno, rade al suolo la casa di Shamil Basaev e quella del defunto leader Džokhar Musaevič Dudaev: sono disabitate ma quello che conta è anche l'effetto psicologico.

Agli inizi di ottobre l'invasione entra nella fase più intensa. Putin dichiara illegittima l'autorità del presidente ceceno Aslan Maskhadov e del suo Parlamento; annuncia, poi, che oltre ai bombardamenti sta per scattare un'azione di terra, anche se limitata a raggiungere il fiume Terek, per creare una zona cuscinetto nel Nord della Cecenia.

Già il 5 ottobre Putin può annunciare che «un terzo del territorio ceceno è sotto il controllo dell'armata federale», aggiungendo che le operazioni continueranno «fino al totale annientamento dei terroristi». Questa volta i russi non commettono gli errori della prima guerra cecena, avanzano lentamente mantenendo vive le linee di rifornimento e con un uso massiccio dell'appoggio aereo e dell'artiglieria. Vengono utilizzate anche truppe paracadutate e corpi speciali dietro le retrovie cecene.

A chi, in sede internazionale, accenna a qualche protesta per i raid aerei, Putin replica: «La questione del Caucaso è un affare interno russo e questa è un'operazione di polizia». Nella prima guerra cecena i russi avevano nascosto al mondo l'impegno militare, Vladimir questa volta lo rivendica come cosa giusta e opportuna: «I bombardamenti aerei e di artiglieria continueranno se serve, anche se eviteremo accuratamente di colpire i civili». Rigetta ogni approccio internazionalistico alla crisi, replicando a chi gli parla di «sconfinamento» delle truppe russe: «Non stiamo qui a parlare di qualche metro di qua o qualche metro di là perché la Cecenia è parte della Federazione Russa e il confine non esiste».

Il 18 ottobre l'esercito russo si attesta nel villaggio di Piervomaiskoe, a sette chilometri da Groznyj, poco dopo la bandiera russa torna a sventolare anche sulla seconda città della Cecenia, Gudermes.

Il 21 ottobre, a poco più di un mese dagli attentati di Mosca, Putin fa un altro viaggio lampo, questa volta direttamente in Cecenia, nella zona del fiume Terek. «Non mi aspettavo di ricevere un'accoglienza così calorosa, la gente ci chiede di restare» dice ai giornalisti. In realtà, in Cecenia c'era una minoranza russa che sosteneva a gran voce l'intervento federale.

Se la guerra è lampo, è altrettanto rapida anche la crescita di consenso per Putin, che sta risvegliando con successo lo spirito dell'orso russo. A metà settembre un primo sondaggio sulle imminenti presidenziali registra l'ingresso di Putin, poco prima sconosciuto e inesistente, al quarto posto della graduatoria degli aspiranti presidenti, con un incoraggiante 7 per cento. A fine ottobre, invece, un altro sensazionale sondaggio, pubblicato dal giornale «Vadomosti» gli assegna un 42 per cento, contro il 36 per cento di cui è accreditato Primakov. A fine settembre un gruppo di ventiquattro governatori aveva scritto una lettera a Eltsin chiedendogli di lasciare il potere a Putin.

È probabile che neanche la famiglia Eltsin e gli oligarchi che avevano caldeggiato la soluzione di un governo guidato dall'ex agente del KGB si aspettassero una performance così favorevole e rapida. Questa ascesa così repentina non piace a molti. Agli inizi di novembre diversi e accreditati giornali russi scrivono che sarebbe pronto un piano per esonerarlo in pochi giorni. I quotidiani precisano addirittura il momento e le modalità del defenestramento, che avverrebbe in occasione del vertice OSCE del 18 e 19 novembre a Istanbul. La «Nezavisimaia Gazeta» e la «Komsomolskaia Pravda» scrivono che Boris Eltsin cederebbe alle pressioni degli occidentali che avversano un personaggio come Putin, nominando alla guida del governo il morbido ministro Sergej Shoigu.[7] Questa soluzione sarebbe gradita al partito centrista di Primakov in contatto con le cancellerie occidentali. Verità o illazioni dei giornali? Molte ombre si agitano in quei giorni al Cremlino. La migliore assicurazione per Vladimir, che lo salva dalle congiure di palazzo, si rivelerà essere l'anziano leader che crede in lui e vuole consegnargli la Russia.

Le elezioni di dicembre con un lusinghiero quanto inatteso risultato mettono fine alle voci. E più di tutto i detrattori vengono tacitati dalla vittoria sul campo in Cecenia.

Agli inizi di dicembre comincia l'assedio a Groznyj. Putin offre l'amnistia in cambio della resa e chiarisce che il «problema dell'ingresso delle truppe nella capitale cecena sarà risolto sulla base delle circostanze concrete». A entrare nella città saranno soprattutto le milizie paramilitari filorusse, che faranno il lavoro sporco, non esente da atti di brutale violenza, dei rastrellamenti. Mentre l'esercito russo si limiterà a presidiare le posizioni cruciali e al controllo aereo.

Già all'inizio della campagna militare il Cremlino aveva provveduto a far eleggere dai parlamentari ceceni fedeli alla Russia e riparati a Mosca, un premier, Malik Saidullaiev. Putin sa che per controllare la Cecenia occorrerà affidarsi al pugno di ferro. Per questo sceglie, non senza una dose di cinismo, di puntare su Akhmad Abdulkhamidovič Kadyrov, personaggio non tenero, un «signore della guerra», dotato di una milizia personale, già capo di una guerriglia antirussa durante la prima guerra cecena, guadagnandosi anche il rango di Gran Muftì. Si era poi distaccato dall'ala islamica, ponendosi in posizione di collaborazionista.

Quando, nel maggio 2000, i russi si assicureranno il controllo della Cecenia, Kadyrov sarà indicato da Putin come il capo dell'amministrazione provvisoria per poi essere eletto, nell'ottobre successivo, presidente della nuova Repubblica autonoma della Cecenia nell'ambito della Federazione Russa.

La seconda guerra cecena si chiude con una vittoria rapida, come Putin aveva promesso. Sarà lo stesso premier ad annunciare in televisione, il 6 febbraio 2000, che «Groznyj è caduta». Due giorni prima il tricolore russo era stato issato sul palazzo presidenziale della capitale cecena. Ci sarà, certo, una lunga scia di sangue: la guerriglia sulle montagne, le vendette, gli assassinii tremendi di oppositori politici e giornalisti, il terrorismo ceceno. Tuttavia, per la prima volta dopo lo sfascio post-sovietico la Russia ritrova un leader capace di reinterpretare lo spirito e l'orgoglio nazionale.

L'anno e il millennio per la Russia si chiudono con un elemento di novità. Questo non significa che non permangano gravi incertezze: la guerra, la crisi economica, la corruzione, il cammino difficile della democrazia. Ma all'immagine di un capo malfermo e compromesso se ne sostituisce una nuova e insperata. Questo è un fatto.

Putin, del resto, riesce ad attirare simpatie anche nell'*intelligencija* riformista. Sergej Kovalëv, deputato liberale e tra i più attivi difensori dei diritti umani, scrive che Vladimir costituisce l'unica «alternativa alla restaurazione dei comunisti e all'incompetenza dei democratici», mentre il sostegno più autorevole è quello che gli viene da Aleksandr Zinov'ev, colui che, insieme a Sacharov, è stato l'intellettuale dissidente antisovietico più rilevante. «Il neo premier» afferma lo storico «è il primo serio tentativo della Russia di resistere all'americanizzazione e alla globalizzazione che emerge dalle tendenze interne al paese.»[8]

XII

IL PRESIDENTE

L'addio del patriarca

A mezzanotte del 31 dicembre 1999 anche i russi, come il resto del mondo, avrebbero festeggiato la chiusura del secondo millennio e l'apertura del terzo. L'umanità si prendeva una pausa dagli affanni della quotidianità per sottolineare questo giro di boa. A tutte le latitudini sono annunciate iniziative e feste di vario genere, dalle più stravaganti, come quella di un miliardario che ha noleggiato un aereo Concorde per brindare in volo cinque volte, in coincidenza di diversi fusi orari, all'arrivo della mezzanotte con i suoi amici, fino ai più classici festeggiamenti in piazza.

Mosca non è da meno. Tre concerti rock e pop in diverse piazze, feste esclusive per miliardari pacchiani in tutti gli alberghi di lusso, concerti di musica classica per i più raffinati, e poi una festa super glamour per i grandi oligarchi e la nomenklatura al teatro Bolshoi, orgoglio della cultura russa.

Per i russi questa giornata segna un altro passaggio epocale. A mezzogiorno due colonnelli delle Forze strategiche missilistiche raggiungono Vladimir Putin nel suo ufficio di premier e gli consegnano una piccola chiave con i codici di lancio delle armi nucleari. È il vero scettro del potere, in Russia come negli Stati Uniti. Da quel momento, al fianco di Volodja ci sarà sempre un alto ufficiale delle forze strategiche, di giorno e di notte. Con un ultimo colpo di scena, per certi versi coerente con una carriera politica giocata all'attacco, Boris Eltsin sta per annunciare le dimissioni anticipate dalla presidenza della Federazione Russa. È una scelta a sorpresa, nota forse solo a una ristrettissima cerchia. I poteri vengono ceduti a Vladimir Putin, l'assunzione dell'interim della presidenza da parte del premier è annunciata al Parlamento. Tutto avviene secondo il dettato della Costituzione, sarà una reggenza breve perché le elezioni sono fissate a fine marzo.

L'annuncio di Eltsin avviene col tradizionale messaggio di Capodanno che questa volta, però, non viene letto in televisione, dove invece apparirà in serata Putin, bensì con un'anticipazione ai media. «Non resterò al potere per altri sei mesi,» scrive il sessantottenne leader, che avrebbe dovuto concludere il suo secondo mandato nell'estate del 2000, «chiedo scusa ai russi per non essere riuscito a soddisfare tutte le speranze suscitate dalla fine del comunismo.» È un tono affettuoso verso tutti i russi, quasi umile per un uomo energico e a volte presuntuoso come Eltsin. «Mi dimetto non per le mie condizioni di salute ma perché penso che la Russia abbia bisogno di nuovi leader per il nuovo millennio» puntualizza. E conclude affermando di aver fatto «tutto il possibile» per rendere meno difficile la delicata uscita dal comunismo e l'inizio di un percorso democratico, rivendicando la difesa della libertà.

Poco dopo la diffusione del comunicato e la consegna della valigetta con i codici nucleari, nell'appartamento presidenziale al Cremlino inizia un pranzo di congedo. Vi partecipano in pochissimi. Putin siede a destra del presidente uscente, poi ci sono il ministro dell'Interno Vladimir Rushailo, il capo di stato maggiore della Difesa, il generale Anatolij Kvashnin, il segretario del Consiglio di sicurezza nazionale Sergej Ivanov. A fine pasto tutti brindano e abbracciano calorosamente Eltsin, che in un fuori programma consegna a Putin «l'Ordine di primo grado per i meriti verso la Patria», una decorazione solitamente riservata al presidente della Russia.

Dopo il pranzo Eltsin torna nel suo studio e chiude il suo addio con una telefonata di venti minuti al presidente americano

Bill Clinton, nella quale lo rassicura che Putin manterrà la strada del «rafforzamento democratico» e del controllo sugli armamenti. A Washington, alla Casa Bianca, il portavoce di Clinton, Joe Lockhart, convoca i giornalisti nella consueta sala briefing e dal podio riferisce della conversazione, oltre ale prime valutazioni sulle dimissioni di cui gli americani avevano intuito qualcosa ma non ritenevano avvenissero così presto. Il portavoce non è un semplice addetto stampa, ma un membro dell'ufficio esecutivo del presidente degli Stati Uniti d'America e le sue parole hanno un certo peso. «Per Clinton è un momento triste, perché Eltsin era un vero amico» riferisce ai giornalisti che affollano la saletta. «Il nostro presidente fa sapere di essere fiero del lavoro fatto con Eltsin ed è disposto a lavorare con Putin. Boris dal canto suo ci ha dato garanzie sul premier affermando che è una persona intelligente e capace» aggiunge Lockhart.

È sera, la stragrande maggioranza dei moscoviti sta mettendosi a tavola per il cenone di fine anno. Le dimissioni di Eltsin sono ormai note e vengono commentate nelle famiglie. Sugli schermi televisivi appare Putin. È un ulteriore segno che indica chi è il nuovo leader. Eltsin avrebbe potuto congedarsi con un messaggio televisivo ma ha ceduto volontariamente il posto. In realtà, il messaggio è già andato in onda nove ore prima nell'Estremo Oriente russo che ha una notevole differenza di orario con Mosca e l'agenzia Itar-Tass ne ha diffuso i contenuti.

«Non c'è stato alcun vuoto di potere» spiega il premier, ora presidente a interim, «e fra tre mesi ci saranno le elezioni presidenziali.» Putin è sintetico, chiaro, netto, come nel suo stile: «Le libertà fondamentali conquistate dalla Russia in questo decennio continueranno a essere tutelate dallo Stato. La libertà di parola, la libertà di coscienza, la libertà di stampa e il diritto di proprietà, saranno garantiti con fermezza. Qualsiasi tentativo di violare le leggi e la Costituzione sarà stroncato senza esitazione, perché ruolo dello Stato è tutelare la sicurezza dei cittadini».

Dunque, anche se riafferma la continuità sulla strada delle riforme democratiche e liberali, Putin mette ora l'accento sulla parola «sicurezza», a indicare la necessità di porre fine al caos dell'ultima stagione di Eltsin. Qualche mese prima non era passato inosservato un gesto del futuro leader, l'essere andato a deporre una corona di fiori sulla tomba di Jurij Andropov, il numero uno del KGB, poi diventato segretario del PCUS dopo la morte di Brežnev. Una scelta che interrompe la presa di distanza da ogni simbolo e personaggio dell'era sovietica.

«Il Capodanno è la più luminosa, la più cara, la più amata festa in Russia. In questa notte si realizzano i sogni, questo vale tanto più per questo anno straordinario che ci porta al nuovo millennio» conclude Putin nel suo messaggio alla nazione.

Vladimir è cosciente che, nonostante il suo impegno e le sue capacità, la sua leadership non avrebbe potuto consolidarsi senza la fiducia che Eltsin ha riposto in lui. Il vecchio patriarca aveva resistito a chi gli chiedeva di mettere da parte Putin per il più radicato Primakov. Ma Eltsin era stato sempre convinto della sua scelta e aveva più volte ripetuto: «Ci vogliono facce nuove, che possano fare di più e meglio per il paese».

Quello stesso giorno dell'assunzione dell'interim presidenziale, dopo il pranzo al Cremlino, Vladimir tiene fede all'impegno che probabilmente aveva già assunto da tempo e comunica di aver firmato il suo primo decreto che garantisce una «totale immunità da ogni azione penale o amministrativa nei confronti dell'ex presidente». Il comunicato ufficiale fa riferimento a una serie di dettagli applicativi che lasciano intendere la sua estensione anche ai membri della famiglia conviventi e ai suoi collaboratori più stretti. L'atto non cita in maniera esplicita la persona di Boris Eltsin ma parla di «ex presidenti della Federazione Russa». Ai media occidentali, che storcevano il naso per questo salvacondotto, la stampa russa ricorderà un episodio analogo nella recente storia americana: l'immunità che Gerald Ford, vicepresidente succeduto a Nixon, dimessosi per lo scandalo del Watergate, aveva garantito al suo predecessore.

A Eltsin viene anche lasciato un ufficio all'interno del Cremlino e una ristretta squadra di collaboratori, oltre all'uso di una vettura, la Zil presidenziale. Un trattamento ben diverso di quello che lo stesso Eltsin aveva riservato a Michail Gorbačëv, costretto a traslocare in un ufficio privato e al quale era stata lasciata solo una Volga, auto di servizio per i semplici deputati.

La giornata della transizione si chiude con decine di migliaia di moscoviti in piazza a festeggiare l'arrivo del nuovo millennio, tra bevute, musiche di tutti i generi e i fuochi d'artificio sulla Piazza Rossa. L'ultimo piccolo colpo di scena lo regala Putin: atteso al Bolshoi per la festa più esclusiva, vola invece con la moglie Ljudmila in Cecenia per trascorrere la fine del vecchio anno e l'inizio del nuovo in compagnia dei soldati russi che stanno combattendo contro le milizie islamiche.

Se la lealtà a Eltsin era stata testimoniata e pagata con la concessione della sua piena immunità, Putin sa che per guadagnare consenso deve anche manifestare una certa discontinuità con il passato. Il 3 gennaio si sbarazza, senza tanti complimenti, della figlia di Eltsin, la trentanovenne Tatjana, intrigante «zarina» che il padre aveva nominato nel 1996 primo consigliere presidenziale, sistemandola in uno studio accanto al suo. Nell'ultimo anno era diventata la vera detentrice del potere, decideva lei chi il presidente dovesse vedere e quando. Invisa all'opinione pubblica e bersaglio preferito dell'opposizione comunista, veniva attaccata per la propensione al lusso e per gli stretti legami con gli oligarchi, a cominciare da Berezovskij. La secondogenita, nei lunghi mesi della malattia e del ricovero in clinica del padre, era l'unica ad avere accesso alla sua stanza. Aveva deciso carriere ma, assieme al potere, aveva accumulato tante antipatie. La sua repentina cacciata è un segnale chiaro che Putin lancia al paese. Peraltro, a chi lo accusa di circondarsi troppo di suoi ex colleghi del KGB, risponde portando al Cremlino giovani brillanti provenienti dall'università. Nel suo staff arriva un trentaquattrenne di nome Dmitrij Anatol'evič Medvedev, prima ricercatore e poi professore universitario della facoltà di Giurisprudenza di San Pietroburgo, appartenente allo stesso dipartimento di diritto privato che era stato diretto dallo stesso maestro di Putin,

Anatolij Sobčak, anche se, pure lui, con un brevissimo passaggio nel KGB. Un altro segnale di cambiamento è la proposta e l'elezione di una donna alla presidenza della Duma, la Camera bassa, che era stata rinnovata nelle elezioni politiche del precedente 19 dicembre: «Troppe poche donne nei ruoli chiave» dichiara il neo presidente, e fa proporre al suo partito, Unità, Liobov Sliska. Da San Pietroburgo, intanto, giungono altri fidati amici: Dmitri Kosak, Igor Sechin, Sergej Ivanov, Viktor Cherkesov, Nikolaj Patrushev, Aleksej Miller, Viktor Ivanov.

Il 10 gennaio, un nuovo sondaggio premia il nuovo corso di Putin. Il 56 per cento degli elettori è pronto a eleggerlo presidente già al primo turno senza ballottaggio. Molto distaccati i suoi concorrenti, il comunista Zjuganov, l'ex premier Primakov, il riformista Javlinskij e il nazionalista Žirinovskij. Il presidente a interim sta conquistando quella maggioranza silenziosa che non vuole certo tornare al passato ma, stanca dei pericoli della dissoluzione dello Stato, è, allo stesso tempo, desiderosa di ordine, di stabilità, di rinascita nazionale. La spinta definitiva verso il successo è il rifiuto alla candidatura di Evgenij Primakov, l'uomo che appena un anno prima era dato vincente. Nonostante la perdita di consenso, si trattava di un avversario che alle elezioni avrebbe comunque potuto costringere Putin al ballottaggio. Questa mossa libera una serie di influenti personalità che decidono di accorrere verso il futuro vincitore e Putin è pronto ad accoglierle a braccia aperte, dimenticando, in un attimo, antiche rivalità. Con lui si schierano ufficialmente il sindaco di Mosca Jurij Lužkov, l'ex primo ministro Viktor Černomyrdin, che porta in dote il suo piccolo ma influente partito Russia, casa nostra e il ministro delle Finanze Michail Michajlovič Kas'janov, che sarà il futuro primo ministro.

Putin non organizza una vera e propria campagna elettorale ma interpreta il ruolo di presidente a interim lanciando una serie di segnali decisivi. Sempre a gennaio, il giornale «Rossiskaia Gazeta», molto vicino al Cremlino, rivela che Vladimir è un estimatore dichiarato di Margaret Thatcher. «Sono orgoglioso di averla conosciuta, sia a Londra che a San Pietroburgo quando ero vicesindaco» è la sua dichiarazione. L'articolista avanza un confronto fra Putin e l'ex primo ministro britannico che si era guadagnata la fama di «Lady di ferro». Entrambi, scrive, hanno un carattere forte e volitivo.

L'altro segnale importante, Putin lo lancerà in casa americana quando, a sorpresa, manderà una delegazione ufficiale del suo partito alla convention nazionale del Partito repubblicano, il Grand Old Party che incoronerà a Filadelfia la candidatura di George W. Bush. «Putin sta con Bush» scrivono alcuni giornali americani. A ricevere i russi è Condoleezza Rice, accademica esperta di Unione Sovietica e prossima stella dell'amministrazione presidenziale Bush. «I principi del nostro movimento sono quelli di un partito conservatore» dichiara all'arrivo negli Stati Uniti Boris Gryzlov, il capogruppo alla Duma di Unità, il partito nato attorno a Putin. Prima della partenza dei suoi emissari, durante una visita in Italia, lo stesso leader russo aveva rivelato: «In uno schieramento occidentale sarei più vicino ai conservatori che ai progressisti».

Il neo conservatorismo patriottico di Putin deve però trovare una base solida nella tradizione russa, che non può essere un generico richiamo ai valori liberaldemocratici dell'Occidente. Nel giorno della Pasqua ortodossa, con tutta la sua famiglia è nella cattedrale di Sant'Isacco a San Pietroburgo, luogo simbolo della tradizione. Inaugura così una consuetudine che lo vedrà presente, negli anni, a tutte le funzioni religiose canoniche, oltre che in consueti e cordiali rapporti con il patriarca Aleksej II.

Ai cronisti incuriositi racconta come sia stato battezzato «di nascosto», per volontà della madre, a dispetto dell'ateismo comunista del padre, e di avere riscoperto con forza la fede dopo l'incidente della dacia in Carelia. Rivelerà, inoltre, che qualche giorno prima di una visita ufficiale in Israele la madre gli aveva donato la propria croce battesimale, con la raccomandazione di non toglierla. «Feci quello che mi disse, misi la croce al collo e da allora non l'ho più tolta.»[1] È il richiamo alla tradizione più profonda, quella della Russia millenaria, base dell'identità collettiva: «Se la Russia è diventata una grande potenza» esorta Putin «non è per uno zar, per una guerra o per un partito politico: il merito, semmai, è del cristianesimo» per poi ribadire a pochi giorni dal voto «non possiamo risolvere i nostri problemi senza un richiamo forte ai valori spirituali».

In epoca sovietica in molti venivano battezzati di nascosto. Putin era nato prima della morte di Stalin, ma anche Boris Eltsin, nato nel 1931, aveva raccontato nelle sue memorie di un battesimo segreto organizzato dai nonni.

Il 6 febbraio Putin dichiara che Groznyj è definitivamente caduta e che la bandiera russa sventola su tutti gli edifici istituzionali, almeno su quelli che sono rimasti in piedi. L'annuncio viene dato in TV, di sera, in forma solenne. «Lo stato maggiore» afferma il presidente a interim entrando nelle case di tutti i russi «mi ha appena comunicato che l'ultimo focolaio di resistenza dei terroristi, nel quartiere di Zavodskoi, è stato liquidato. Possiamo dire con certezza che le operazioni di liberazione di Grozny, sono state completate».

Si tratta di un indubbio successo che pesa più di ogni altra mossa in questa campagna elettorale, dopo l'umiliazione patita nell'agosto 1996, quando i russi erano stati cacciati dai ceceni e costretti a riconoscerne l'indipendenza. La conquista di Groznyj è percepita come il momento del riscatto. Questa volta i militari hanno campo libero, la capitale cecena viene rastrellata casa per casa, 1500 ribelli che si ritirano dalla città vengono tratti in trappola nei villaggi di Alkhan Iurt e Katyr Iurt e qui uccisi dai reparti speciali russi. Il clima generale è di soddisfazione, nonostante gli eccessi, perché brucia ancora la ferita degli attentati di Mosca.

C'è un'altra mossa in serbo per l'opinione pubblica. Più o meno negli stessi giorni il governo decreta di alzare del 20 per cento i salari dei dipendenti pubblici.

Non mancano però attacchi durissimi al candidato-presidente. Sempre nell'imminenza della consultazione elettorale, il Congresso degli ufficiali sovietici, un'organizzazione nostalgico-comunista che raduna veterani dell'Armata Rossa, definisce Putin un «sionista fascista», accostamento molto discutibile sul piano storico.[2] L'attacco ha probabilmente due radici: l'avversione per il richiamo all'identità religiosa russa che ingloba la tradizione zarista, fatto da Putin più volte; e l'avvio di una politica di buone relazioni con lo Stato di Israele, che rompe la vecchia politica filoaraba di epoca brežneviana, insieme a rapporti amichevoli con la comunità ebraica russa.

I piccoli colpi di scena non sono finiti: a una settimana dall'apertura delle urne, Vladimir interrompe ogni attività pubblica e, quasi a voler dare un segnale di sicurezza, con la moglie e le due figlie va in vacanza a Sochi, sul Mar Nero.

Il giorno prima, con una battuta non preparata, aveva piazzato un colpo a effetto. Durante l'inaugurazione di una nuova tratta della metropolitana di Mosca, assieme al sindaco Lužkov, all'improvviso era saltata la corrente elettrica e la delegazione dei giornalisti al seguito si era ritrovata al buio. «Come vi sentite nelle tenebre?» aveva urlato Putin. «Possiamo resistere, e lei come si sente?» aveva risposto qualcuno. «Siamo abituati alle tenebre» aveva concluso il presidente. La TV russa aveva registrato l'audio e la sera aveva mandato tutto in onda. Come la storia dei terroristi da inseguire «fin dentro al cesso», anche il «siamo abituati alle tenebre» aveva avuto uno strepitoso successo, mentre i giornali ricordavano il motto dei cadetti zaristi, «il nostro cammino è tra le tenebre».

Il 26 marzo la Russia vota per eleggere il nuovo presidente. Il giorno dopo, la vittoria di Putin si delinea con chiarezza, non c'è bisogno di andare al ballottaggio. Il capo della commissione elettorale centrale Aleksandr Veshniakov può decretare il vincitore. Vladimir Putin ottiene il 52,94 per cento dei voti, contro il 29,44 del leader comunista Gennadij Zjuganov, terzo il riformista Grigorij Javlinskij, leader di Jabloko, con il 5,80 per cento. Lontanissimi gli altri candidati, che nel complesso erano quindici, con Aman Tulejev al 3,84 e Vladimir Žirinovskij precipitato al 2,70.

La vittoria è netta, anche se Vladimir ottiene un po' meno di quanto gli assegnavano i sondaggi della vigilia. Solo nella capitale, a Mosca, il voto è in leggera controtendenza, il 47,9 per cento rispetto al 52,94 nazionale, a causa della buona affermazione di Grigorij Javlinskij. Su scala nazionale il leader radicale riformista supera di poco il 5 per cento ma a Mosca incassa il 15,22 per cento, segno che ha avuto i consensi delle classi intellettuali e liberal della capitale.

«L'8 agosto 1999 Vladimir Putin era un signor nessuno» aveva scritto Giulietto Chiesa su «La Stampa». «Putin con quella sua faccia da impiegato che va ai corsi di judo, ha fatto sentire, ai russi, che l'Occidente non può tutto, che gli si può dire di no e che non succede niente; che America e Europa devono stare a guardare, una volta tanto, finalmente quello che decide Mosca. E che protestino pure, che non concedano prestiti: i russi faranno da soli, anche senza gli aiuti pelosi dell'amico Bill.»[3]

Il 7 maggio 2000 Vladimir Vladimirovič Putin si insedia come presidente della Federazione Russa. Nella storia del paese è una cerimonia inedita, perché Eltsin era stato eletto quando esisteva ancora, sia pure formalmente, l'Unione Sovietica. È lo stesso presidente eletto a fissare il cerimoniale: viene scelto come luogo per il giuramento il Gran Palazzo del Cremlino, residenza storica degli zar, al posto del Gran Palazzo di Stato del Cremlino che era il luogo dove si tenevano i congressi del Partito comunista. Vladimir percorre il tappeto rosso che lo guida fino al punto in cui giurerà sulla Costituzione con quella sua camminata un po' oscillante e con il braccio destro leggermente piegato e inerte, una camminata che lo renderà famoso nel mondo.

Alla cerimonia d'investitura del «nuovo zar» manca colui che era stato il mentore dei primi passi di Putin in politica, l'uomo senza il quale, probabilmente, non avrebbe avuto una così fulminante carriera. A sei giorni dalle elezioni, il 20 marzo, Anatolij Sobčak era morto. Aveva 62 anni. Nei mesi precedenti l'ascesa del suo allievo, dopo le disavventure giudiziarie, Putin aveva galvanizzato il professore, che si era entusiasmato all'idea di partecipare alla campagna elettorale. Volodja avrà una costante nella sua vita, che difficilmente gli può essere contestata, quella di non abbandonare mai gli amici, soprattutto quando cadono in disgrazia. Pertanto, aveva nominato Sobčak suo «rappresentante autorizzato»; ciascun candidato, secondo la legge russa, ha diritto ad avere più rappresentanti che possono parlare e partecipare a manifestazioni a nome del candidato. A questi rappresentanti, in caso di vittoria, come fanno anche i presidenti americani, vengono poi assegnati ruoli nell'amministrazione e per il professore si stava già pensando a un incarico. A metà febbraio, anche per accontentare il vecchio maestro che voleva rendersi utile, Putin gli aveva chiesto di recarsi in sua vece a Kaliningrad per partecipare a una serie di manifestazioni organizzate da gruppi di sostenitori. Sobčak aveva preso il lavoro con grande impegno ma, a causa di un cuore già malandato per il primo infarto, era stato colpito da un collasso cardiocircolatorio, definito dall'autopsia di origine naturale.

I funerali celebrati due giorni prima delle elezioni in una San Pietroburgo blindata erano stati imponenti. Nonostante i quindici gradi sotto zero, centomila persone si erano messe in fila per rendere omaggio alla salma dell'ex sindaco, prima in municipio, poi nel monumentale monastero di Aleksandr Nevskij. Putin, noto per la sua freddezza, non aveva trattenuto le lacrime, tenendosi stretto con le braccia alla moglie e alla figlia di Sobčak. Al termine della cerimonia, Vladimir aveva cercato i giornalisti per rilasciare una dura dichiarazione: «La dipartita di Sobčak non è solo una morte ma una morte violenta, il risultato delle persecuzioni. Ha fatto errori come tutti ma era un uomo assolutamente onesto e ci ha insegnato a pensare in modo onesto». Il riferimento non tanto velato era alle inchieste che la magistratura aveva condotto sul suo maestro.

Anche sulla morte dell'ex sindaco di Leningrado si esercita una certa pubblicistica, propensa a trovare misteri. In realtà, due settimane dopo la sua morte, la procura di Kaliningrad apre un fascicolo dove annota un possibile caso di omicidio per il quale si contempla addirittura l'aggravante della «premeditazione». Ma tre mesi dopo, l'inchiesta viene archiviata perché le ipotesi non hanno riscontri, e perché le condizioni cardiache del professore erano note e a rischio.

Mentre era a Kaliningrad, Sobčak aveva scritto un articolo che era stato pubblicato postumo dal quotidiano «International Herald Tribune». «Vladimir Putin è alieno da mire totalitaristiche,» aveva scritto il professore «ma intende difendere gli interessi della nazione senza cieche acquiescenze verso l'Occidente.» E aveva concluso: «Se è vero che la Russia non pretende di essere più una superpotenza, essa ha, però, molto da difendere e lo farà: una presidenza di Putin sarà costruita sulla base dell'interesse nazionale russo, non accettando pressioni su questioni interne come quella cecena».

L'eredità pesante

Se l'ascesa al Cremlino era stata un capolavoro di rapidità ed efficacia politica, l'eredità che Eltsin lascia a Putin è a dir poco catastrofica. La Russia è ancora nel baratro finanziario, determinato da una difficile quanto dissennata transizione al capitalismo. Il ministero dell'Economia è indebitato con i grandi organismi internazionali, il che significa anche una limitazione di sovranità politica. Quello che, però, appare più grave di tutto è la dissoluzione dello Stato che si manifesta in diverse forme. L'inefficienza della macchina amministrativa, corrotta, lenta, senza alcuna consapevolezza del suo ruolo, eterodiretta dai potentati economici se non dalle mafie. La costante spoliazione delle risorse collettive e dello Stato, soprattutto quelle naturali, ma non solo quelle. La svendita di palazzi pubblici, di laboratori universitari, di brevetti industriali, senza alcun controllo, è la regola. La frammentazione del potere pubblico, in particolare l'insorgere di boss locali che confondevano e univano nelle loro mani potere politico, potere economico e attività criminali, facce diverse di una stessa unità. Non di rado alcuni presidenti di regioni, quasi sempre ex capi del PCUS locale, erano diventati

leader politici, i principali capitalisti del loro territorio e, all'uo-
po, anche i capi della mafia locale.

La rapina dei beni dello Stato aveva poi ingrassato a dismisu-
ra soprattutto i cosiddetti oligarchi, che in pochissimi anni erano diventati tra gli uomini più ricchi del pianeta.

Non ultima, ma forse la più grave, è l'emergenza militare.
L'apparato delle forze armate sovietiche era stato il più grande
al mondo, almeno in termini quantitativi, durante la Guerra fredda. Il suo disfacimento è un pericolo per tutto il mondo. Soldati
e ufficiali restano per mesi senza stipendi, rimpatriati senza sapere dove andare e cosa fare, privi di sostegno per le famiglie.
Le strutture, basi, accademie, fabbriche militari, sono abbandonate a se stesse. Armamenti costati miliardi, come navi e aerei,
sono senza manutenzione. Il caos e l'anarchia trasformano gli ar-
senali in potenziali prede per affaristi criminali e per i terroristi
ma quello che risulta più pericoloso è la mancata messa in sicurezza delle armi atomiche.

Se vuole sopravvivere politicamente e se intende imprimere
una svolta alle condizioni della Russia, Putin deve giocare due
partite, quella con i boss locali e quella con gli oligarchi. Dunque, la prima delle emergenze su cui si concentra punta a limitare lo strapotere locale e fermare la deriva dei mandarini regionali, quelli a cui Eltsin ha concesso tutto ottenendone in cambio
il sostegno per la presidenza. La Russia è geograficamente un
paese immenso, di oltre 17 milioni di chilometri quadrati, estesa su due continenti, Europa e Asia, per sua natura difficile da
controllare.

Non senza critiche, Putin abolisce l'elezione a suffragio universale per i governatori regionali. Il nuovo meccanismo prevede una sorta di cogestione nella scelta: vengono indicati dal
presidente e votati dalle assemblee locali. Una clausola, non da
poco, prevede però che, in caso di dinieghi reiterati da parte delle assemblee rispetto ai candidati proposti dal Cremlino, le stesse possano essere sciolte con decreto presidenziale.

Il nuovo assetto istituzionale che regola i rapporti fra centro e periferia prende il nome di «verticale del potere», formula che accorciando la filiera del comando indica e sancisce una riassunzione di controllo da parte di Mosca. A pochi giorni dall'insediamento, il 13 maggio 2000, un decreto presidenziale (parte di un più vasto pacchetto di sei proposte), approvato poi dalla Duma, accorpa gli 89 soggetti federati (che verranno poi ridotti a 83), pur non eliminandoli, in sette grandi distretti federali (*okrugi*): Centro (Mosca), Nord-Ovest (San Pietroburgo), Sud-Don (Rostov), Volga (Novgorod), Urali (Ekaterinburg), Siberia (Novosibirsk), Oriente (Chabarovsk). A questi sette se ne sarebbero aggiunti altri due, il Nord-Caucaso (Krasnodar), voluto da Medvedev, e di recente il distretto della Crimea.

Al di là della riorganizzazione territoriale, l'obiettivo chiave è il ripristino dell'autorità federale. Putin insiste spesso, nei suoi primi discorsi, sul ruolo della legge e della sua obbedienza. «Più rigoroso è lo Stato, più libero è l'individuo. In uno Stato senza governo l'individuo è indifeso e non libero. In una democrazia i diritti vostri e miei trovano un limite nei diritti di altri cittadini. È nel riconoscimento di questa semplice, elementare verità che si basa la legge, la legge condivisa e rispettata da tutti.»[4]

Le commissioni plenipotenziarie alla guida dei distretti federali sono investite del potere di accertare violazioni di leggi e di norme federali, sia da parte dei singoli che da parte delle strutture di governo locali. In particolare, il decreto Putin le incarica di sorvegliare la rotazione dei funzionari federali per evitare che diventino troppo legati ai leader locali.

L'altro anello decisivo della riforma è la ridefinizione dei poteri e della struttura del Consiglio della Federazione, la Camera alta, assimilabile a quello che in Germania è il *Bundesrat*. Un organo che nell'era Eltsin era diventato un potente contraltare della Duma, il Parlamento eletto a suffragio universale, capace di far emergere il punto di vista dei boss locali in ogni ambito dell'attività pubblica. Putin ne traccia una diversa composizione e nuove funzioni: stabilisce, fatto decisivo, che tra i suoi membri non possano più esserci i presidenti delle regioni, che ne erano i quasi esclusivi membri e che ora diventano incompatibili; ne riduce inoltre le competenze, relegandole all'ambito delle questioni regionali e non più a quelle che attengono all'intero Stato. La precedente legge (del 5 dicembre 1995) sanciva che divenissero automaticamente membri del Consiglio della Federazione, quasi di diritto, i presidenti delle regioni, quelli delle assemblee legislative locali e i vertici dei governi regionali; la nuova legge stabilisce, invece, l'elezione e la nomina dei propri rappresentanti da parte degli organi del potere legislativo territoriale.

Il neo presidente è abile nel far digerire la riforma: in quegli stessi giorni appoggia l'aumento di stipendi e dotazioni (fino a cinquanta collaboratori) per i deputati della Duma. Su sua indicazione, il Parlamento rigetta la proposta di rendere possibile l'elezione dei capi regionali per oltre due mandati consecutivi. Vladimir Ryžkov, deputato del partito Unità, esprime in aula la posizione del Cremlino, contrario alla «leadership perenne» di amministratori locali. In una successiva riforma verrà ulteriormente liquidata la struttura locale del Consiglio della Federazione, stabilendo che una metà dei suoi componenti siano indicati dai governatori e un'altra metà dal Cremlino. Finanche la sua biografa più severa, Masha Gessen, ammette che la «Federazione Russa era diventata una struttura pericolosamente decentrata».[5]

Guerra agli oligarchi

La mattina del 16 settembre 1999, in piena crisi delle bombe, quando Putin era ancora solo premier, trecento poliziotti delle forze speciali, armati fino ai denti, si dislocano nel centro di Mosca per prendere d'assalto la sede centrale della Transneft, la compagnia che gestisce in regime di quasi monopolio gli oleodotti russi. All'interno non si sono asserragliati terroristi, tantomeno dei criminali. È solo accaduto che il presidente destituito della compagnia, Dmitrij Savelev, potente oligarca post-sovietico, non voglia cedere il posto al nuovo presidente nominato dal governo, Semyon Vainshtok.

«L'intervento armato si è reso necessario» dice lo stesso Putin davanti alle telecamere dei giornalisti che chiedevano conto di un tale spiegamento di forze in una città già blindatissima per gli attentati di pochi giorni prima «per insediare chi è stato legittimamente nominato dal governo.»

Questa vicenda è l'anticipo di ciò che sarebbe accaduto l'estate successiva, dopo l'arrivo dello stesso Putin alla presidenza, perché il consolidamento del potere statale sarebbe passato inevitabilmente per il ridimensionamento drastico del potere degli oligarchi. La Russia post-sovietica, invece di indirizzarsi verso una libera economia – che presupponeva anche la presenza di regole sulla concorrenza, assenza di conflitti d'interesse e separazione tra servizi e titolarità delle reti–, si era indirizzata verso un modello caotico, in cui le vere decisioni politiche ed economiche non erano nelle mani delle istituzioni ma di una élite, che qualche storico ha definito, senza mezzi termini, «criminale».

Nella guerra ai gruppi che si erano impadroniti delle risorse del paese, Putin, come era stato per la Cecenia, trova il consenso dell'opinione pubblica, di tutte quelle famiglie della classe media prostrate dalla miseria, dall'alcol, dall'inflazione e dal dissesto finanziario, che da tempo avversavano gli oligarchi e le loro smodate ricchezze.

La gente parlava dei «magnifici sette», Gusinskij, Potanin, Chodorkovskij, Friedman, Aven, Smolensk che, insieme con l'eminenza grigia Berezovskij, formavano un'allenza potentissima di clan finanziari. Uomini dotati anche di autentici eserciti di guardie del corpo, reclutate nel KGB, che ne proteggevano la privacy e gli affari.

Per molti mesi diversi analisti, in particolare quelli dei media occidentali, osservano ed esaminano lo scontro tra il neo presidente e gli oligarchi, non sicuri che Vladimir, questa volta, ne sarebbe uscito vincitore. A sfavore del presidente gioca il quasi totale controllo che gli oligarchi esercitano sui mezzi di comunicazione, giornali e televisioni, che simuovono con forza sullo scacchiere.

In un'intervista concessa a tre giornalisti russi, alla domanda su cosa intendesse esattamente per «oligarca», Putin non si sottrae e risponde in maniera inequivocabile: «Esponente del big business che cerca d'influenzare decisioni politiche rimanendo nell'ombra», precisando di «non avere nulla da obiettare sull'esistenza di grandi capitalisti in Russia a patto che non tramino nell'ombra».

In un primo momento, come abbiamo già visto, Putin era stato accolto con benevolenza dagli oligarchi, nella speranza che potesse essere un secondo Eltsin, capace di perpetuare privilegi e protezioni. Invece, il sostegno che avevano dato al delfino si rivelerà un clamoroso errore di valutazione.

In un'intervista a Radio Eco di Mosca il portavoce di Putin, Mikhail Kozhukov, chiarisce che la nuova leadership vuole «un'economia di mercato e la prosecuzione delle riforme liberali iniziate nell'era di Eltsin ma in una cornice in cui lo Stato abbia un ruolo forte e recuperi alcuni settori strategici». Dove, per «settori strategici», si intendono quello dei media e quello minerario.

Il primo a finire in rotta di collisione con il nuovo corso è il tycoon Vladimir Gusinski, ebreo russo, proprietario della holding editoriale Media Most, di cui fa parte la principale emittente televisiva privata russa, NTV. Negli anni Settanta, ventenne, Gusinskij aveva iniziato a lavorare come tassista senza licenza. Cambiava, a nero, dollari con rubli ai turisti occidentali. Cambiavalute da strada ma anche vicino alla Lega della gioventù comunista, della quale era diventato l'efficace organizzatore di raduni. Con la fine dell'URSS aveva fondato e diretto molteplici imprese nel settore bancario, finanziario e delle costruzioni, grazie soprattutto all'amicizia col sindaco di Mosca, Jurij Lužkov. La passione per i media era giunta dopo, a metà degli anni Novanta, con l'acquisto prima di un giornale, poi di un settimanale, infine di una televisione.

Il 13 giugno 2000, Gusinskij viene arrestato su ordine della procura generale con l'accusa di essere coinvolto in una truffa che sarebbe costata allo Stato russo l'equivalente di dieci milioni di dollari. Il provvedimento di arresto appare, ai più, eccessivo. Soprattutto in seno alla comunità ebraica si levano proteste. Lo stesso Putin definisce la scelta dei magistrati «eccessiva» perché, riferisce ai giornalisti, «certamente esistevano altre possibilità per interrogarlo senza arrestarlo». Le emittenti del magnate sono da sempre critiche con Putin e lo attaccano soprattutto per la guerra in Cecenia. Il presidente al momento dell'arresto è in visita ufficiale in Germania. Per dissipare i timori di una ritorsione politica, accetta di parlare dell'argomento e precisa ai giornalisti che Gusinskij è stato arrestato come imprenditore e non per il suo ruolo di editore. «Non si tratta del rappresentante dei mass media o del giornalista o dell'editore. Si tratta dell'imprenditore» risponde. E aggiunge una domanda: «Ritengo che in Germania paghiate le tasse, dico bene?».

L'impero mediatico di Gusinskij, in realtà, aveva una composizione societaria articolata: era per il 60 per cento direttamente suo, per un altro 10 per cento intestato a vari dirigenti della società, suoi stretti collaboratori o prestanome, e per il restante 30 per cento del colosso statale del gas Gazprom. Negli ultimi anni, per finanziare un nuovo progetto di TV satellitare, si era pesantemente indebitato con una banca controllata dallo Stato ma l'affare non era andato bene per effetto della crisi finanziaria del 1998, che aveva fatto calare gli introiti pubblicitari.[6] L'accusa concerneva, appunto, l'aver nascosto all'estero cospicui profitti per non rimborsare i debiti contratti con la banca statale e garantiti dall'azionista di minoranza della società. Il debito era scaduto da tempo e, soprattutto, era diventato esorbitante. Il magnate, da un lato aveva sperato che, come ai tempi di Eltsin, i creditori pubblici si sarebbero mostrati tolleranti, dall'altra, secondo l'accusa, aveva cominciato a nascondere capitali all'estero in previsione di una possibile rottura.[7]

Dopo essere stato liberato, Gusinskij comincia a spostarsi tra Gran Bretagna e Spagna e qui viene arrestato ancora, il 12 dicembre 2000, a San Roque, vicino Cadiz, in una delle sue faraoniche ville, sulla base di un mandato d'arresto internazionale. A interrogarlo dopo il fermo è il giudice iberico Baltasar Garzón, che gli concede gli arresti domiciliari su cauzione di un miliardo di *pesetas* e il ritiro del passaporto.

Appare evidente che l'attacco giudiziario mosso al tycoon dei media russi avesse l'obiettivo finale di smantellare il suo controllo su una parte rilevante dei media stessi, per ricondurli sotto l'autorità dello Stato, ma è altrettanto vero che le accuse di irregolarità contabile apparivano fondate e che in passato ci erano stati evidenti favoritismi. Un documento rivelerà che lo stesso Gusinskij aveva intavolato una trattativa, più o meno estorta, per cedere il controllo del suo pacchetto in cambio di un'immunità giudiziaria.[8] Finirà per risiedere tra la Spagna e Londra, godendo della doppia cittadinanza israeliana e spagnola.

A Berezovskij viene riservato un trattamento un po' diverso, forse in considerazione dei vecchi rapporti. Putin lo convoca al Cremlino e gli chiede di cedere la proprietà del Canale Uno della televisione, per il quale, ovviamente, sarebbe stato pagato a prezzi di mercato. «Gli risposi di no, in presenza del capo di gabinetto Vološin» racconterà l'ormai ex amico oligarca. «Putin cambiò il tono di voce e disse "Arrivederci Boris Abramovič" e si alzò per andarsene. Io dissi: "Volodja questo è un addio". Con questa battuta piena di pathos ci lasciammo.» Subito dopo Berezovskij avrebbe scritto una lettera a Putin, pregando Vološin di recapitarla ma non avrebbe ricevuto alcuna risposta.[9]

Dopo essere stato sottoposto anche lui a indagine giudiziaria, il più intrigante e il più potente degli oligarchi russi sarebbe volato, prima che potessero arrestarlo, in un esilio dorato a Londra. La magistratura russa lo coinvolgerà, contumace, in diversi casi giudiziari, addirittura nelle indagini sull'uccisione della giornalista Anna Politkovskaja, che invece Berezovskij dichiarerà di aver sostenuto. Dal canto suo, Boris Abramovič accuserà Putin, nel 2007, di aver inviato un sicario in Gran Bretagna per ucciderlo.

Scotland Yard, su questo punto, dichiarerà di aver fermato

una persona sospetta ma poi chiarirà di non aver ravvisato alcun complotto per uccidere l'oligarca.

A parti invertite, invece, il 10 luglio 2004 sarà ucciso in una calda serata di Mosca, Pavel Chlebnikov, caporedattore dell'edizione russa di «Forbes Magazine», che – come ebbe a ricordare la stessa Politkovskaja – era famoso per le inchieste sul «capitalismo da gangster». Chlebnikov aveva accusato Berezovskij, sia in un articolo-inchiesta su «Forbes» che nel libro *Godfather of the Kremlin* (*Il padrino del Cremlino*) di essere un boss della mafia. Boris Berezovskij morirà, nel marzo 2013, nella sua residenza ad Ascot, nel Surrey, ufficialmente suicidandosi. Il Cremlino rivelerà che poco prima aveva scritto una lettera di scuse a Putin, ammettendo di «aver fatto molti errori».[10]

I metodi usati da Putin per mettere alle corde gli oligarchi fanno discutere e suscitano l'indignazione di gran parte degli osservatori e dei giornali occidentali. Sotto accusa è l'utilizzo politico del potere giudiziario in un ambito molto delicato come quello che concerne la proprietà dei mezzi d'informazione. Tuttavia, pochi osservano che i proprietari di questi mezzi d'informazione non erano certo un esempio di illuminata imprenditoria ma «privati che li usavano a fini personali».[11]

Al riguardo scrive Giulietto Chiesa: «La lotta ingaggiata dal presidente contro i proprietari dei due più importanti canali TV della Russia ha sollevato numerosi interrogativi, molti dei quali tutt'altro che oziosi, sulla dedizione ai valori democratici e pluralistici del nuovo leader del Cremlino. È tuttavia innegabile che Berezovskij e Gusinskij abbiano gestito in questi anni quelle armi secondo i propri interessi, senza andare troppo per il sottile e senza curarsi del diritto all'informazione dei loro concittadini».[12]

Michail Borisovič Chodorkovskij, l'uomo più ricco di Russia, aveva cercato di resistere, non accettando di prendere la strada di un pur agiato esilio. Se Gusinski aveva cominciato facendo il tassista cambiavalute e Berezovskij il venditore di auto, questo brillante ingegnere chimico, fervente comunista e vicesegretario del Komsomol' del quartiere moscovita di Frunze, si era inventato ancora giovanissimo un centro di ricerca scientifica, oggi si direbbe una start-up, utilizzando gratuitamente personale e strutture dell'ateneo. A partire dalla metà degli anni Ottanta, in molte fabbriche e istituti universitari di proprietà pubblica si era diffusa l'abitudine di creare, più o meno clandestinamente, officine di produzione di beni che venivano smerciati al mercato nero. Oggetti meccanici di uso comune ma di cui c'era penuria nella cadente distribuzione sovietica. Chodorkovskij era stato bravo nel creare all'interno dell'università, dove era ufficialmente un ricercatore, un traffico di questo tipo, facendo attenzione a distribuire una parte dei proventi ad altri ricercatori, docenti e studenti, ben lieti di farsi coinvolgere ottenendo qualche centinaio di rubli per arrotondare i magri stipendi statali. Molto spesso queste officine clandestine utilizzavano materie prime pubbliche, di proprietà della fabbrica ufficiale. «A metà degli anni Ottanta l'URSS era diventato un paese in cui si rubava su larga scala.»[13]

Nel 1988, con i fondi guadagnati, Chodorkovskij fa il primo grande salto, fonda una banca, la Menatep, con la quale inizia una massiccia e ammiccante raccolta di risparmi privati, di famiglie e di cittadini russi. Lo fa con un meccanismo comune in Occidente, attraverso una martellante campagna in televisione, promettendo lauti interessi sul capitale a lui affidato. In Europa e Stati Uniti raccolte di questo tipo sono spesso naufragate in scandali ma i russi, ai quali le banche di Stato non remuneravano il capitale depositato, credono alle sirene di Chodorkovskij. In pochissimo tempo la banca Menatep riesce a moltiplicare il suo capitale e raccoglie 2,5 miliardi di rubli. Le autorità lo copriranno quando gli investitori cominceranno a chiedere la restituzione delle somme versate e finiranno in lunghi ed estenuanti passaggi, rimpallati da una filiale all'altra, senza ottenere nulla. Da impegnato comunista anche sul piano teorico, Chodorkovskij si è trasformato in un sostenitore del capitalismo. Con il suo amico e socio in affari, l'ingegnere elettronico Leonid Nevzlin, scrive un saggio, *L'uomo con il rublo*, nel quale si fa l'apologia dell'arricchimento. «Lenin voleva annullare i ricchi e la ricchezza stessa» scrivono i due amici «e creò un regime che mise fuori legge la possibilità stessa di diventare ricchi. Quelli che volevano fare più soldi erano equiparati a comuni delinquenti. È tempo di smettere di vivere secondo il dettato di Lenin!»

La somma accumulata consente, invece, a Michail Borisovič di sedersi al banchetto delle privatizzazioni, in una duplice, conflittuale veste, quella di acquirente e quella di venditore, perché, intanto, era diventato consigliere del primo ministro Ivan Silaev e del viceministro dell'Energia, Jurij Šafranik. «Informato in anticipo delle decisioni del governo» può acquistare a prezzi vantaggiosi le azioni per ottenere il controllo di aziende pubbliche.[14]

Chodorkovskij si assicura il controllo di miniere di rame, fabbriche di concimi, imprese metallurgiche come fonderie degli Urali centrali e di Kirovograd, il tubificio del Volga. E ancora, imprese tessili, alimentari, di trasporto. A volte viene dato solo un acconto, perché poi i dirigenti delle imprese pubbliche si dimenticheranno di chiedere il saldo del prezzo dovuto.

Nel 1995 compie il secondo grande salto. Da ingegnere chimico, diventato attento esperto dei mercati mondiali delle materie prime, sa che la vera ricchezza illimitata viene dal petrolio. Eltsin vara un secondo massiccio programma di privatizzazioni, in realtà si tratterebbe di prestiti fatti da privati allo Stato per i quali vengono date in pegno azioni di società pubbliche. Il protocollo, ideato da Anatolij Čubajs, prevede che poi queste azioni torneranno in mano pubblica al saldo del debito con gli interessi. Come per la prima ondata di privatizzazione nulla tornerà allo Stato, e Chodorkovskij mette le mani sul boccone più ghiotto, la società petrolifera Jukos, la seconda per capitalizzazione e la prima per riserve petrolifere di tutta la Russia. Un gioiello dalle grandi potenzialità, capace di produrre oltre 33 milioni di tonnellate di greggio all'anno e con riserve pari a 12,2 miliardi di barili.

L'8 dicembre 1995 la banca Menatep ottiene il 45 per cento delle azioni della compagnia pagandole appena 159 milioni di dollari, 9 in più della base d'asta, il 55 per cento restava in mani pubbliche. Con operazioni compiacenti e oliando gli opportuni meccanismi, Chodorkovskij ottenne un altro 33 per cento, assumendo il controllo della società. Ora Michail Borisovič è fra gli uomini più ricchi al mondo e lo diventerà ancor di più quando il prezzo del petrolio torna a salire. La sua compagnia produce tanto greggio quanto l'intera Libia.

Tanto nella gestione degli affari petroliferi quanto nelle precedenti acquisizioni, Chodorkovskij, come gli altri oligarchi, non disdegna l'adozione di metodi violenti. La stampa russa pubblicherà un dettagliato elenco di azioni intimidatorie riconducibili ai suoi uomini. In particolare, Alekseij Pichugin, responsabile della sicurezza, sarà arrestato e accusato dell'omicidio di personaggi scomodi alla compagnia, quindi condannato a venti anni di carcere.

Quando Putin conquista la presidenza, Chodorkovskij, diversamente da Berezovskij e da Gusinskij non ha mezzi d'informazione ma è smodatamente ricco e può tutto. Inoltre, rispetto agli altri oligarchi è di molto più giovane. Nato nel 1963, all'epoca ha meno di quarant'anni.

Putin lo teme, teme i suoi soldi e la sua ambizione perché Michail Borisovič va dicendo in giro, nei salotti di Mosca, che potrebbe candidarsi alla carica presidenziale e fondare un partito. Ma anche Chodorkovskij ha paura dell'ex agente del KGB, ora al vertice dello Stato, perché sa bene che non solo non può contare più sulle connivenze di prima al Cremlino, ma che Putin intende riportare le ricchezze petrolifere della Russia nelle mani pubbliche per finanziare la ripresa economica e superare lo sfascio dello Stato.

Il primo segnale che il petroliere riceve è l'apertura di un'indagine fiscale sulle sue società. Per come andavano le cose nell'era Eltsin sarebbe stato un miracolo trovare una situazione di regolarità. Le leggi tributarie c'erano e anche molto minuziose ma erano carta straccia, puntualmente violate. Quando i due si incontrano in un simposio, al Cremlino, per il quale il governo aveva convocato tutti i principali imprenditori russi, Putin lamenta che le aziende petrolifere pubbliche non hanno sufficienti riserve in quanto le aree più dotate sono nelle mani dei privati. Dal podio guarda Chodorkovskij e gli fa: «Come ha fatto la sua società ad accumulare tante riserve? State risolvendo i vari contenziosi con il fisco?».[15]

Molti amici consigliarono a Michail Borisovič di trattare e vendere allo Stato e poi incamminarsi anche lui verso un autoesilio dorato, magari in Svizzera, paese dove aveva già accumulato ricchezze. Ma lui decise di raccogliere il guanto di sfida.

In realtà, aveva già promosso, attraverso la Jukos, la nascita della Open Russia Foundation (*Otkrjtaja Rossija*). Nel programma dell'organizzazione viene enunciato come punto chiave «lo sviluppo del potenziale intellettuale del popolo russo e il rafforzamento della società civile». Per la sua organizzazione vengono spesi oltre 20 milioni di dollari e viene finanziata una capillare ramificazione in tutte le regioni della Russia. Si elaborano programmi e si mettono a punto tecniche di marketing politico. In pubblico, sollecitato dalle domande dei giornalisti, Chodorkovskij nega che stia fondando un nuovo partito politico, in verità gioca sugli equivoci perché poi aggiunge che lo «scopo della fondazione è supportare i partiti democratici».

Nell'aprile 2003 c'è un altro incontro a tu per tu con Putin, che gli intima di troncare i finanziamenti ai partiti (ne verrà fuori uno consistente al Partito comunista), ma l'oligarca petroliere non assume impegni in tal senso.

Lo scontro con il Cremlino ormai è irreversibile. Un elemento ulteriore interviene a inasprire i rapporti: Chodorkovskij intavola trattative con gli americani di Exxon-Mobil e Chevron, due delle più grandi compagnie petrolifere al mondo, per cedere prima una consistente quota di minoranza, poi l'intero pacchetto di controllo della sua società. Alla luce del nuovo corso russo orientato a un nazionalismo economico e a quella che Putin definisce la «riappropriazione delle risorse», questa trattativa suona come un'altra pericolosa sfida.

Nel luglio 2003 viene arrestato il presidente della banca Menatep, Platon Lebedev, poi tocca al capo della sicurezza della Jukos. Gli amici suggeriscono a Michail Borisovič di espatriare, cosa che fa con rapidità il suo socio Leonid Nevzlin, che si trasferisce in Israele. Lui, invece, non ascoltando neanche i suggerimenti che gli fa pervenire segretamente il primo ministro Michail Michajlovič Kas'janov, col quale aveva buoni rapporti, decide di rilanciare e inizia una serie di conferenze, alcune anche ai militari.

Dopo poco, il 25 ottobre, la procura generale ordina l'arresto di Michail Borisovič Chodorkovskij con le accuse di evasione fiscale e frode. La cattura, non priva di clamore mediatico, viene eseguita da un commando di teste di cuoio sulla pista dell'aeroporto di Novosibirsk, dove il petroliere era giunto con il suo aereo privato, protetto da otto guardie del corpo. «A Chodorkovskij venne concesso abbastanza tempo per scegliere l'esilio, come altri suoi colleghi. Lui restò e si fece arrestare, forse non credendo fino all'ultimo che il Cremlino si sarebbe spinto a tanto» scriverà su «La Stampa» Anna Zafesova.[16]

Il super oligarca finisce prima nel carcere moscovita di Matrosskaja Tišinà poi in un campo di prigionia in Siberia. Nel 2005 Chodorkovskij sarà condannato a nove anni e successivamente subirà un'ulteriore condanna a sette anni, poi ridotta a quattro, per appropriazione indebita e riciclaggio di denaro. Sulla regolarità del processo e sulla sua strumentalità politica la stampa internazionale ha colto molte ombre, alcune sicuramente giustificate. Nondimeno, più di un'ombra presentano le modalità con cui l'imputato aveva costruito il suo impero petrolifero.

A seguito del processo, la Jukos sarà smembrata e i suoi ricchi asset saranno messi all'asta.[17] In particolare la Juganskneftegaz, l'elemento più pregiato (petrolio siberiano), finirà alla Bajkal Finansgroup per 9,348 miliardi di dollari, per poi passare al colosso Rosneft, controllato dallo Stato.

Il resto è cronaca recente. Nel 2013, dopo nove anni di carcere, Chodorkovskij è stato graziato da Putin. Era stato lo stesso Chodorkovskij a invocare il provvedimento di clemenza. Tornato a essere un normale cittadino, si è trasferito prima in Germania, poi ha ottenuto il permesso di soggiorno nel cantone del San Gallo in Svizzera. Poco prima della liberazione, in una lunga intervista rilasciata al «Financial Times» ha escluso ogni ritorno alla politica.

Chi, degli oligarchi, è riuscito a sopravvivere con una certa tranquillità è stato Roman Arkad'evič Abramovič. La sua è una storia simile a quella degli altri, partito da zero, con la penalizzazione di essere, di fatto, un orfano, avendo perso la madre a 18 mesi e il padre a 4 anni. Da giovanissimo, garzone di un negozio di giocattoli ma intelligentissimo e con una vocazione innata agli affari. Capisce che la Cina, in uscita dal maoismo, sta diventando una grande fabbrica manifatturiera e avrà bisogno sempre più di energia. Inizia a operare nell'import-export di prodotti petroliferi con la società Runicom. Racconterà di essere stato «al momento giusto nel posto giusto».

Partecipa anche lui alla grande svendita di Stato, voluta da Eltsin, e acquista nel 1995 la Sibneft, gigante petrolifero ricco di riserve, pagandola 100 milioni di dollari, cifra bassissima, tenuto conto delle potenzialità e dei valori interni della società. Anni dopo, dichiarerà alla Suprema Corte di Londra che «l'asta era truccata».[18]

È in quegli anni in affari e fraterna amicizia con Boris Berezovskij, che lo introduce al Cremlino e all'amicizia con la figlia di Eltsin, Tatjana. Anche lui è tra i finanziatori della campagna elettorale presidenziale di Eltsin. I due, poi, romperanno clamorosamente e finiranno in tribunale in Gran Bretagna.

Dopo l'ascesa di Putin, Abramovič si dimostra il più avveduto degli oligarchi. Comprende subito dove gira il vento e nel 2005 vende Sibneft, all'epoca la quinta compagnia petrolifera russa, al colosso statale Gazprom per la strabiliante cifra di 13,09 miliardi di dollari e cede anche la sua quota di Rusal a Deripaska per altri 2 miliardi. Si trasferisce a Londra e acquista la squadra calcistica inglese del Chelsea Football Club, compagine della Premier League e tra le più famose al mondo. Non solo un vezzo da miliardario ma un «gioiello» che gli concede grande evidenza mediatica e – secondo alcuni – lo mette al riparo da brutte sorprese. Abramovič, del resto, non è un esiliato, è stato a lungo governatore della Čukotka, nella Siberia nord-orientale e deputato della

Duma della stessa regione. Ha buoni rapporti con Putin ma finanzia anche importanti organizzazioni ebraiche.

Dunque, lo Stato russo si è rimpossessato delle risorse energetiche, una scelta di Putin – che ne ha fatta una battaglia di «sovranità» – sostenuta dall'opinione pubblica. La sola Gazprom ha ora il controllo del 25 per cento della produzione energetica nazionale. La produzione petrolifera alla fine degli anni Novanta era scesa a 6 milioni di barili al giorno, la metà di quella dell'epoca sovietica, nonostante le nuove tecnologie e la scoperta di ricchi nuovi giacimenti.

Interessante leggere quanto scrive al riguardo l'ex ambasciatore italiano a Mosca, Sergio Romano: «La maggioranza dei russi, tuttavia, riconosce a Putin il merito di avere messo fine alla guerra di bande che scoppiò nelle città russe, verso la metà degli anni Novanta, fra le milizie e le guardie del corpo con cui parecchi uomini d'affari proteggevano se stessi o eliminavano i loro avversari... Il governo non sarebbe riuscito a raddoppiare il reddito delle fasce più povere della società se non avesse strappato agli oligarchi e alle aziende straniere, negli scorsi anni, il controllo pressoché totale del petrolio e del gas. E non sarebbe riuscito a creare un Fondo di stabilizzazione che custodiva, prima della crisi, 107 miliardi di euro».[19]

Un punto sul quale si esprime con chiarezza anche l'ex direttore del Tg1 Demetrio Volcic: «Il rafforzato controllo che Putin cerca di esercitare sui gruppi in lotta costringe i nuovi pescecani a ridimensionare i metodi del primo periodo di totale anarchia miliardaria e a utilizzare metodi più vicini a quelli delle società occidentali».[20]

XIII

LA RUSSIA DI PUTIN

Mare di Barents

«Ore 13.15, sto scrivendo al buio, qui dentro siamo ancora in 23. Tutto l'organico del sesto, settimo e ottavo compartimento è passato al nono. Abbiamo preso la decisione a seguito dell'incidente. Nessuno di noi riesce a salire su.»

Sono le frasi stringate che il capitano Dmitrij Kolesnikov, responsabile delle turbine del settimo settore del sottomarino K-141 *Kursk* scrive il 12 agosto 2000, appena dopo le due esplosioni di un siluro difettoso che ha innescato una reazione a catena. La seconda esplosione è stata tremenda, ha avuto un'intensità pari a quella di un terremoto di grado 4,4 della scala Richter, avvertita dai sismografi norvegesi.

Il *Kursk*, nome che diventerà familiare alle cronache mondiali dei giorni seguenti, è un sottomarino a propulsione nucleare dei più moderni della flotta russa del Mare del Nord. È entrato in servizio appena cinque anni prima, nel 1995, è lì nel Mare di Barents per partecipare a un'esercitazione navale della Marina russa. Il suo compito è lanciare siluri a salve contro l'incrociatore nucleare *Pjotr Velikij* (Pietro il Grande), della classe Kirov. Ma qualcosa va tragicamente storto perché un siluro esplode in plancia al sommergibile. Il capitano Kolesnikov dopo due ore scrive ancora: «Ore 15.45. Qui è troppo buio per scrivere, ma ci proverò a tentoni. A quanto pare non ci sono possibilità di salvarsi.

Forse solo dal 10 al 20 per cento. Speriamo che almeno qualcuno leggerà queste parole. Qui ci sono gli elenchi degli effettivi che adesso si trovano nella nona sezione e tenteranno di uscire. Saluto tutti, non dovete disperarvi». Il resto della lettera è destinato alla moglie Olga con la quale si era sposato solo tre mesi prima.

La notizia dell'incidente diventa di pubblico dominio 48 ore dopo lo scoppio e solo il 16 agosto il capo di stato maggiore della flotta russa, Mikhail Motsak, annuncia che, forse, possono esserci dei superstiti intrappolati nello scafo adagiatosi sul fondale a 108 metri.

Il Mare di Barents è parte del Mar Glaciale Artico, a nord della Russia e della Norvegia, e proprio i norvegesi, insieme agli inglesi, si offrono di soccorrere il sommergibile, disponendo di attrezzature di avanguardia. In un primo momento i russi tentano di fare da soli ma con scarso successo. Non dispongono di mezzi adeguati e le condizioni meteo sono tremende, con venti a 70 chilometri all'ora che sferzano il mare in tempesta e la neve in arrivo. Falliti i tentativi della Marina russa, viene accettata la proposta di soccorso norvegese e britannica. Dal porto di Trondheim salpano le navi *Normand Pioneer* e *Seaway Eagle* che utilizzeranno il minisommergibile inglese LR5 giunto via aerea per unirsi alla spedizione. Il 19 agosto, a sette giorni dalle esplosioni, il batiscafo britannico, assistito dalla nave *Normand Pioneer*, riesce ad agganciare e aprire il portellone posteriore del *Kursk*, trovando i vani interni tutti allagati. Dopo varie ispezioni si conclude che non ci sono sopravvissuti, il bilancio della tragedia risulterà di 118 vittime.

L'intera vicenda, sin dalle prime battute, si presenta come un campionario di reticenze, mezze e false verità, omissioni, tutto in perfetto stile sovietico. Ben 48 ore per ammettere i fatti e oltre 15 ore per determinare l'esatta posizione del *Kursk* sul fondale marino. L'apparato militare mostra tutta la sua obsolescenza: lento, pachidermico, dove l'impegno preminente dei comandanti è nell'evitare accuratamente che le responsabilità possano ricadere su di sé, anche evitando di assumere decisioni che possano salvare vite. Pochi mesi prima della tragedia un sensazionale reportage della RAI aveva documentato il degrado della base navale strategica di Murmansk, dove tutto cade a pezzi. Il corrispondente del «New York Times» da Mosca scrive: «Più che essere una semplice tragedia condivisa, il disastro del *Kursk* ha fatto vacillare psicologicamente quelli che credevano che la Russia si potesse ancora vantare della sua eccellenza tecnologica, della sua capacità militare, del suo stato di potenza mondiale».

Putin è in vacanza a Sochi sul Mar Nero, è presidente da appena tre mesi e da meno di un anno ha responsabilità di governo. La stampa e le televisioni, ancora in mano agli oligarchi, riconducono a lui direttamente lo stato delle cose, l'impreparazione e lo sfascio. Gli si imputa, inoltre, la circostanza che è ancora in vacanza, il fatto che appaia in TV abbronzato. Presto l'intera vicenda diventa una partita politica, i canali televisivi di Gusinskij e Berezovskij trasmettono ore e ore di diretta, i giornali martellano sulle negligenze. Vladimir decide di raccogliere la sfida, va in diretta TV e dichiara: «Mi sento pienamente responsabile e colpevole per la tragedia del *Kursk*. Mi sono caricato la croce e la devo portare, anche se sono presidente da cento giorni».

Tuttavia Putin non ci sta a essere additato come responsabile di uno sfascio che ha, evidentemente, radici nella disgregazione post-sovietica. «C'è anche chi tenta di strumentalizzare la disgrazia per fini disonesti,» dichiara a muso duro «c'è chi cerca di sfruttare i fatti a fini politici, di capitalizzarci sopra negli interessi di qualche gruppo. Hanno ragione, invece, coloro che dicono che in prima fila nel mettersi a fianco dei marinai ci sono proprio coloro che per anni hanno contribuito allo sfascio dell'esercito, della Marina e dello Stato.» L'attacco è diretto agli oligarchi: «Farebbero invece meglio a vendere le loro ville sulle coste francesi o spagnole e, a quel punto, dovrebbero anche spiegare perché i loro beni immobili sono intestati a nomi o società di comodo. E noi potremmo chieder loro dove hanno preso i soldi».[1]

Qualche tempo dopo Putin ammetterà i suoi errori: «Probabilmente sarei dovuto tornare a Mosca, ma non sarebbe cambiato nulla. A Sochi avevo lo stesso livello di comunicazione che avevo a Mosca, ma dal punto di vista dell'immagine avrei dovuto mostrare l'impazienza di tornare». Possibile che anche nei suoi confronti gli ammiragli abbiano nascosto nelle prime ore la realtà, nel tentativo di poter tamponare la situazione da soli. Vladimir incontrerà i familiari delle vittime della tragedia in una sala di Vidjaevo, il colloquio durerà due ore e quaranta, all'inizio carico di tensione poi stemperato nella commozione.

Negli anni a seguire, sulla vicenda del *Kursk* si sono sviluppate diverse teorie, alcune a sfondo complottistico, come quella emersa nel 2005, secondo cui il sommergibile russo sarebbe stato colpito da un siluro lanciato da un sottomarino statunitense, lo USS *Memphis,* che stava coprendo la fuga di un altro sommergibile americano, lo USS *Toledo*, entrato in collisione proprio con l'unità russa. L'intera vicenda sarebbe stata tenuta segreta dopo il pagamento da parte di Washington di un mega risarcimento consistente nella cancellazione del debito della Russia verso gli USA. Teorie che non hanno mai avuto riscontri. Putin, invece, si impegnerà, anche contro le volontà dei militari che lo reputavano costoso e rischioso, al recupero dei corpi delle vittime.

Uno dei sintomi più evidenti della disgregazione dell'Unione Sovietica nei primi anni Novanta era stato l'abbandono a se stesso dell'apparato militare. La storia del *Kursk* diventa inevitabilmente la metafora di questa condizione di sfascio post-sovietico. L'inchiesta appurerà il peso dei tagli alla manutenzione e la cattiva conservazione dell'arsenale.

Le cronache raccontano della guarnigione di Kaliningrad citata in tribunale per non aver pagato i conti del fornitore del pane. La vita militare che una volta attirava i migliori laureati delle università viene vista come una degradazione mentre i giornali raccontano di centinaia di morti a causa della *dedovščina*, il nonnismo, che in Russia assume forme di grave violenza.

Con uno dei suoi primi decreti, Putin reintroduce l'addestramento obbligatorio per i riservisti, che era stato abolito dopo la ritirata dall'Afghanistan. Allo stesso modo, torna la pratica militare nelle scuole. Una materia, abolita all'epoca della *perestrojka*, che consisteva nell'imparare nozioni sommarie ma utili di tecnica militare e nel saper smontare, pulire e rimontare un mitra kalashnikov. A gennaio 2001, il primo ministro Kas'janov annuncia che le spese militari sarebbero state incrementate del 50 per cento: per la prima volta dal crollo dell'URSS si invertiva la tendenza.

Russia, nostra Patria sacra

«Russia, nostra Patria sacra / Russia nostro amato paese / Volontà possente e gloria grande / Sono la tua eredità per i tempi che verranno», sono i primi versi del nuovo testo dell'inno russo, elaborati sulla musica del vecchio inno sovietico. Il 30 dicembre 2000, a quasi un anno dall'inizio della sua presidenza, se si considera anche l'interim, Vladimir Putin firma il decreto che istituisce il nuovo inno. Sarà eseguito in TV al termine del tradizionale discorso di Capodanno del presidente russo, previsto per il giorno seguente. Da allora, sarà eseguito all'inizio e alla fine delle trasmissioni della radio statale, ma non della televisione pubblica.

A scrivere le parole è stato l'anziano poeta Sergej Vladimirovič Michalkov, 87 anni e padre dei noti registi Nikita Michalkov e Andrej Končalovskij, che di fatto riscrive per la terza volta il suo stesso testo, avendone redatta una prima versione in epoca staliniana, poi emendata durante la destalinizzazione. Questa volta la riscrittura è più radicale. Con ogni probabilità ci sono stati precisi input politici, tant'è che dalla nuova versione è radiato ogni accenno al comunismo e a Lenin, mentre si inneggia alla «Russia eterna» e alla «protezione di Dio». La musica è sempre quella composta nel 1944, sotto la dittatura di Stalin, dall'autore di marce militari Aleksandr Aleksandrov. Assieme all'inno viene definitivamente adottata la bandiera tricolore con tre bande orizzontali, la stessa che era stata utilizzata per il breve periodo intercorrente tra la rivoluzione borghese del febbraio del 1917 e quella bolscevica di ottobre, e l'aquila imperiale zarista.

Sono tasselli di un recupero della memoria che guarda all'eterna Russia, imperiale e cristiana, iniziata già con Eltsin, che aveva riabilitato i Romanov con la solenne inumazione dei loro resti a San Pietroburgo e la condanna, anche con atto formale, del loro assassinio per mano bolscevica a Ekaterinburg, nel 1918. L'«operazione inno» è una mediazione fra l'eredità zarista e quella sovietica, così come lo è la scelta della bandiera, perché se quella ufficiale è quella zarista, è pur vero che alle forze armate viene concesso di mantenere quella rossa, in ossequio alla vittoria ottenuta nella Seconda guerra mondiale. «Se pensiamo che i simboli delle epoche precedenti, inclusa l'era sovietica, non debbano essere affatto usati, allora dovremo ammettere che le esistenze dei nostri genitori siano state inutili e senza significato, che essi abbiano vissuto invano» replica Putin ai riformisti che storcono il naso, mentre così si «superano i contrasti tra passato e presente» e «possiamo accompagnare il paese verso il terzo millennio».

Tutto ciò non significa affatto un ritorno alla visione sovietica e leninista. Nel 2007 Putin acconsente a che venga istituita la «giornata alla memoria delle vittime delle repressioni politiche». Le celebrazioni solenni, a cui Putin partecipa insieme al patriarca Aleksij II, si tengono nel luogo dove, fra il 1937 e il 1938, Stalin fece fucilare e seppellire oltre ventimila persone. «Furono sterminate milioni di persone,» proclama Vladimir «erano la luce della nazione. C'è molto da fare perché questa tragedia non si dimentichi mai.» C'è un'affermazione che, meglio di ogni altra, condensa la sua prospettiva di revisione storica rispetto all'Unione Sovietica, ed è quella che apre il libro di Emmanuel Carrère, *Limonov*. Chi ha pronunciato quelle parole è proprio Putin: «Chi vuole restaurare il comunismo è senza cervello. Chi non lo rimpiange è senza cuore». Non è una dimostrazione palese di nostalgia ideologica ma, piuttosto, la necessità di inglobare tutta la storia russa, dagli zar, alla religione ortodossa, alla Rivoluzione d'Ottobre. Con la caduta del comunismo l'*intelligencija* riformista elabora la visione secondo cui l'autodistruzione dell'Unione Sovietica è stato un momento di redenzione rispetto a un passato criminale. Putin non esalta l'URSS ma avverte che «il disfacimento dell'Unione Sovietica è stato una tragedia e i cittadini non ci hanno guadagnato nulla».

L'equilibrio tra post-zarismo e post-sovietismo, è giocato in pesi e contrappesi. La festa nazionale, che per decenni cadeva il 7 novembre, data dell'insurrezione bolscevica a Pietrogrado nel 1917, viene spostata al 4 novembre, per decisione personale di Putin, per ricordare la cacciata delle milizie polacche con una rivolta popolare che pose le premesse per l'ascesa dei Romanov e avvenne, appunto, il giorno 4 novembre del 1612.

Un passaggio significativo di questa posizione è la riappropriazione del culto della vittoria nella Seconda guerra mondiale, che non fu una vittoria «comunista» ma la vittoria «patriottica» russa in una guerra contro il nazismo, iniziata nel 1941 e non nel 1939, come nel resto d'Europa. Insieme al cristianesimo, la celebrazione della vittoria è un momento unitario della memoria collettiva. La riflessione sulla «grande guerra patriottica» è un passaggio forte del processo di rinazionalizzazione del passato operato nella stagione di Putin, culminato con la grande celebrazione del 70° anniversario, avvenuta nel maggio 2015. In quell'occasione, il presidente ha abbandonato a sorpresa la postazione delle autorità per «mischiarsi alla folla» con in mano la foto del padre combattente e partecipare, come gli altri cittadini presenti, alla sfilata del «reggimento degli immortali», una manifestazione diffusasi negli ultimi anni, che vede cittadini comuni sfilare con l'immagine di un parente che ha combattuto, un'iniziativa che ha avuto origine «nei cuori della nostra gente piuttosto che negli uffici del governo», dirà.

È senz'altro interessante valutare i risultati di un'indagine che rileva come alla domanda «Preferireste vivere in un paese molto grande rispettato e temuto dagli altri paesi, o in un paese piccolo, prospero e innocuo?», nel 2000, il 63 per cento dei russi ha scelto la prima opzione e solo il 27 per cento la seconda, mentre nel 2008, rifatta la stessa domanda, il 75 per cento è per il paese grande e temuto ed è scesa al 19 per cento la preferenza per il piccolo e prospero. Allo stesso modo, tra le ipotesi di «vivere in un paese che difende attivamente la propria cultura e le proprie tradizioni da ogni influenza esterna» e in un «paese aperto al mondo contemporaneo e alle sue influenze», la stragrande maggioranza era per la prima ipotesi.[2]

«La politica patriottica putiniana è interamente ascrivibile a un conservatorismo nazionalista» osserverà il filosofo Gennaro Malgieri. Non a caso, dalla parte di Putin si schiera l'intellettuale che è ritenuto un monumento vivente per tutti i russi, Aleksandr Isaevič Solženicyn, la più alta autorità, un'icona morale, come lo definiscono i giornali. Il 13 dicembre 2000, dopo un lungo silenzio, il Premio Nobel parla all'ambasciata di Francia dove riceve un'onoreficenza: «Quando dicono che da noi è minacciata la libertà di stampa, io manifesto tutto il mio dissenso». Molto più di chiunque altro è abilitato a parlare su questo tema perché in nome della libertà di stampa e di parola ha subito immani persecuzioni, trascorrendo lunghi anni nei gulag sovietici, dove a un certo punto gli fu anche vietato di scrivere. «La stampa da noi è totalmente libera, l'unico limite è che è diretta da interessi finanziari che cercano di condizionarla.» A Solženicyn viene anche chiesto un punto di vista sulla guerra in Cecenia, la sua posizione è netta: «Non è stato Putin a riaprire le ostilità contro i secessionisti ma esattamente il contrario, sono stati i guerriglieri ad attaccare per primi il Daghestan e a minacciare la regione russa di Stavropol. La Russia non può rinunciare alla Cecenia poiché la sua indipendenza scatenerebbe una reazione a catena che porterebbe la Russia a lasciare tutto il Caucaso settentrionale a maggioranza musulmana».[3]

Al ritorno dal lungo esilio negli Stati Uniti, nei primi anni Novanta, quando gli era stata restituita la cittadinanza russa, toltagli dal regime comunista, Solženicyn scrive un libretto-manifesto *Come ricostruire la nostra Russia? Considerazioni possibili*, un'analisi impietosa delle macerie del comunismo pubblicata in molte lingue in tutto il mondo. «L'orologio del comunismo ha cessato di marciare. Ma il suo edificio di cemento non è ancora crollato. E che noi piuttosto che liberati non si finisca schiacciati dalle sue macerie,» scrive lo scrittore «milioni di persone sono prive di alloggio e l'illegalità e l'arbitrio hanno permeato ogni angolo più remoto del paese. A una sola cosa ci appigliamo: che non ci si privi della possibilità di abbandonarci alla più sfrenata ubriachezza.» Il disastro, oltre che morale, è materiale: «Coi rifiuti di un'industria primordiale abbiamo insozzato i dintorni delle città, contaminato fiumi, laghi, risorse ittiche, e oggi dilapidiamo le risorse di acqua, aria, terra, con l'aggiunta della morte atomica, acquistando dall'Occidente le sue scorie radioattive».[4]

Il manifesto dello scrittore attira le critiche di Gorbačëv, che definisce Solženicyn un nostalgico della «Russia monarchica e zarista, una Russia che non c'è più», ma sarà la base politica che si riconosce in Putin a rilanciarne più volte i contenuti, a partire dal richiamo alla religiosità.

Nel 2005, intervenendo all'Assemblea federale russa, Putin, con riferimento agli anni trascorsi, dichiara: «Il risparmio dei cittadini si è svalutato, i vecchi ideali sono stati distrutti, molte istituzioni disperse o riformate alla rinfusa. L'integrità del paese è stata percossa da interventi terroristici e dalla capitolazione che seguì Chasavjurt [riferimento al riconoscimento che Eltsin concesse in questa città dopo la sconfitta nella prima guerra cecena, *NdR*.]. I gruppi di oligarchi che avevano acquistato un potere senza limiti nei flussi di informazione non servivano che i loro interessi corporativi. Si era accettata come "norma" la miseria di massa».[5]

Solženicyn non può non apprezzare la politica dell'integrità territoriale contro le spinte centrifughe, la fine del capitalismo dei gangster, la riaffermazione dello Stato; e Putin non può non ammirare il richiamo all'identità culturale della Russia religiosa e millenaria. Il sentimento nazionale torna a essere fonte di legittimazione politica.

Nell'agosto 2001, Vladimir, in compagnia di tutta la famiglia, decide di dedicare una settimana a una «vacanza spirituale», alla visita, cioè, dei quattro luoghi simbolo del cristianesimo russo, situati tutti nel grande Nord del paese. Comincia con il monastero delle isole Solovki, nel Mar Bianco, luogo che assume anche un ulteriore e importante significato perché in epoca stalinista era stato trasformato nel primo gulag sovietico; poi si reca al monastero Iverskij, tra i fitti boschi, attorno al lago Valdai, nella regione di Novgorod.

A ogni tappa compie i riti del buon ortodosso: bacia, in segno di devozione, le icone con le immagini della Vergine, partecipa attivamente alle messe, si intrattiene con il clero locale. Ma coglie anche l'occasione per tornare a lanciare un messaggio politico: «I russi devono riscoprire l'origine cristiana del paese, fonte di ispirazione per questo periodo di transizione post-ideologica e di ricerca di nuove basi morali dell'esistenza. La nostra religione è l'essenza delle tradizioni russe, senza connotati sciovinisti».[6]

Dopo pochi giorni questo patto tra Stato e Chiesa troverà un altro momento simbolico. Viene canonizzato l'ammiraglio zarista Fëdor Ušakov, che sotto l'imperatrice Caterina II aveva guidato la flotta russa contro i turchi. Il processo di canonizzazione, quasi completato alla vigilia della Rivoluzione del 1917, era stato poi accantonato per ordine dei bolscevichi. Tutto avviene con una maestosa cerimonia, la bara viene dissotterrata e portata in chiesa. Putin ne esalta la figura nei discorsi ufficiali. Vissuto tra il 1745 e il 1817, religioso e sobrio, Ušakov era la figura ideale per coniugare nazionalismo, identità religiosa e la politica di contenimento dell'Islam.

Tichon Ševkunov, abate del convento Retenskij, archimandrita ritenuto molto vicino a Putin, autore del libro diventato un best-seller in Russia *Santi non santi*, è il teorico della «terza Roma in Russia», suggestiva proposizione storica per la quale Bisanzio sarebbe crollata in mani musulmane per la corruzione e il tradimento dell'Occidente e quindi il suo spirito sarebbe rinato nella Russia ortodossa. Una visione che ha palesemente influenzato l'ultimo corso di Putin, deciso a difendere, a Mosca, quei valori della tradizione che l'Occidente sembra aver abbandonato.

In questa prospettiva, è sorprendente ma coerente con Putin anche la rilettura della Prima guerra mondiale e degli eventi che seguirono. Nell'ospedale Rostov-sul-Don è stata autorizzata, nel

2012, la costruzione di una lapide in ricordo del generale Mikhail Drozdovskij, uno dei più famosi comandanti dei «Bianchi», le truppe fedeli allo zar che si contrapposero all'Armata Rossa durante la guerra civile. Con lui l'ammiraglio Kolčak, i generali Denikin e Denisov, nomi per decenni impronunciabili, se non per additarli come traditori.

Vladimir Putin ha auspicato una diversa lettura della Prima guerra mondiale e della guerra civile fra «bianchi» e «rossi», che non divida più tra buoni e cattivi. «La Grande Guerra» ha ripetuto «è stata cancellata per motivi ideologici e politici.»

Il recupero avviene attraverso la «Giornata della memoria» e la costruzione di una lapide ai caduti del 1914-18 sulla «Collina degli Inchini» di Mosca, luogo simbolo dello scontro con Napoleone.

La fine dell'Unione Sovietica aveva gettato la Russia in una condizione di depressione materiale e psicologica. La prospettiva indicata dai riformisti, all'indomani della fine del comunismo, era quella di un sistema politico democratico e di un'economia di mercato che avrebbero creato una sorta di «America slava». La popolarità che Putin incontra sin dai primi anni di governo si basa soprattutto sulla sua capacità di incrociare i sentimenti diffusi del popolo russo, quelli sedimentati nel profondo della coscienza collettiva, a partire dal riconoscimento della necessità della «restaurazione dell'autorità della Russia come grande potenza».[7] Come hanno notato gli studiosi del Word Public Opinion, «Putin ha saputo capire bene il suo pubblico».[8]

Una ricchezza mai vista

«Mega» non è un nome che eccelle per originalità ma rende bene l'idea. È l'ultimo arrivato e il più grande degli ipermercati di Mosca e di tutta l'Europa dell'Est. Inaugurato ai primi di dicembre del 2002, sorge sui campi di un'azienda agricola dell'epoca sovietica, Kommunalka, che a sua volta aveva coperto le fosse comuni dove erano state gettate migliaia di persone fatte fucilare da Stalin. Ben 170mila metri quadrati di estensione, un parcheggio per

tremila auto, perennemente al completo, tre chilometri di negozi sfavillanti con dentro tutti i migliori marchi occidentali, undici
sale cinematografiche, piste di pattinaggio e altri due ipermercati
collegati, Auchan e Ikea. Non è l'unico gigantesco shopping center – attività impensabile sotto il comunismo –, ne spuntano come
funghi a Mosca, San Pietroburgo e nelle altre città.

Il ritorno delle ricchezze energetiche in mani pubbliche era stata la grande scommessa di Putin. E i fatti gli hanno dato ragione. Negli anni successivi al 2000, l'economia della Russia cresce
come non mai nella sua storia: del 10 per cento nel 2000, l'anno
di arrivo di Putin, del 5,7 per cento nel 2001, del 4,9 per cento nel
2002, del 7,3 per cento nel 2003, del 7,1 per cento nel 2004, del 6,4
per cento nel 2005, del 7,4 per cento nel 2006, dell'8,1 per cento
nel 2007, del 5,6 per cento nel 2008, poi subirà una drastica fre-
nata del -7,9 per cento nel 2009, come tutte le economie mondiali, per effetto della crisi conseguente al *credit crunch* americano.[9]

Il PIL, che nel 1999 era di 200 miliardi di dollari, nel 2007 è stimato dalla Banca Mondiale in 1260 miliardi di dollari e se nel 2000 la
Russia esprimeva appena lo 0,79 per cento del Pil mondiale, questo diventa il 2,79 per cento nel 2012. Sale, così, dall'essere la ven-
tesima economia del mondo alla settima posizione del pianeta.

Il grande economista John Maynard Keynes nel 1925 aveva
scritto: «Il sistema economico della Russia ha subìto tali rapidi
cambiamenti che sarebbe impossibile ottenere un conto preciso
e accurato di esso ... Quasi tutto ciò che si può dire per il paese
è vero e falso allo stesso tempo».

Ma che nel primo decennio del nuovo millennio sia arrivata la ricchezza è un fatto incontrovertibile, confermato in primo
luogo dalle cifre, nella loro oggettività.

Nei primi otto anni di presidenza Putin non solo il PIL è aumentato del 70 per cento ma la nuova ricchezza si è distribui-
ta perché il livello di vita dei russi è raddoppiato. Nel 1999 il 37
per cento della popolazione era a livello di povertà, questa quota risulta del 15 per cento dieci anni dopo.

La Russia riesce ad azzerare il suo debito sovrano, soprattutto con i paesi del Club di Parigi, scrollandosi quella che era stata una vera ipoteca, e accumula 402 miliardi di dollari di riserve in valuta estera (al marzo 2008). Nel 2007 il report di Goldman Sachs (*Growt Environment Score*) pone la Russia davanti alla Cina tra le economie emergenti, dal 140° posto del 1997 al 66° del 2007.

Si legge in un report imparziale: «A partire dal 2000, l'economia della Federazione russa ha intrapreso un sentiero di crescita stabile e sostenuta, ancora una volta trainata dal comparto petrolifero (più 6,5 per cento medio annuo): nel 2005 il Pil ha raggiunto quota 102 per cento del valore del 1990, mentre la produzione industriale quella del 73 per cento».[10]

Una misura importante è stata la riforma del sistema fiscale, pilotata dal ministro dell'Economia German Gref, in base alla quale una tassa progressiva sul reddito è stata sostituita con una *flat tax* del 13 per cento. La tassa sui salari è stata ridotta dal 40 al 26 per cento e l'imposta sui profitti delle imprese prima aumentata al 35 per cento, poi tagliata al 24. La riforma fiscale ha comportato un aumento del 25 per cento del gettito fiscale, soprattutto grazie all'emersione di attività nascoste.

Da caso disperato dell'economia globale, in questi anni la Russia è diventata un polo di attrazione per gli investitori stranieri. Secondo il rapporto delle Nazioni Unite sul commercio, dopo USA e Cina, ha guadagnato la terza posizione per attrazione dei capitali. Nel 2013 gli investimenti sono cresciuti dell'83 per cento fino a 170.180 milioni di dollari (+10,1 per cento) rispetto al 2012.[11]

Un'altra svolta economica, per certi versi storica, si registra nell'estate del 2001: quando l'istituto di statistica segnala che si è avuto un eccezionale raccolto di grano. Al di là dei benefici reali, sancisce la fine di un paradosso umiliante, quello di un paese dalle grandi risorse agricole (il 9 per cento delle terre arabili del pianeta) che in epoca sovietica, per decenni, aveva dovuto importare grano da Stati Uniti e Canada.

A migliorare è soprattutto il benessere quotidiano dei cittadini, che per la prima volta nella loro lunga storia accedono a beni di consumo e a una qualità della vita che ha quasi standard occidentali. I salari mediamente raddoppiano, la disoccupazione passa dal 10 al 7 per cento, le nascite sono aumentate del 40 per cento, i decessi diminuiti del 10, la mortalità infantile diminuita del 30 per cento, la durata della vita media aumentata di 5 anni. Connessi alla condizione economica sono anche altri straordinari risultati, decisivi per la qualità della vita collettiva: la criminalità è diminuita del 10 per cento, gli omicidi sono crollati del 50 per cento, i suicidi del 40 per cento e la grande piaga sociale dell'alcolismo è scesa del 60 per cento.[12]

I russi scoprono i beni di consumo: le auto, gli elettrodomestici, i telefoni, i computer. A beneficiare del nuovo contesto non sono solo gli oligarchi, come era avvenuto nella stagione di Eltsin – quando erano emersi i ricchi legati al grande business del petrolio e del gas –, ma una fascia diffusa della popolazione perché il miracolo economico degli anni di Putin è stato anche la crescita di una classe media russa e non solo nelle metropoli. La riviera romagnola, le coste della Spagna, la Calabria, le isole della Grecia sono diventate i luoghi di approdo priviliegiati del primo turismo di massa russo.

Oltre le cifre, che pure dicono molto, valgono le impressioni concrete che ciascun occidentale ha potuto percepire negli ultimi anni. Fino agli anni Novanta dai racconti di chi aveva visitato l'URSS emergeva l'immagine del russo in fila davanti al supermercato di regime con gli scaffali vuoti, la penuria, le donne a caccia disperata di un qualche prodotto occidentale. Da tempo si è diffusa invece la percezione del moderno cittadino russo, magari un po' parvenu, che diventa turista di lusso globale, addirittura vorace nello shopping.

Le città di Mosca e San Pietroburgo erano sporche, fatiscenti, grigie, di notte perennemente senza luce, con ristoranti che servivano, male, un cibo degno di un rancio da carcerati; in dieci anni sono diventate metropoli luccicanti, percorse da vetture tedesche e giapponesi, con esclusivi sobborghi come Rublëvka e strade dello shopping come Tverskaja.

Non c'è dubbio che il «miracolo economico russo» abbia tratto un immenso beneficio dagli alti prezzi del petrolio dei primi anni Duemila, ma è anche incontrovertibile che ci sia stata una migliore e più collettiva gestione di queste risorse rispetto al passato. L'URSS aveva lasciato le infrastrutture (strade, aeroporti, ospedali, ferrovie ecc.) in una condizione di arretratezza colossale. Con il nuovo corso, una parte consistente dei proventi delle risorse energetiche entra a far parte di un fondo per gli investimenti che concorre ad ammodernare il fatiscente sistema delle infrastrutture, il Fondo di Benessere Nazionale (*National Welfare Fund*) – che ammonta a 2700 miliardi di rubli (oltre 56 miliardi di euro, pari al 3,6 per cento del PIL). Nasce la «modernizastya», per la quale, come scrive la Banca d'Italia, «gli investimenti in infrastrutture sono tornati al centro dell'agenda governativa in Russia, come volano di rilancio della crescita economica».[13] Nel 2009 è stata costituita la *Russian Highways State Company* (Avtodor), una società statale per l'ammodernamento della rete autostradale mentre una quota significativa degli stanziamenti pubblici (quasi 600 miliardi di rubli, pari a oltre l'8 per cento del totale) è stata indirizzata al miglioramento della rete ferroviaria obsolescente, priva di investimenti da lunghi anni. Per il 2030 la *Russian Railways*, la società pubblica che gestisce la rete ferroviaria (terza compagnia ferroviaria nel mondo) ha in programma ampliamenti sensibili della rete, dagli attuali 85.000 km fino a circa 100/110.000 km.[14]

La Russia, pur degradata dalla lunga stagione del comunismo, aveva sempre vantato, storicamente, un'eccellenza nel campo della ricerca scientifica. Gli studiosi della grande scuola matematica di Mosca, dai grandi Pavel Aleksandrovič Florenskij, Dmitrij Fëdorovič Egorov, Nikolaj Nikolaevič Luzin, Andrej Nikolaevič Kolmogorov, a tanti altri, erano stati fondamentali e famosi per lo sviluppo globale di questa disciplina, come i fisici, Premi Nobel, Pavel Alekseevič Čerenkov, Il'ja Michajlovič Frank e Igor' Evgen'evič Tamm, Pëtr Leonidovič Kapica (il padre della bomba atomica russa). L'ultima stagione dell'Unione Sovietica aveva significato, nel disastro generale, anche la perdita della capacità di coltivare questa tradizione accademica e soprattutto di poterne trarre benefici in termini di innovazione tecnologica. La ripresa economica, dopo il 2000, invece, ha comportato anche su questo versante una nuova attività e se la Russia non può dirsi certo al livello della tecnologia americana e di alcune eccellenze europee, ha certamente riattivato il circuito della ricerca scientifica.

In tutto il mondo, l'organizzazione di grandi eventi sportivi è stata cercata e interpretata come un'utile vetrina internazionale per celebrare una fase di deciso rinnovamento sociale ed economico. Fu così per le Olimpiadi di Roma del 1960, che coronarono il miracolo economico italiano, seguite da quelle di Tokyo, che segnarono la ripresa del Giappone dopo una rovinosa guerra, e ancora le Olimpiadi di Los Angeles, celebrazione dei successi californiani, quelle di Barcellona o quelle di Londra, affermazione della nuova capitale della finanza globale. Lo sono state le Olimpiadi invernali di Sochi, con l'investimento record di 51 miliardi di dollari.

Il consolidamento

Il primo giro di boa per Vladimir Putin sono le elezioni politiche per la Duma del 2003, a tre anni dalla sua ascesa alla presidenza. Il suo partito Russia Unita (*Edinaja Rossija*), nuova denominazione assunta dopo la fusione con quello di Primakov e Lužkov, diventa il primo partito con il 37 per cento dei voti. A questo risultato va aggiunto quello di un altro partito filo-Putin, Patria (*Rodina*), che ottiene il 9 per cento dei voti. Il Partito comunista (*Kommunističeskaja Partija Rossijskoj Federacii*), principale forza di opposizione, certamente la più radicata nel paese, subisce un drastico ridimensionamento, scendendo al 12,6 per cento e perdendo quella capacità di influenzare la Duma che aveva avuto negli anni Novanta. Migliora di poco il Partito liberaldemocratico (*Liberal'no-Demokratičeskaja Partija Rossii*) di Vladimir Žirinovskij, di fatto forza di estrema destra, che sale all'11,45 per cento. Vengono fortemente ridimensionati i partiti riformisti di ispirazione filo-occidentale come Jabloko di Grigorij Javlinskij e l'Unione delle Forze di Destra, che aveva avuto tra i suoi fondatori Anatolij Borisovič Čubajs e Boris Efimovič

Nemcov. Questi due partiti non raggiungono lo sbarramento del 5 per cento previsto per accedere alla distribuzione dei seggi proporzionali e ottengono solo 7 deputati nella quota maggioritaria.

L'11 settembre 2001, l'attacco terroristico di al-Qaeda alle Torri Gemelle di New York, aveva segnato un momento di forte ravvicinamento della politica di Putin con quella del presidente americano George W. Bush. I due si erano incontrati per la prima volta in Slovenia, nel castello di Brdo, nel mese di giugno. Dopo l'attacco, Vladimir era stato tra i primi a telefonare al presidente americano per esprimergli solidarietà a nome di tutto il popolo russo. Non era stato un dolore di facciata. Putin si era mostrato davvero commosso e ai giornali aveva dichiarato: «Capivo quel che provavano gli americani, stavo male come loro». C'era anche da registrare un rilevante dato politico: in tutte le dichiarazioni Volodja aveva insistito sul concetto di «lotta comune al terrorismo». Per il Cremlino, la tragedia di Manhattan aveva fatto finalmente capire agli americani che la guerra sporca in Cecenia era una necessità se si voleva scongiurare davvero la formazione di un Califfato del Caucaso. Nei mesi successivi Putin aveva sostenuto l'azione americana per invadere l'Afghanistan, dando un sostanziale via libera alla presenza dei militari americani in Tagikistan e Uzbekistan, nazioni ex URSS che, pur essendo Stati sovrani, avevano mantenuto un forte legame con Mosca. Lo stesso Putin era volato a Dušanbe, in Tagikistan, da dove aveva definito la risposta USA «misurata e adeguata», formalizzando il sostegno politico e militare alla cosiddetta Alleanza del Nord che raccoglieva le forze afghane anti-talebane. Di non poco conto la circostanza che, per sostenere Washington, Putin aveva sfidato i suoi stessi generali, contrari a che gli americani si insediassero in Afghanistan.

La conferma

Il 14 marzo 2004 Vladimir Putin viene rieletto presidente con un autentico plebiscito nazionale, conseguendo oltre il 71,9 per cento dei voti. Il secondo candidato, il comunista Nikolaj Kharitonov, è nettamente distanziato, al 13,8 per cento, come pure i candidati indipendenti Sergej Glazyev e la riformista Irina Mucuovna Chakamada, fermi rispettivamente al 4,1 per cento e 3,9 per cento. Malissimo il candidato liberaldemocratico dell'estrema destra Oleg Malyshkin, fermo al 2,0 per cento.

Per Putin è il pieno riconoscimento per la stabilità ottenuta, un dato che mostra che il suo consenso non dà segni di logoramento, a differenza di quanto era accaduto ad altri leader postsovietici, durati solo una stagione. Per molti analisti occidentali, invece, l'inequivocabile successo elettorale mostra che la Russia si sta avviando a essere una «democrazia controllata», formula che rimbalzerà molto sui media. A favore di Putin giocano alcuni fattori: il pugno di ferro attuato contro il terrorismo ceceno; l'oggettiva ripresa economica tramutatasi in maggiori benefici a settori sempre più ampi di popolazione; l'accorciarsi delle diseguaglianze sociali; lo smantellamento del potere degli oligarchi, percepito come azione moralizzatrice nei confronti di chi aveva rubato le risorse dello Stato; la ripresa del prestigio russo e di autonomia nella politica estera.

Nel 2005, in occasione del club Valdai, ai giornalisti occidentali che gli indicano una presunta svolta autoritaria, Putin risponde: «Il popolo russo è in ritardo, non può adeguarsi da un giorno all'altro alla democrazia come nei vostri paesi, ci vuole tempo, altrimenti gli effetti saranno destabilizzanti».[15]

Enzo Bettiza, raffinato conoscitore del mondo slavo, su «La Stampa» scrive: «È meglio cercare di capire quello che veramente bolle nella surriscaldata e sterminata pentola russa, piuttosto che fare la morale ai russi agitando il mestolo della democrazia perfetta... il gollismo moscovita che Putin si accinge a percorrere e strumentare per mezzo della Duma, magari fino al ritocco costituzionale, non tornerà più indietro ma non sarà mai la fotocopia delle sofisticate costruzioni liberali dell'Occidente».[16]

XIV

GUERRA E PACE

La guerra dentro casa

A Mosca, nell'ottobre 2002, quello spettacolo stava avendo grande successo. *Nord-Ost* era il primo musical in stile occidentale prodotto in Russia. Era stato tratto dal romanzo di Veniamin Kaverin *I due capitani* del 1939, e racconta la storia di Sanya, un ragazzo cresciuto nel mito degli esploratori che compivano spedizioni verso l'Artico agli inizi del Novecento. Ricorda vagamente quei musical americani che hanno per soggetto le avventure dei carovanieri che avanzavano verso le nuove frontiere del West.

Il teatro Dubrovka si trovava in quello che in epoca comunista era il Palazzo della Cultura, monumentale struttura in perfetto stile sovietico, dove il regime metteva in scena retoriche manifestazioni ufficiali, solitamente noiose. Dubrovka, che significa «bosco di querce», è il nome della stazione della linea metropolitana che corre nella zona sudorientale di Mosca.

I posti a disposizione erano fino a mille, ma gli organizzatori non sapevano mai con esattezza a quanto ammontasse il pubblico perché, accanto agli spettatori paganti, erano presenti alcune centinaia di persone che avevano ricevuto gratis il biglietto dall'amministrazione comunale, dall'università, dai sindacati e da altre istituzioni che ne gestivano pacchetti.

Il pubblico è vario, soprattutto giovani, studenti, lavoratori, coppie di fidanzati. Ma ci sono anche persone più mature, tante famiglie e ovviamente bambini. Sergej Nazarov è uno studente di 19 anni, la madre lo chiama «ragazzone» perché è molto alto. Aveva deciso da tempo di andare a vedere il musical, insieme alla fidanzata Katja. Giunto all'ingresso, si è accorto di avere dimenticato il biglietto. «Lo aveva lasciato a casa e forse questo era un segno del destino» racconterà poi la madre. Ma è corso a casa per prenderlo, scongiurando gli addetti del teatro di farlo entrare anche a spettacolo iniziato.

Il primo atto si conclude con grande soddisfazione per il pubblico, che applaude a più riprese. Sono le 21.56. All'improvviso, quando sta per iniziare il secondo atto, mentre tutti erano convinti che le luci in sala stessero per spegnersi, un gruppo di una trentina di persone irrompe in sala. Sono vestite tutte in nero, hanno vistose armi da guerra, soprattutto kalashnikov. Non tutti comprendono cosa stia succedendo, qualcuno pensa pure che faccia parte dello spettacolo. Quello che sembra il capo grida: «Siamo ceceni, non scherziamo, siamo in guerra!». E aggiunge, urlando ancora più forte: «Siamo qui per morire, non per vivere!». Tra i terroristi ci sono anche molte donne, vestite anch'esse di nero, con capo e volto coperti, in stile rigorosamente islamico. Traspare solo una striscia di volto, una piccola fessura all'altezza degli occhi. Sembrano tutte molto giovani, agili e determinate come gli uomini, in più hanno qualcosa di inquietante: portano addosso cinture imbottite di esplosivo plastico. Basta un clic per farsi saltare in aria.

Approfittando del parapiglia iniziale, alcuni ostaggi, quelli che erano andati alla toilette e quelli che capiscono subito la situazione, riescono a fuggire, circa altri 150 verranno liberati nelle prime ore del sequestro, soprattutto bambini, persone di nazionalità cecena e di religione musulmana. I sequestratori, nelle prime ore, consentono anche, a chi ha un telefono cellulare, di telefonare a familiari per comunicare quello che sta accadendo.

A guidare i terroristi ceceni è Movsar Barayev, nipote di un famoso capo guerrigliero, Arbi Alautdinovich Barayev, che nel 2001 era rimasto ucciso durante un conflitto a fuoco con le forze russe. È lui che grida i proclami: «Uccideremo dieci ostaggi per ogni nostro uomo ferito. Questa è un'azione suicida! Faremo saltare il teatro». Il sito www.chechen.org conferma che si tratta di un'azione suicida, mentre una rivendicazione dei guerriglieri giunge anche alla BBC.

L'edificio viene circondato dalla polizia e dalle forze speciali del gruppo Alpha, la segretissima unità creata sotto il KGB, poi passata all'FSB. Sul posto accorre il sindaco di Mosca, Jurij Lužkov, mentre Putin annulla la partenza per il Messico, dove era previsto un vertice con il presidente americano Bush. Rilascia anche una prima dichiarazione ufficiale: «Non c'è alcun dubbio che si tratta degli stessi criminali che per diversi anni hanno terrorizzato la Cecenia, seminando morte e distruzione, e adesso invece chiedono la cessazione delle ostilità».

Le prime richieste dei terroristi dimostrano che non vi sono tanti margini. Viene chiesto il ritiro dei soldati russi dalla Cecenia. «Anche a volerlo fare, e nessuno lo vuole fare, è una cosa che richiederebbe mesi, forse un anno» obietta Iosif Kobzon, uno dei due deputati ceceni, ma lealisti, che trattano dall'esterno. L'altra richiesta impossibile: gli attentatori chiedono la consegna del capo del governo filorusso Ahmad Kadyrov. In quel caso, sono disposti a rilasciare 50 ostaggi. Si fanno i conti. Nelle mani dei sequestratori dovrebbero essere rimaste circa 700 persone. Verrà liberato un altro gruppo di 150 persone, poi più nessuno. Dentro restano anche una ventina di occidentali che all'inizio sembrava dovessero essere liberati. Gli scampati raccontano che le fondamenta dell'edificio sono state tutte minate. Lo scenario è da incubo. Davanti al teatro giunge la giornalista Anna Politkovskaja, che riesce a far consegnare delle bottiglie d'acqua.

La mattina dopo si sparge la voce che sia stato ucciso un agente ma poi si capisce che i terroristi hanno fatto fuoco contro una donna che tentava di fuggire. Sulle prime la vicenda aveva ricordato il sequestro di ostaggi nell'ospedale russo di Budionnovsk, dove erano state fatte prigioniere un migliaio di persone, tra ammalati e personale, operazione che era stata condotta dal leader guerrigliero in persona Šamil Basaev e poi risolta miracolosamente grazie alla complessa e lunga trattativa condotta dall'allora premier Viktor Černomyrdin. Ma ora le cose sono decisamente più difficili. Barayev non è un politico, vuole solo vendetta, «o vittoria o paradiso», continua a urlare.

«La minaccia è reale» fa sapere Maria Shkolnikova, una nota cardiologa russa che si trovava allo spettacolo e che è diventata l'unico ostaggio autorizzato a parlare con l'esterno.

Il Consiglio di Sicurezza delle Nazioni Unite approva all'unanimità una risoluzione nella quale condanna «nei termini più forti possibili» il sequestro, definendolo «una minaccia alla pace e alla sicurezza internazionale». Inoltre intima al commando terroristico di rilasciare gli ostaggi «immediatamente e senza condizioni».

La Russia incassa la solidarietà internazionale ma gli spazi di manovra sono ridottissimi, quasi inesistenti. È evidente che Putin non può cedere all'unica vera richiesta dei terroristi: il ritiro dalla Cecenia. Il massimo che il Cremlino è disposto a concedere è un salvacondotto per i terroristi, ai quali, però, non sembra interessare affatto. L'emittente del Qatar Al-Jazeera manda in onda un video, senza chiarire come ne sia venuta in possesso. È una lunga dichiarazione di una delle donne cecene che si trova dentro il teatro Dubrovka. «Sono pronta a morire con gli infedeli presi in ostaggio. Non fa alcuna differenza per noi dove moriamo» dice la donna, che è interamente velata e ritratta dinanzi a uno striscione con la scritta «Dio è grande» in arabo.

Scrive Enzo Bettiza in un editoriale su «La Stampa»: «È il World Trade Center di Putin, questo teatro moscovita dove dalla scena allegra si è passati alla tragedia in platea, con un migliaio di vittime potenziali, circa un terzo rispetto a quelle incenerite dall'assalto di al-Qaeda alle Torri. I paragoni e le considerazioni che subito affollano la mente sono impressionanti».[1]

Già promettere il salvacondotto è uno sforzo enorme per il Cremlino. Significa dare l'impunità a chi ha attaccato cittadini russi inermi nel cuore di Mosca. Le trattative entrano in una situazione di stallo, il primo ministro ceceno, Akhmed Khalidovič

Zakayev, che è anche un noto attore specializzato nell'interpretare Shakespeare, lancia un appello ai terroristi affinché trattino con richieste più realistiche. Ma nella tarda sera del 25 ottobre due militari delle forze speciali vengono feriti da una granata lanciata dall'interno dell'edificio.

Alle 5.30 del mattino del giorno 26, all'interno del palazzo, gli ostaggi sono concentrati nella sala principale del teatro. Sono seduti, molti tentano di dormire nelle poltrone rosse, altri avvolti nei loro pensieri, stremati dai quasi tre giorni trascorsi in quelle condizioni. All'improvviso il capo dei terroristi, Movsar Barayev comincia a urlare, fa prelevare alcuni ostaggi, che vengono trascinati nei corridoi laterali della sala, poi si sentono colpi di arma da fuoco. I medici e paramedici che erano nelle ambulanze al di fuori della struttura diranno che era cominciata l'esecuzione dei sequestrati. Questo sarà un punto molto controverso nelle ricostruzioni successive. Scrive il quotidiano italiano «la Repubblica»: «Poco prima i guerriglieri ceceni, che da tre giorni erano asserragliati nell'edificio, avevano cominciato a eliminare alcuni degli ostaggi che tenevano nelle loro mani. Due civili vengono uccisi, un gruppo di prigionieri cerca di fuggire. Fuori, insieme alle raffiche di mitra e alle esplosioni, si diffonde la consapevolezza che il blitz non è più rimandabile».[2]

Le autorità avevano preso accordi che se i terroristi avessero cominciato a uccidere gli ostaggi sarebbe scattato il blitz, predisposto da almeno un giorno. E, infatti, prima viene spento il faro che illuminava l'ingresso principale del teatro, poi attraverso i condotti del sistema di condizionamento dell'aria si inizia a immettere un misterioso gas che ha il compito di tramortire i terroristi ma, fatalmente, anche gli ostaggi. Si scoprirà poi che si tratta del Fentanyl, un potente oppioide sintetico. Appena il gas ha sortito i suoi effetti inizia l'assalto vero e proprio, condotto da varie unità d'élite, il gruppo Alpha insieme agli uomini del SOBR (*Spetsial'nye Otryady Bystrogo Reagirovaniya*) del ministero dell'Interno. Gli incursori penetrano da varie parti, anche dal tetto e dalle fogne. I terroristi vengono tutti uccisi con armi di precisione, alla fine se ne conteranno 49. Fanno il giro del mondo le immagini che ritraggono le «dame del terrore» cecene, dopo essere state colpite: sembrano addormentate, una con la testa all'indietro e la bocca aperta, l'altra con il capo poggiato comodamente sullo schienale della poltrona, un'altra ancora china sul fianco, tutte con le cinture esplosive intatte. Erano state disseminate a distanza nella platea tra gli spettatori in modo da far esplodere tutto l'ambiente. Barayev, che non aveva cinture, viene rinvenuto con una bottiglia di cognac armeno in mano che stride con il suo rigore islamico, la testa china dopo che gli avevano sparato in fronte.

Muoiono anche molti ostaggi. Subito dopo l'irruzione si parla di 90, poi il conto sale. Alla fine la procura di Mosca ne confermerà 129. Gli ospedali di Mosca sono disseminati di feriti, tutti gli ostaggi sono intossicati, alcuni potranno tornare subito a casa, altri moriranno per i postumi dell'intossicazione.

La sera del 26 Putin parla ai russi in televisione. «Non abbiamo potuto salvare tutti» esordisce con decisione ma anche con sincera commozione. «Perdonateci. Abbiamo fatto quasi l'impossibile, salvare la vita di centinaia e centinaia di persone. Abbiamo dimostrato che non si può mettere in ginocchio la Russia. I terroristi non hanno futuro, noi sì.»

Due giorni dopo l'assalto e la liberazione degli ostaggi, però, lo scenario comincia a cambiare. Dagli ospedali si ha la conferma che il gas immesso è stato letale per un numero considerevole di ostaggi. Alcuni media sostengono che il blitz sarebbe stato deciso prima dell'inizio dell'esecuzione dei sequestrati, si evidenziano alcune incongruenze nella versione ufficiale, si critica il fatto che i medici non siano stati adeguatamente informati sulla sostanza adoperata. «Ottusità di un potere che ha voluto a tutti i costi mostrare i muscoli» dicono alcuni membri dell'opposizione.

Si muove l'ambasciata americana a Mosca, che vuole chiarimenti sulla sostanza utilizzata. Amnesty International chiede un'inchiesta internazionale. Critiche arrivano anche dai britannici e dai francesi. Contro il leader russo si agitano soprattutto alcuni media occidentali, come se il fatto dirimente fosse l'uso o meno del gas e non l'attacco terroristico. Dalla parte di Putin si schierano il premier italiano, Silvio Berlusconi, il cancelliere tedesco Gerhard Schröder e la Cina.

Esistevano alternative in quella condizione? A questa domanda i critici del blitz non hanno mai risposto. Olga Cerniak, giornalista dell'agenzia di stampa Interfax, che era tra gli ostaggi, conferma: «Avevano cominciato a giustiziarci». Tutte le ipotesi erano state valutate: un attacco senza l'uso dei gas era impossibile perché le donne cecene erano pronte a farsi saltare in aria. Oltre 600 ostaggi sono stati salvati, anche se la tragedia di tante vite perse non si è potuta evitare.

Londra

Il 19 ottobre 2003, il giornale inglese «Sunday Times» annuncia con grande clamore di avere portato alla luce un complotto per uccidere il presidente russo Vladimir Putin: il piano prevedeva che un tiratore scelto lo colpisse durante un viaggio all'estero. Il «Sunday» aggiunge che l'organizzatore chiave del complotto era un ex maggiore dei servizi segreti russi, che avrebbe cercato il sostegno finanziario e la complicità del miliardario russo Berezovskij, che dal 2001 vive a Londra. La notizia, molto secca, senza eccessivi commenti, viene ripresa da tutti i maggiori quotidiani mondiali. Si chiarisce che la polizia britannica ha proceduto all'arresto di due uomini, di 36 e 40 anni, che hanno cercato di entrare in contatto con il miliardario russo attraverso la mediazione di un altro ex ufficiale dei servizi segreti, prima KGB poi FSB, Alexsandr Litvinenko.

Il giornale britannico chiarisce che sarebbe stato proprio Litvinenko, che vive da tre anni in Gran Bretagna, ad avvertire il dipartimento antiterrorismo di Scotland Yard e Berezovskij ha confermato che è stato interrogato dalle autorità insieme all'ex agente KGB sull'eventualità di contatti con elementi del terrorismo ceceno.

L'antiterrorismo britannico si è attivato dopo aver ricevuto una sorta di memorandum di Litvinenko, steso in presenza di un legale, nel quale affermava di aver avuto più volte incontri con l'ex maggiore, denominato «P», e un killer, che lo avevano sollecitato a collaborare per pianificare l'assassinio di Putin. In particolare, i due gli avevano chiesto di attingere notizie precise sugli spostamenti ufficiali del presidente russo all'estero. L'esecuzione dell'attentato sarebbe avvenuta con un cecchino dotato di un'arma ad alta precisione. I due gli avrebbero inoltre chiesto di poter discutere direttamente con Berezovskij di quanto avevano intenzione di fare, soprattutto del finanziamento del progetto.

In quelle settimane l'oligarca, ex eminenza grigia del Cremlino, è al centro di uno scontro tra le autorità russe – che su mandato della procura generale di Mosca ne vogliono l'estradizione –, e il governo Blair, che gli ha concesso l'asilo politico. Agli inquirenti del Regno Unito, Litvinenko racconta di aver sospettato che si trattasse di una trappola per incastrare lui e Berezovskij. Di qui la decisione di inviare all'antiterrorismo una lunga dichiarazione giurata.

La storia così come si legge sui giornali appare subito una matrioska russa, in cui i ruoli del buono e del cattivo si confondono. C'era davvero un progetto per assassinare Putin? Chi lo perseguiva? Le cose si erano messe male e quindi Litvinenko e Berezovskij si erano inventati la storia dell'adescamento? Oppure qualcuno aveva cercato davvero di incastrarli facendoli partecipare a un finto complotto per metterli in cattiva luce con le autorità britanniche che avevano concesso loro l'asilo politico? Difficile trovare la verità che, del resto, né processi, né attività investigative ufficiali hanno mai ben determinato.

Alexsandr Litvinenko, già informatore del KGB dal 1986, proveniente da una famiglia di militari, poi agente operativo della sezione antiterrorismo dell'FSB, aveva avuto una carriera a dir poco tortuosa. Nei primi anni Novanta, durante la stagione dello sfaldamento delle istituzioni sovietiche, era entrato nella cerchia degli agenti che per arrotondare prestavano servizio di protezione agli oligarchi, quando ruoli pubblici e affari privati si erano confusi all'inverosimile. Così, aveva conosciuto Boris Berezovski, di cui era diventato l'uomo di massima fiducia quando l'oligarca aveva un ruolo di grande influenza al Cremlino.

Nel 1998 Litvinenko aveva denunciato un tentativo di assassinio dello stesso Berezovskij, a opera di alcuni settori dei servizi segreti. Anzi, aveva esteso le accuse e in una conferenza stampa che aveva creato molto clamore aveva rivelato l'esistenza di un braccio deviato dell'FSB che avrebbe operato rapimenti, estorsioni e omicidi, oltre che il tentativo di attentato al suo amico oligarca.

Per queste rivelazioni era stato espulso dall'FSB, quando a dirigere il servizio segreto era proprio Vladimir Putin. Non tanto per il contenuto delle rivelazioni, che – fu spiegato – sarebbero state verificate da un'inchiesta interna, quanto per il ruolo di agente, tenuto alla riservatezza. Anni dopo, in un'intervista rilasciata alla giornalista russa Yelena Tregubova, Putin chiarì di aver licenziato personalmente Litvinenko «perché un agente dell'FSB non dovrebbe tenere conferenze stampa, non è il suo lavoro, e non dovrebbe rendere pubblici scandali interni».

Nel 2000, aiutato logisticamente ed economicamente da Berezovskij, violando il divieto di espatrio, Litvinenko, con la moglie e il figlio Anatolj, aveva raggiunto Londra ottenendo asilo politico in Gran Bretagna. Alcuni giornali scrissero che era andato a vivere in una casa pagata dal suo amico. Qui, nel 2002, aveva promosso un'altra iniziativa, sempre finanziata dall'oligarca, decisamente forte: la pubblicazione di un libro, *Blowing Up Russia* (*Saltare in aria in Russia*), con lo storico russo-americano Yuri Georgievich Felshtinsky, da cui sarà anche tratto il documentario *Assassination of Russia*, nel quale si sosteneva che gli attentati del 1998-99 non fossero stati opera dei ceceni, come accertato, bensì dello stesso FSB, allo scopo di creare un clima favorevole alla guerra.

Il libro era sostanzialmente passato inosservato, come una polemica tra russi. Poi era balzato all'attenzione delle cronache dopo la morte di Litvinenko, suscitando pareri discordanti, ma anche in questo caso nessun grande editore occidentale si era fatto avanti per ripubblicarlo. Alcuni avevano scritto che la teoria era interessante e andava approfondita. Tra questi il «Sunday Times», che scriveva: «È una vivida polemica contro il regime di Putin».[3] Viv Groskop sul «The Observer» aveva notato, invece, che «il libro si concentra sul racconto, certamente con dettagli strazianti, degli attentati, ma non riesce a descrivere in modo convincente come sarebbe avvenuto il coinvolgimento dei servizi di sicurezza dello Stato russo per organizzare gli attentati», aggiungendo che «la mancanza di trasparenza rende difficile la lettura come più di una semplice teoria».[4] Andrew Taylor, nel supplemento delle recensioni di «The Spectator» aveva scritto che il libro «è essenzialmente una polemica dettagliata contro Putin e i sostenitori della linea dura del Cremlino ... ed è stato progettato principalmente come munizioni di guerra di propaganda di Berezovskij».[5]

Una vicenda torbida, difficile da decifrare, all'interno della quale è complicato distinguere vittime e colpevoli. Una matrioska russa, appunto, perché all'interno di un'apparente verità se ne trova sempre un'altra e poi un'altra ancora. C'è sicuramente uno scontro di potere fra l'ex oligarca che si è sentito tradito e il presidente russo che ha voluto estromettere dal potere economico chi aveva partecipato all'arrembaggio delle risorse pubbliche negli anni Novanta. Le domande sono molte, alcune ovvie. Putin aveva interesse a far assassinare Litvinenko e Berezovskij? Può darsi, ma aveva molto da perdere, essendo il capo di Stato di una grande potenza e non il dittatore di un'isola dei Caraibi. Berezovskij e Litvinenko avevano un loro interesse a far assassinare Putin? Può darsi anche questo ma, forse, non disponevano dell'apparato necessario a portare a termine un'operazione così delicata e rischiosa.

C'erano sicuramente settori deviati dei servizi segreti russi, ex colleghi di Litvinenko – che con lui avevano fatto parte di quei segmenti che si erano messi a fare lavori sporchi per gli oligarchi –, che si erano molto risentiti quando lui aveva cominciato a minacciarli di rivelazioni sul loro recente passato.

Il 23 novembre 2006 Litvinenko muore per avvelenamento da radiazioni da polonio 210, isotopo radioattivo del polonio, una sostanza molto complessa, che, come noteranno parecchi giornali, non si acquista certo in drogheria. Secondo l'inchiesta che ne seguì, la morte era diretta conseguenza dei fatti avvenuti il 1° novembre. Quel giorno Litvinenko aveva pranzato prima in un ristorante di sushi, da Itsu a Piccadilly, con l'italiano Mario Scaramella. Poi al lussuoso Millennium Hotel, a Grosvenor Square, aveva incontrato Andrej Lugovoj, anche lui un ex agente dell'FSB, almeno fino al 1999, diventato poi imprenditore con una sua società di sicurezza privata a Mosca. Con Lugovoj c'è il suo socio in affari Dmitrij Kovtun, un altro ex KGB. Nei giorni precedenti Litvinenko aveva portato Lugovoj alla Erinys International, una società di sicurezza con sede in un edificio di proprietà di Berezovskij, per discutere di un affare. I tre si accomodano all'affollato Pine Bar del Millennium e prendono un tè discutendo rilassati. Dopo, da solo, Litvinenko si reca da Berezovskij, come se dovesse riferire l'esito dell'appuntamento. Quindi, tornato a casa, comincia ad avvertire dolori, secondo il racconto che farà la moglie Marina. Due giorni dopo decide di ricoverarsi al Barnet General Hospital.

La sua morte diventa immediatamente un caso politico diplomatico di grande evidenza mediatica, anche perché nella capitale britannica si scatena la psicosi da contaminazione da polonio. I risultati dell'autopsia vengono secretati, la procura inglese, guidata da sir Ken Macdonald, accusa Andrej Konstantinovič Lugovoj di omicidio, chiedendone l'estradizione. Mosca la nega, perché – si sostiene – la Costituzione russa impedisce l'estradizione di suoi cittadini. Londra replica con l'espulsione di quattro diplomatici russi, cui segue analoga mossa da parte della Russia. La tesi più comune è che Litvinenko sia stato atrocemente punito per la sua attività contro l'FSB e Putin. La stampa russa, invece, scrive di una vicenda imbastita per screditare Putin ed evidenzia un certo attivismo dell'entourage di Berezovskij. Anche altri giornali guardano oltre la lettura più scontata. «All'ospedale, il consulente per le relazioni pubbliche di Berezovskij, Lord Tim Bell, cominciò a informare i giornalisti organizzando interviste e fornendo le fotografie di un Litvinenko calvo ed emaciato. Intanto Litvinenko fu trasferito all'University College Hospital e ricevette dosi massicce di un antidoto del tallio, che non funzionò. Quando le sue condizioni divennero critiche, Alex Goldfarb, direttore esecutivo della fondazione di Berezovskij, organizzò i preparativi per i funerali di Litvinenko. Lo staff dell'oligarca si preoccupa anche di raccogliere una dichiarazione dell'agente sul letto di morte. Ma viene dettata dallo stesso Litvinenko.[6]

Il 3 dicembre del 2006, riprendendo «The Observer» e «The Independent», il quotidiano «la Repubblica» titola: *L'ombra del ricatto dietro la morte di Aleksandr Litvinenko*. «L'ex agente segreto del KGB avvelenato da una dose letale di polonio a Londra sarebbe stato ucciso perché ricattava suoi ex colleghi e membri dell'establishment russo corrotti. Questa è la tesi avanzata oggi da alcuni quotidiani britannici, un'ipotesi suffragata dalle rivelazioni fatte alla stampa da un'accademica russa, Julia Svetlichnaya, che afferma di essere stata invitata dallo stesso Litvinenko, che le avrebbe rivelato di avere bisogno di denaro, a diventare suo socio. Julia Svetlichnaya, stando a quanto scrivono oggi, fra gli altri, "The Observer" e "The Independent", avrebbe ricevuto negli ultimi tempi oltre cento e-mail dal suo connazionale ex 007, nelle quali questi le avrebbe rivelato di essere in possesso di documenti segreti dell'FSB.»

Il «New Yorker» intervisterà nel 2007 Alexsej Volin, per anni uomo ai vertici della struttura del Cremlino, poi direttore di una casa editrice russa. «Non credo che sia stata la Russia a uccidere Litvinenko con il polonio. Non era tra le persone che dovevano essere uccise per prime. Piuttosto c'era Oleg Kalugin (ex capo del KGB, poi divenuto scrittore e docente negli Stati Uniti). C'erano un sacco di spie di alto livello che vivevano all'estero. C'era Berezovski. C'era Akhmed Zakayev (ex ufficiale ceceno). Uccidere loro sarebbe una prova maggiore del potere russo, piuttosto che uccidere Litvinenko. E poi, se qualcuno dei servizi segreti volesse uccidere una persona non lo farebbe in un modo che renderebbe così evidente a tutto il mondo che c'entra la Russia. Il polonio è prodotto a Sarov. Una sola città in tutto il paese. Mettiamo per esempio che io sia il capo dell'FSB. Vieni da me e vuoi uccidere Litvinenko. Ci sono un sacco di arabi, martinicani, giamaicani, a Londra, alcolisti e drogati, che potrebbero uccidere Litvinenko con un cóltello. Non costa molto. Non è difficile. Trasportare polonio attraverso l'Europa, di città in città, portandolo a bordo di voli British Airways e Russian Airlines – questo è assolutamente assurdo.»

I fatti sono rimasti avvolti in una cortina fumogena, parziali verità sono state tirate a sostegno delle varie tesi in campo e degli interessi che nascondevano. Dopo la pubblicità avuta sul caso in patria, dove è passato come un perseguitato, Andrej Lugovoj è stato eletto deputato alla Duma. I rapporti tra Londra e Mosca hanno risentito a lungo del caso ma, con realismo politico, la Gran Bretagna, anche durante la visita a Mosca del premier britannico Cameron, nel settembre 2011, ha rinnovato le sue richieste di chiarimenti. La Russia ha manenuto il suo punto di vista. Mai, però, a dispetto di luoghi comuni, circolati anche sulla stampa, il nome di Putin è stato associato, in inchieste ufficiali, a questa triste vicenda.

Beslan

La tradizione russa vuole che il primo giorno di scuola, che cade il 1° settembre, sia una festa, una sorta di rito di iniziazione. Ha anche un nome: «Giorno della Conoscenza». Il momento è carico di significati, sul piazzale di fronte alle scuole c'è una vera e propria cerimonia. Sia i bambini che i genitori indossano i vestiti più eleganti, si suona, si canta, si portano dolci che verranno consumati con i compagni. Il momento più tenero è quando i bambini che accedono al primo anno di scuola donano un fiore ai ragazzi dell'ultimo anno e questi li prendono per mano e li accompagnano in classe. I capi d'istituto tengono un piccolo discorso per sottolineare l'importanza del percorso che sta per iniziare. Si entra a cinque o sei anni, si andrà via a diciotto anni. Le mamme puntualmente si commuovono e piangono.

La scuola «Numero 1» è un complesso e articolato edificio, brutto, fatto di corpi rettangolari e uguali, come lo sono tutti gli edifici di epoca sovietica. Beslan è una cittadina dell'Ossezia del Nord-Alania, al censimento del 2002 aveva fatto segnare 35.000 abitanti. L'ingresso in aula è fissato per le 8.30 ma questo è un giorno speciale. Tra baci, saluti, discorsi, solo alle 9.30 suona la campanella. Proprio quando tutti si apprestano a rientrare nell'edificio, un gruppo di persone col passamontagna e armi da guerra in pugno scende da due furgoni, uno con le insegne della polizia, l'altro con gli stemmi dell'esercito. Risulteranno rubati.

Sparano in aria e costringono chi è ancora fuori a entrare. Il commando dei terroristi, di cui è chiara subito la matrice cecena, è composto da 32 elementi, si scoprirà poi che insieme a loro c'erano anche elementi di al-Qaeda. Almeno 16 persone vengono uccise nella fasi iniziali del sequestro, fra cui due poliziotti che sono all'ingresso, mentre 50 bambini, guidati da un insegnante, si nascondono nel vano caldaia dal quale poi riusciranno a fuggire. Il caos regna sovrano, trascorre del tempo prima che le autorità abbiano chiaro l'accaduto. All'inizio si parla di 350 persone sequestrate, tra cui 132 bambini, poi rilasciano un'altra cifra, e parlano di 700 ostaggi, solo più tardi si capirà che l'intera scuola è nelle mani dei terroristi: una cifra enorme, 1200 tra bambini, insegnanti e personale scolastico.

Zaur Rubaev, diciassettenne che frequenta l'ultimo anno delle superiori, è tra i pochi che, sia pure riportando seri danni, riesce a fuggire: «Non ero ancora nel cortile quando ho sentito gli spari e le bombe. Ho capito che stava succedendo qualcosa e sono scappato. Poi mi è squillato il telefonino. Era la mamma che chiedeva dove fosse mio fratello minore Khasan. Le ho detto di stare lontana dalla scuola, che presto entrambi saremmo arrivati. Una bugia, Khasan era là dentro. Sono corso per portarlo fuori, ma davanti al portone un guerrigliero mi ha sparato. La gamba ha ceduto e sono caduto nel cortile. Per alcuni minuti hanno cercato di colpirmi a morte dall'interno dell'edificio: poi un soldato mi ha preso e mi sono risvegliato all'ospedale. Ora spero di salvare il mio ginocchio».[7]

Il primo annuncio dei terroristi è agghiacciante: «Uccideremo cinquanta bambini per ogni guerrigliero ucciso». Che non siano solo parole lo rivelano i fatti che seguono. Gli ostaggi vengono ammassati nella palestra, seduti per terra, in un caldo soffocante, compressi uno accanto all'altro, ognuno ha a disposizione uno spazio di pochi centimetri. I bambini tremano e piangono, non possono stendersi. I ceceni dettano le regole: vengono sequestrati i telefoni cellulari e si avverte che chi verrà sorpreso a telefonare sarà subito ucciso insieme alle tre persone che gli sono più vicino; è vietato parlare fra ostaggi e soprattutto adoperare la lingua russa.

Il clima è da lager nazista. Dopo l'ammassamento in palestra, vengono scelti a caso venti adulti maschi e passati per le armi. Erano bidelli, maestri, finanche fattorini che si trovavano nell'edificio scolastico per una consegna, tutta gente innocente e inerme. Per dimostrare alle forze di polizia che stanno affluendo all'esterno la loro crudele determinazione, i terroristi gettano i corpi degli uccisi dalle finestre. Costringono poi alcuni ragazzini a pulire il sangue sul pavimento. Subito dopo viene minata anche la palestra. I terroristi predispongono una specie di pedana che funziona da interruttore capace di far esplodere tutto. I ceceni si alternano a turno sulla pedana, come una mina a pressione, se si scende senza avere un contrappeso di ricambio, il circuito si apre e si innescano le bombe. Inoltre, diversi bambini vengono prelevati dalla palestra e collocati davanti alle finestre per fare da schermo di fronte ai cecchini dell'esercito schierati all'esterno.

Si sta per rivivere la tragedia del teatro Dubrovka ma questa volta con un'efferatezza ancora più terribile, quasi impensabile. E se al teatro di Mosca la dirigenza politica cecena aveva preso le distanze dall'assalto, ora il capo guerrigliero Shamil Basaev rivendica in pieno l'azione. L'intera zona viene messa sotto controllo militare, la scuola è circondata dai reparti Alpha dell'FSB e dalle forze speciali del ministero dell'Interno.

Una donna cecena fa esplodere per errore una cintura e uccide altri due terroristi e vari ostaggi.

Si tenta di avviare una trattativa, si rende disponibile per questo delicato compito un pediatra di fama, Leonid Roshal, che già aveva trattato in occasione del sequestro al teatro Dubrovka. Il medico, persona impegnata nella difesa dei diritti umani, riesce a ottenere qualche rilascio. Anche in questo, però, i terroristi ceceni si mostrano atroci: a Zalina Dzandarova viene consentito di portare via dalla scuola «Numero 1» un solo figlio, lei sceglie quello più piccolo di due anni e lascia nelle mani dei sequestratori una bambina di sei.

Il negoziatore, d'intesa anche col governo di Mosca, propone ai terroristi di scambiare bambini con ostaggi adulti e di accettare cibo e acqua, ma anche queste minime offerte vengono respinte.

A 52 ore dall'inizio del sequestro, due giorni dopo i bambini non hanno bevuto né mangiato, i terroristi hanno solo concesso loro di togliersi gli indumenti zuppi di sudore. Alle 13.04 i terroristi autorizzano l'ingresso di quattro medici che devono constatare lo stato di salute dei bambini e curare i più bisognosi. Appena entrano, quando stanno per iniziare l'esame dei casi più urgenti, all'interno della palestra si verificano due forti esplosioni. Due dei quattro sanitari muoiono all'istante, altri due riescono a ripararsi. Si scatena l'inferno, crolla un muro intero della palestra e una trentina di ostaggi fuggono verso l'esterno in direzione dei militari. Alcuni cadono, però, colpiti dal fuoco incrociato di terroristi e forze speciali. Prende il via una vera e propria battaglia a colpi di kalashnikov, granate, blindati. Iniziata la sparatoria, le forze speciali si lanciano all'assalto, in mezzo ai bambini terrorizzati.

L'assalto non era programmato, si scatena casualmente dopo le esplosioni. Ci vorranno due ore prima che le forze speciali riescano a prevalere e a conquistare la scuola. Il crepitio delle armi è continuo, i bambini corrono nudi con il terrore negli occhi, le madri disperate aspettano nell'angoscia oltre il cordone di sicurezza. Alcuni ribelli si fanno consegnare gli abiti dagli ostaggi e tentano di fuggire facendosi passare per sequestrati; due donne, invece, imbottite di esplosivo inseguono gruppi di bambini in fuga per farsi saltare con loro, non riuscendo, però, a raggiungerli.

Su come si sia scatenata la battaglia ci sarà grande polemica e si intrecceranno diverse versioni. «L'evoluzione degli avvenimenti è stata troppo veloce e si è svolta in maniera inaspettata» dichiarerà Putin.

Alexsander Torshi, uno dei deputati che parteciperà alla commissione d'inchiesta sui fatti, sosterrà che a iniziare la battaglia siano stati i terroristi che avevano fatto esplodere intenzionalmente le bombe fra gli ostaggi. Secondo altre versioni, invece, lo scoppio era stato determinato da un falso movimento sulla pedana-detonatore. Altri ancora parleranno di un tiro di un cecchino, proveniente dall'esterno, che aveva colpito l'uomo sulla pedana. Il capo dell'FSB in Ossezia del Nord, Valeri Andrejev, sosterrà che al momento dell'inizio della sparatoria «non era prevista alcuna azione di forza, noi intendevamo portare avanti i negoziati per cercare di ottenere la liberazione degli ostaggi».

Si conteranno 334 morti, una tragedia. Cadono molti bambini ammassati con i loro corpicini innocenti e straziati. «L'inferno andava evitato» ripetono i giornali russi che criticano apertamente la gestione della crisi e l'impreparazione delle forze dell'ordine. Putin proclama due giorni di lutto.

Come al teatro Dubrovka le polemiche infurieranno a lungo. Putin ancora una volta sarà messo nel mirino, rappresentato come un cinico propenso a adoperare sempre e comunque la forza. La perdita della vita dei bambini è una dimensione così grave che sovrasta ogni ragionamento. Le gestione politica e militare fu certamente lacunosa e grossolana ma le accuse che sono a essa rivolte celano una certa strumentalità. Come accaduto per i fatti di Mosca, puntano più l'indice sugli errori delle autorità che su chi ha generato l'eccidio e la perdita di tante innocenti vite umane. Ricorre la medesima domanda: cosa si poteva fare, rispetto a terroristi che – come i nazisti – hanno scelto a caso venti uomini e li hanno passati per le armi? Che trattativa si poteva tessere con donne che inseguono bambini di sei, sette anni per farsi saltare in aria con loro? Resta, con il suo immenso peso, la perdita di vite umane.

La sosta

Il 7 maggio 2008 Dmitrij Anatol'evič Medvedev diventa il nuovo presidente della Federazione Russa, in sostituzione di Vladimir Putin, dopo le elezioni del 2 marzo. Il delfino di Putin ottiene un ottimo risultato, il 69 per cento dei voti. Dietro di lui l'eterno leader e candidato comunista Gennadij Zjuganov, col 17,72 per cento, quindi un altro habitué delle elezioni presidenziali, il sanguigno capo del partito nazionalista Vladimir Žirinovskij che ottiene il 9,35 per cento. Medvedev, candidato di Russia Unita, corre senza problemi, alla fine ottiene una percentuale di gran lunga superiore al 50 per cento per la quale non è necessario il ballottaggio. La Costituzione russa non ammette il terzo mandato consecutivo per la carica di presidente e, quindi, Putin aveva dovuto lasciare. Nei mesi precedenti la consultazione, molti media, soprattutto occidentali, avevano ipotizzato che Putin potesse azzardare una modifica alla Costituzione per candidarsi a un terzo mandato. I sondaggi dicevano che i russi lo avrebbero rieletto, molti esponenti della nomenklatura si erano anche spesi per formalizzare una proposta di modifica normativa in tal senso, a cominciare dal potente presidente del Senato Sergej Mironov, insieme al presidente della Commissione affari costituzionali della Camera Alta, Jurij Sharandin. Ma l'interessato aveva sempre escluso una tale modifica e aveva tenuto fede al dettato costituzionale. Certo, Volodja sceglie come successore una sua creatura e lo accompagna per mano alla vittoria elettorale. Dmitrij Medvedev è nato nel 1965, ha 12 anni in meno del suo mentore, quando diventa presidente ne ha appena 42. È figlio di docenti universitari e lui stesso ha percorso una brillante carriera accademica, laureandosi in Giurisprudenza nella stessa facoltà di San Pietroburgo dove aveva studiato Putin, e diventando poi docente ordinario di diritto privato. Non ha fatto parte, se non altro per oggettività anagrafica, di strutture sovietiche. Scelto da Putin fra quei giovani «pietroburghesi» che aveva conosciuto durante l'esperienza al municipio, ha avuto incarichi di primo piano in Gazprom, il colosso energetico russo che nella sostanza vale più di dieci ministeri ed è stato vice primo ministro. Il suo nome era stato a lungo in ballo con quello di Sergej Ivanov, ministro della Difesa, amico storico di Volodja dai tempi del KGB a Leningrado.

Nei mesi precedenti, nel dicembre 2007, c'erano state le elezioni per il rinnovo della Duma, con il sistema proporzionale voluto da Putin nel 2005. Russia Unita stravince con il 64,30 per cento che distanzia di molto i comunisti con l'11,57 e i liberaldemocratici di Žirinovskij all'8,14.

Eletto presidente della Federazione, Medvedev, nel suo primo discorso ufficiale, propone solennemente Putin per l'incarico di primo ministro. «È di fondamentale importanza per la Russia» afferma «che Vladimir Putin assuma la carica di primo ministro.» L'investitura viene rafforzata dalla corale richiesta dei leader dei partiti di maggioranza alla Duma. Del resto, il discorso di Vladimir all'uscita dal Cremlino era stato tutt'altro che un addio politico. «Otto anni fa mi sono preso l'impegno di lavorare in maniera onesta, trasparente, di servire con fedeltà il popolo e lo Stato,» proclama, «non ho mancato alla promessa. Il mio impegno a custodire la Russia è stato e continuerà a essere il mio massimo dovere civile. Ho seguito questo principio per tutti questi anni e lo seguirò per tutta la vita.»

Il rapporto che si instaura con questa inedita diarchia risulta convergente e particolare. I giornali occidentali proclamano che Dmitrij Anatol'evič Medvedev sarà una «testa di legno», una sorta di prestanome del vero uomo forte, mero esecutore delle sue volontà. A ben vedere non è così, e Putin si spenderà affinché, soprattutto nel contesto internazionale, il suo delfino possa avere uno spazio autonomo, un profilo indipendente. Volodja accetterà di restare un passo indietro, pur mantenendo saldo il potere all'interno della Russia.

Il quotidiano «Vedomosti» racconta di una sottile strategia messa a punto dall'ideologo putiniano Vladislav Surkov in base alla quale il mandato di Medvedev avrebbe avuto la funzione di varare alcune riforme economiche impopolari e soprattutto promuovere una riforma costituzionale che avrebbe aumentato la durata del mandato presidenziale da quattro a sei anni. Proposta che Medvedev ha realmente poi formalizzato.

In alcune sfumature, non del tutto marginali, Putin segnalerà di essere sempre lui l'azionista di riferimento dell'élite al potere. Come quando, in prossimità di fine anno sarà lui a tenere la conferenza stampa in cui trarre un bilancio dei dodici mesi trascorsi rispondendo alle domande dei giornalisti e dei cittadini via internet.

Prima di lasciare il Cremlino Putin aveva saldato uno dei conti più imbarazzanti della sua carriera politica: la nomina a presidente della Repubblica cecena di Ramzan Kadyrov, figlio del presidente Akhmad ucciso in un attentato al plastico nel maggio 2004, capo di un cartello di milizie locali molto agguerrito e decisivo per il mantenimento del controllo russo nel Nord Caucaso. «Gente i cui metodi erano stati ampiamente descritti dalla giornalista di opposizione Anna Politkovskaja, uccisa a Mosca in ottobre da una mano misteriosa nella quale molti colleghi intravedono le impronte del neo-presidente ceceno»,[8] scrive la giornalista dell'Ansa Beatrice Ottaviano. Mentre prima di essere assassinata la stessa Politkovskaja aveva dichiarato al sito internet israeliano Newsru: «Il mio direttore non vuole che oggi, dopo Beslan, vada in Cecenia, crede sia molto più pericoloso. Sono d'accordo. Il pericolo sono persone che hanno promesso di uccidermi come Ramzan Kadyrov».[9]

Dunque, un personaggio certamente ingombrante per Putin, con non pochi scheletri nell'armadio, capace di creare danni immensi con le sue iniziative, di cui il Cremlino avrebbe fatto sicuramente a meno se non fosse stato necessario a vincere la guerra.

XV

RITORNA L'IMPERO

Lo Zar

Sono esattamente le 9.30 del 7 maggio 2012 quando due cadetti, vestiti in alta uniforme ottocentesca di colore azzurro, alti e impettiti da sembrare due personaggi di *Guerra e pace* di Tolstoj, aprono i due pesanti portoni dorati del salone di Sant'Andrea. Il ritornato presidente Putin percorre la guida rossa in abito grigio scuro con una camicia bianca e una cravatta bordeaux. Sta per iniziare il suo terzo mandato presidenziale ma questa volta appare più sicuro che nelle altre due cerimonie che si sono svolte nel medesimo luogo.

Il salone di Sant'Andrea è, probabilmente, il luogo che più di ogni altro interpreta i fasti della Russia zarista. La sua enormità, la maestosità imperiale sta quasi a indicare che da qui si governa un impero immenso che si estende dall'Europa al Pacifico. È collocato sull'ala meridionale del Gran Palazzo del Cremlino, contiguo al salone di Sant'Alessandro, e ha questo nome perché al suo interno si riunivano i dignitari dell'Ordine di Sant'Andrea, fondato da Pietro il Grande nel 1698 e riservato ai militari di alto rango. Stalin ne aveva fatto distruggere gli arredi e le decorazioni originali, la miliardaria ristrutturazione del 1998 l'ha riportato esattamente alla dimensione e allo splendore zarista.

Il salone è un'esplosione di decorazioni, prevalentemente in oro, dai disegni sono state ricreate tutte quelle andate distrutte, mastodontici lampadari, enormi appliques, grandi sculture murali, al di sopra della doppia fila di finestre sono state ripristinate le rappresentazioni delle armi delle province zariste.

Appena Putin entra nel salone scatta un entusiastico applauso dei presenti, circa un migliaio di persone. C'è tutta la nomenklatura del potere e anche ospiti stranieri, l'ex presidente del Consiglio italiano, Silvio Berlusconi, e l'ex cancelliere Gerhard Schröder, invitati personalmente da Putin, due politici europei che avranno sempre relazioni privilegiate con Volodja.

Ad accoglierlo sul podio, dove effettuerà il giuramento, c'è il presidente uscente Dmitrij Medvedev che di lì a pochi minuti Putin avrebbe proposto come prossimo premier, secondo quella strategia che tutti i giornali russi chiamano «dell'arrocco», con riferimento alla mossa degli scacchi in cui due pezzi si scambiano di posto.

Putin è stato rieletto per il suo terzo mandato il precedente 4 marzo, ha ottenuto il 63,64 per cento dei voti, con un netto distacco dall'eterno candidato comunista Gennadij Zjuganov e dall'altro assiduo contendente, il nazionalista Vladimir Žirinovskij. Unica novità, la presenza di un candidato indipendente, il miliardario Michail Prochorov, re dei metalli pregiati che la rivista «Forbes» classifica fra gli uomini più ricchi al mondo. In poco tempo racimola il 7,94 per cento dei voti, non pochi ma lontani da ogni credibile prospettiva. Alla presidenza si era candidato anche lo scrittore, fondatore del partito nazional-bolscevico, Eduard Limonov, ammiratore del filosofo italiano Julius Evola, reso famoso in Occidente dal romanzo che gli ha dedicato Emmanuel Carrère, poi escluso perché le firme a sostegno non erano state autenticate dal notaio.

Putin, terminato il lungo applauso, posa la mano sulla copia speciale della Costituzione russa e pronuncia le trentatré parole della formula del giuramento, tre in meno di quella del presidente degli USA. «Giuro di rispettare e sostenere i diritti e le libertà degli individui e dei cittadini,» scandisce con forza «di osservare e proteggere la Costituzione della Federazione Russa, di difendere la sovranità, l'indipendenza, la sicurezza, l'integrità dello Stato, e di servire il popolo in buona fede.»

L'arrivo del nuovo zar era stato ripreso da un imponente apparato televisivo, la diretta della cerimonia è trasmessa su sei canali diversi, le telecamere erano sul percorso che costeggiava la Moscova, su un elicottero e in varie postazioni fisse.

Poco dopo nella cattedrale dell'Annunciazione il patriarca della Chiesa ortodossa Kirill celebrerà una funzione in suo onore.

Per accedere al salone di Sant'Andrea bisogna percorrere un lungo e largo corridoio noto come il foyer Malachite, dove i colori dominanti sono il rosso pompeiano dei pavimenti e il verde delle colonne. Alle pareti ci sono i ritratti di re e condottieri russi. A cominciare da Jurij Dolgorukiv, «Long Armed», al quale si attribuisce la fondazione di Mosca nel XII secolo, ovviamente Pietro il Grande e gli altri «padri» della Russia. Tra questi ritratti ora c'è anche quello di Vladimir Putin.

Alla cerimonia partecipa, vestita interamente di bianco, la moglie Ljudmila, dalla quale, però, esattamente un anno dopo Putin annuncerà la separazione. Lo faranno con una dichiarazione congiunta, definendo «civile» la fine del matrimonio.

Questa rielezione è una sorta di incoronazione del nuovo zar. Le precedenti elezioni legislative (4 dicembre 2011) avevano fatto segnare una battuta d'arresto del partito di Putin, Russia Unita, 49,29 per cento con una perdita secca di −15,01 per cento, e una ripresa di consensi sia per il Partito comunista, +7,63 per cento, che dei nazionalisti di Žirinovskij, +3,54 per cento. Ma appena un anno dopo Putin supera il 60 per cento dei consensi.

La rivista «Time», dedicandogli la famosa copertina e dichiarandolo uomo dell'anno nel 2007, aveva ricordato il merito di Putin nell'aver fatto uscire la Russia dalla confusione degli anni Novanta, soprattutto dall'instabilità economica e criminale. Elementi probabilmente chiari ai russi. Un russo illustre, il giovane cofondatore di Google, Sergej Mikhailovič Brin, nato a Mosca ed emigrato da bambino negli Stati Uniti, aveva definito la sua nazione di origine come «Nigeria with snow», una «Nigeria con la neve» con riferimento alla stagione del caos. Putin adopera spesso la metafora della notte quando a proposito del crollo dell'Unione Sovietica ripete: «Milioni di russi sono andati a dormire in un paese e si svegliarono in un altro», da quel momento sarebbe iniziata una lunga notte. «L'intermezzo eltsiniano» scrive lo studioso Paolo Borgognone «è paragonabile soltanto, per certi aspetti, al cosiddetto Periodo dei Torbidi (1598-1613). Le stesse riforme "modernizzatrici" di Pietro il Grande, Caterina II e Alessandro II, non smantellarono il tessuto sociale "conservatore" e religioso della maggioranza della popolazione russa».[1]

Nel 2013 la rivista americana «Forbes» classificherà Putin come il personaggio più potente del mondo, segnalandone alcuni successi internazionali: la capacità di impedire a Obama di bombardare la Siria, circostanza che col senno di poi si sarebbe rivelata virtuosa perché i bombardamenti anti Assad avrebbero inesorabilmente favorito l'ISIS; il consolidamento dei legami in Asia; l'asilo politico dato a Edward Snowden, l'americano che ha rivelato alcune intercettazioni della NSA.

Il primo Putin, quello che assume un po' fortunosamente e casualmente la guida della Russia nel 2000, si era concentrato sulle questioni economiche, tirando fuori il paese dal pantano di un'economia mafiosa e dal degrado delle condizioni di vita materiali; il secondo Putin pare concentrarsi sulla ricostruzione ideologica e morale. In realtà, è abile nel cogliere gli umori più profondi della società russa. Il sociologo Lev Gudkov, intellettuale di orientamento occidentalista e liberale, ammette che «già a partire dal 1995, iniziò un processo di rafforzamento del nazionalismo conservatore russo e della coscienza imperiale», fondata soprattutto sull'accusa rivolta ai riformisti «di tradire gli interessi nazionali e di resa dinnanzi all'Occidente».[2]

Nel 2001, «solo il 9 per cento dei russi»[3] riteneva che un modello di democrazia occidentale fosse il più adatto allo sviluppo della Russia, a favore del modello liberaldemocratico si esprimevano soprattutto i gruppi intellettuali che vivono a Mosca e San Pietroburgo. La stragrande maggioranza della popolazione

(43 per cento) pur ammettendo che la democrazia occidentale era in linea teorica un sistema virtuoso, riteneva che essa esigeva sostanziali modifiche nell'applicazione alla Russia. Una nutrita quota di russi (il 35 per cento), invece, si esprimeva in termini nettamente contrari nei confronti del sistema democratico occidentale, ritenendo che esso abbia «un effetto distruttivo sullo stile tradizionale della vita russa».[4]

La verità – come nota Borgognone – è che «la società russa nel suo complesso ha un approccio maggiormente improntato al tradizionalismo di quel che viene propagandato dalla pubblicistica liberale occidentale *trendy*, tendente a rappresentare in maniera stereotipata quanto farsesca i russi, nella loro maggior parte come oligarchi arricchitisi con le privatizzazioni criminali degli anni Novanta».[5] Oltre a questa radice tradizionalista, le crisi causate dalle cosiddette «rivoluzioni colorate» e ancor più le «primavere arabe» hanno consolidato nei russi il desiderio di ordine (*poryadok*) e stabilità politica (*preyemstvenost*).

Putin ha abilmente reinterpretato tutto ciò tendendo l'orecchio agli umori profondi della società russa. Tutti i giovedì arriva al Cremlino Vladislav Surkov, ritenuto il grande ideologo del Cremlino, già a capo dell'apparato amministrativo presidenziale ed ex vicepremier, dimessosi dopo uno scandalo ma rimasto ispiratore e suggeritore di strategie al punto che viene definito il «Rasputin di Putin». Surkov, nel suo appuntamento settimanale a cui ha dato un nume preciso, «Cosa pensa la Russia», sale sul podio e supportato da slide e grafici spiega a una ristretta e potente platea fatta di ministri e alti esponenti della nomenklatura, quali sono le tendenze dell'opinione pubblica. Surkov è l'inventore della nozione di «democrazia sovrana», del «rinascimento nazionale», estrema sintesi dell'azione politica di Putin e per questa sua vicinanza finirà nell'elenco degli «indesiderati» delle sanzioni occidentali.

Di recente è stato pubblicato, anche in Italia, uno scritto inedito dell'autrice americana Virginia Woolf, *L'anima russa*, in cui, attraverso l'analisi della grande letteratura di Dostoevskij, «il grande genio che sta permeando la nostra vita», delinea le profondità dell'animo russo. La scrittrice di *Orlando* giunge ad affermare provocatoriamente: «I russi hanno l'anima, gli inglesi no». Si tratta, ovviamente, di raffinatezze intellettuali, ma possono aiutare a definire lo spirito russo. «È l'anima che conta, la sua passione, il suo tumulto, la sua sconcertante mistura di bellezza e infamia» annota la Woolf, «gli uomini sono allo stesso tempo malvagi e santi, i gesti sono insieme meravigliosi e deprecabili. Amiamo e odiamo contemporaneamente. Non c'è traccia di quella precisa divisione tra bene e male alla quale siamo abituati.»

Queste idee lo stesso Putin le chiarirà in un importante discorso pronunciato al forum di Valdai del settembre 2013. «Oggi ci occorrono nuove strategie per preservare la nostra identità in un mondo che cambia rapidamente,» ha esordito «per noi (parlo dei russi e della Russia) le domande sul chi siamo e chi vogliamo essere sono sempre più in primo piano. È evidentemente impossibile andare avanti senza autodeterminazione spirituale, culturale e nazionale.»

La competizione nel mondo non è solo di carattere economico-tecnologico ma c'è una sfida più sottile, quella «ideologico-informazionale» ricorda il neo zar. Per concludere con un appello che delinea bene il nuovo corso: «La Russia deve disporre di forza militare, tecnologica ed economica; ma la prima cosa che ne determinerà il successo è la qualità dei suoi cittadini, la qualità della società: la loro forza intellettuale, spirituale e morale. Alla fin fine, crescita economica, prosperità e influenza geopolitica derivano da tali condizioni della società. Se i cittadini di un dato paese si considerano una nazione, se e fino a che punto si identificano con la propria storia, coi propri valori e tradizioni, e se sono uniti da fini e responsabilità comuni. In questo senso, la questione di trovare e rafforzare l'identità nazionale è davvero fondamentale per la Russia».[6]

Accanto alla politica «imperiale» c'è un altro connotato che emerge negli ultimi anni nella politica di Putin. Nel 2014 ha voluto che al Cremlino fosse ospitato il «Forum internazionale delle famiglie numerose», sotto l'egida del Patriarcato, raccogliendo politici conservatori e rappresentanti di diverse Chiese di ben quarantacinque paesi. In quegli stessi saloni dove si predicava in epoca sovietica l'ateismo di Stato, si è parlato di «salute morale» e del ruolo che la famiglia riveste nella società. «Sono convinto che in queste condizioni sia grandemente importante», ha scritto nel saluto indirizzato al patriarca Kirill «restare fedeli alla tradizione spirituale e agli ideali morali che sono alla base della nostra patria e della nostra grande storia e cultura.»[7]

Carico di significati il dono che Putin ha portato in Vaticano a papa Francesco: un ricamo d'oro della chiesa di Gesù Salvatore, che fu distrutta in epoca sovietica e che è stata ricostruita.

Seppure segnati da consenso e successi, non mancano alcune perplessità sugli ultimi anni di Putin. A cominciare da una stretta sui media e sulla loro libertà di espressione: una legge ha equiparato i blog diffusi su internet ai media tradizionali: se superano le tremila visite al giorno devono registrarsi a un ente governativo come testate giornalistiche. La riforma dell'Accademia delle Scienze, che anche in epoca sovietica godeva di una certa autonomia, ora è assoggettata per alcuni atti al governo. Così un'altra legge ha sancito che nel caso di cambio di residenza e di soggiorno, anche per qualche limitato periodo, bisogna darne comunicazione alla polizia. Questi sono fatti incontrovertibili, come lo è l'inquietante assassinio di Boris Efimovič Nemcov, fondatore dell'Unione delle Forze di Destra (*Sojuz Pravych Sil*), che però nessuno mette in relazione col Cremlino che, anzi, ne ha ricevuto un colpo d'immagine.

Tuttavia, la rappresentazione che viene data spesso in Occidente, di una Russia senza opposizione è fuorviante. L'opposizione c'è in termini politici, c'è attraverso giornali, radio e la Rete. Lo ha dimostrato l'ondata di manifestazioni di piazza che ci sono state dal 2011 fino al maggio 2012, esauritesi per l'incapacità di disegnare un progetto alternativo, e anche il buon risultato elettorale del blogger Aleksej Naval'nij alle elezioni per la carica di sindaco di Mosca, dove l'esponente anti-Putin ha ottenuto il 27 per cento dei voti mentre il sindaco uscente Sergej Sobjanin, sostenuto dal Cremlino e dai principali media, si è dovuto attestare al 51,7 per cento. Un dato che ha contraddetto i sondaggi della vigilia, che indicavano Aleksej Naval'nij al terzo posto. Allo stesso modo, il miliardario Michail Prochorov si è potuto organizzare il suo partito, reclutando adepti fra gli scontenti della formazione di Putin.

Ogni volta che Putin partecipa alla conferenza stampa di fine anno in una diretta TV della durata di circa tre ore, riceve da giornalisti stranieri, russi e dai telespettatori domande anche feroci, sulle morti eccellenti, sulle presunte persecuzioni, sugli scandali che hanno coinvolto questo o quell'esponente politico. In uno degli ultimi incontri c'è stato anche spazio per le vicende personali: alla domanda su come fosse la sua vita affettiva dopo la separazione dalla moglie Ljudmila, ha risposto: «Amo e sono amato».

All'inizio del terzo mandato sono state varate importanti riforme: l'accesso dei partiti minori alla Duma abbassando la soglia di sbarramento dal 7 al 5 per cento; la semplificazione delle procedure burocratiche per la raccolta delle firme per i partiti che partecipano alle elezioni; il ritorno all'elezione diretta dei governatori.

Crimea

Nel tardo pomeriggio del 18 marzo 2014 Mosca è molto fredda ma luminosa, il cielo è limpido. Il tramonto si fa avanti con colori vivi. Sulla Piazza Rossa è stato allestito un gigantesco palco, al centro un grande cuore tricolore con la scritta «Crimea nel mio cuore». È la manifestazione che celebra il ritorno della penisola alla Russia. Putin sale sul palco con un giaccone alla moda di colore nero. Leggermente aperto, lascia trasparire la classica camicia bianca e la cravatta bordeaux. È attorniato dal coro dell'Armata Rossa in uniforme di gala. Scandisce in tono alto e netto: «Bentornati a casa!». Il discorso è breve, la manifestazione è stata convocata all'improvviso, secondo le autorità ci sono duecentomila persone, molti sono giovani, i giornalisti occidentali ne stimano poco più di centomila. Appena Vladimir conclude il suo discorso scatta l'inno russo intonato da tutta la piazza. È forse uno dei momenti di più alto consenso per il leader.

La giornata è stata intensa, ricca di avvenimenti. Al Cremlino, nella sala di San Giorgio, da poche ore è stato firmato il trattato che sancisce il percorso che condurrà alla piena adesione alla Federazione Russa, firma Putin e firmano il presidente della Crimea, Sergej Aksënov, il presidente del Parlamento della Crimea, Vladimir Konstatinov, e il sindaco di Sebastopoli. Nel trattato si sancisce che le lingue ufficiali saranno tre: il russo, l'ucraino, il tartaro.

Prima della sigla del Trattato c'era stato un discorso davanti al Parlamento russo, dove un emozionato Putin, quasi commosso, scandisce: «La Crimea è sempre stata russa». «La decisione di Nikita Chruščëv, di cederla all'Ucraina» aggiunge «fu presa in violazione della Costituzione sovietica.» A conclusione della giornata, quando il sole sta calando e la luce naturale svanisce, avviene il bagno di folla.

Putin, in tutti gli interventi, ripete le ragioni della Russia, paragona la riunificazione con la Crimea a quella tedesca del 1990: «Nei cuori e nella mente della gente la Crimea è sempre stata parte della Russia e questa ferma convinzione, basata sulla verità e sulla giustizia, era incrollabile ed è passata da una generazione all'altra». Al momento della firma del trattato che sancisce l'ingresso della Crimea nella Federazione, Vladimir ha chiesto ai tedeschi di mostrare ora la stessa comprensione e lo stesso «sostegno» che l'URSS ebbe allora per loro. Affermando di non voler annettere altre parti dell'Ucraina, ma ricordando che dopo lo scioglimento dell'Unione Sovietica il popolo russo si è trovato a essere «uno dei più grandi gruppi etnici al mondo diviso da frontiere, se non il più grande».[8] Un altro argomento forte è quello del Kosovo: anche questa regione, sostiene il Cremlino, era parte della Serbia, sia pur con una popolazione a maggioranza albanese. L'Unione Europea ne ha favorito la secessione, riconoscendo una prevalenza del dato etnico linguistico. Infi-

ne, ricorda la diplomazia russa, all'atto della riunificazione tedesca la Nato si era impegnata a non allargarsi verso Est, impegno che è stato disatteso.

La Crimea torna alla Russia per effetto del referendum che si
è svolto il 16 marzo, la consultazione a sua volta era stata indet-
ta dal Parlamento di Sinferopoli (78 voti a favore su 81) il 4 marzo. La partecipazione al voto è risultata alta, 84,2 per cento, ben
oltre il quorum fissato al 50 per cento, mentre l'Ucraina aveva
invitato all'astensione. Alla fine la percentuale favorevole è del
97,32 per cento contro il 2,68 di contrari. Poiché la popolazione
di etnia russa della Crimea è del 58,5 per cento ne risulta che anche molti ucraini hanno votato a favore dell'adesione a Mosca.
Il referendum non era stato riconosciuto come legittimo da gran
parte della comunità internazionale ma alle operazioni di voto
assistono settanta osservatori, deputati di vari Parlamenti, parlamentari europei provenienti da 23 diversi Stati dell'UE, nessuno di loro muove obiezioni sulla regolarità del voto.

Nelle ore successive alla proclamazione del voto Putin ha una
lunga telefonata con Obama. I toni sono chiari. Il presidente USA
chiede di non procedere all'adesione, nonostante il referendum.
«Il voto è stato regolare, lo hanno potuto constatare gli osservatori internazionali e centinaia di giornalisti, anche americani, presenti, che hanno girato liberamente per i seggi» replica Vladimir,
che conferma che il processo di adesione alla Russia andrà avanti. «Tuttavia,» aggiunge «non ci saranno altre annessioni e soprattutto mi impegno a trattare con l'Ucraina e a distendere la
situazione.» Altrettanto chiara la posizione di Obama: «Gli Stati Uniti e la comunità internazionale non riconosceranno mai il
referendum sulla Crimea».

Tutto era iniziato nel novembre 2013, quando il presidente ucraino Viktor Yanukovič, notoriamente di tendenze filorusse, decide di non firmare l'accordo commerciale di associazione
(AA) con l'Unione Europea, finalizzato a creare una zona di libero scambio tra Bruxelles e Kiev. Molti ucraini scendono in piazza, in realtà questa è la scintilla di una crisi politica più profon-

da. Yanukovič tiene duro e addirittura il 17 dicembre firma un accordo commerciale con la Russia che prevede l'abbassamento del prezzo del gas importato dal vicino e l'investimento di Mosca in 15 miliardi di titoli di Stato ucraini. Il 24 dicembre la Russia versa una prima tranche di tre miliardi.

La mancata firma dell'accordo con l'Europa viene denunciata dall'opposizione come l'abbandono dell'Europa per legarsi a Mosca nel suo progetto euroasiatico. Iniziano le giornate di piazza Maidan, piazza Indipendenza. Dureranno sette mesi, in un crescendo di violenze, barricate, saccheggi, incendi e purtroppo morti. Una parte della piazza ucraina tira fuori antichi fantasmi del passato. Durante la Seconda guerra mondiale, quando era scattata l'operazione Barbarossa, l'invasione dell'Unione Sovietica voluta di Hitler, una parte della popolazione ucraina si era schierata con i nazisti. In Germania, già prima della guerra operava il Comitato Nazionale Ucraino, un governo ucraino in esilio formato dagli esuli fuggiti dopo la vittoria bolscevica. Con l'invasione dell'URSS i tedeschi ne fecero uno strumento politico antisovietico, favorendo la nascita dell'Esercito Nazionale Ucraino, alleato della Wehrmacht. Alcuni ucraini si spinsero drammaticamente oltre, quando Himmler di fronte alle perdite tedesche autorizzò l'arruolamento di ucraini nelle SS: in pochi giorni si presentarono in 14mila volontari. Furono inquadrati nella 14ª divisione SS e in alcuni tragici casi si segnalarono per ferocia nella persecuzione degli ebrei.

Le proteste di piazza a Kiev non si arrestano e tra i manifestanti appaiono formazioni di chiara ispirazione ultranazionalista, se non filonazista, in particolare Svoboda (Partito Social-Nazionalista d'Ucraina), frange consistenti che si confondono con altri manifestanti di sincera ispirazione democratica.

Il 22 gennaio le manifestazioni vedono cadere le prime vittime. Sono tre manifestanti, presto ce ne saranno anche tra i poliziotti. Due giorni dopo uno dei leader dell'opposizione, Udar Vitali Klitschko, ex campione di boxe, lancia un ultimatum a Yanukovič. Si chiedono elezioni anticipate, amnistia per i manifestanti arrestati e l'abolizione delle norme restrittive delle proteste che erano state approvate in maniera repentina pochi giorni prima.

Seguono giornate e soprattutto notti violente con i tentativi di assalto dei manifestanti ai palazzi del potere e la risposta delle cariche della polizia. Più volte, soprattutto nella giornata del 18 febbraio, la polizia tenta, senza successo, di sgomberare piazza Maidan. Di giorno in giorno, lo scontro sale di durezza e intensità e assume i contorni di una vera e propria guerriglia urbana. Le due parti, polizia e manifestanti, cominciano a dotarsi di armi da fuoco e il bilancio delle vittime, da una parte e dall'altra, cresce.

Nella piazza il gruppo di opposizione più organizzato è quello che ha preso il nome di «settore Destro», un cartello che riunisce tutta la galassia dei gruppi ultranazionalisti. Man mano che i giorni passano, questa fazione, che è anche quella formata soprattutto da giovanissimi, assume i connotati di una vera e propria struttura paramilitare, pronta allo scontro armato. Ma anche la polizia gioca la carta della provocazione, posizionando cecchini sui tetti.

Il clima è rovente ma nonostante le violenze c'è sempre un canale di dialogo aperto tra i leader dell'opposizione e il presidente ucraino. La mattina del 21 febbraio Yanukovič in persona, costretto anche dalle defezioni interne alla polizia e alle forze armate, annuncia di aver raggiunto un accordo con tre ministri degli Esteri della delegazione UE (il francese Laurent Fabius, il tedesco Frank-Walter Steinmeier e il polacco Radosław Sikorski). L'intesa prevede elezioni anticipate, un governo di coalizione fino al voto, modifiche alla Costituzione del 2004 con riduzione dei poteri del presidente a vantaggio del Parlamento.

L'accordo, però, viene immediatamente e vivacemente respinto dalla piazza, soprattutto dal «settore Destro», che invoca solo le dimissioni Yanukovič e l'arresto del ministro dell'Interno. Le ore successive sono convulse, i leader dell'opposizione e i rappresentanti dell'UE che avevano trattato vengono scavalcati dai manifestanti, che assaltano il palazzo presidenziale e gli altri luoghi del potere. Yanukovič fugge, probabilmente in Russia.

I fatti di Kiev, che culminano con la cacciata di un presidente, se non qualificabile esattamente come filorusso, certamente sensibile a Mosca, sin dai primi giorni della loro genesi allarmano la popolazione russofona dell'Ucraina, soprattutto quella che si concentra a maggioranza in Crimea e nelle due regioni orientali di Donetsk, Lugansk e Charkiv (l'area del Donbass).

Il gruppo etnico russo teme l'ascesa dei nazionalisti a Kiev, il riaccendersi di storiche e irrisolte controversie. Per questo si organizza in gruppi di autodifesa e attiva, con diverse modulazioni, la richiesta politica di distacco da Kiev. Per ragioni geografiche, militari (la presenza di basi russe) e soprattutto storiche, l'operazione riesce con una certa rapidità in Crimea, mentre scatena una guerra sporca nel Donbass fra l'esercito di Kiev e le milizie separatiste, sospettate di essere infiltrate dal sostegno russo.

La penisola della Crimea (dal mongolo *Qrym*, «fortezza») era stata russa dal 1783, da quando Caterina II (1762-96) l'aveva unita all'Impero russo. Per avere un termine di confronto, la Crimea era russa settant'anni prima che il Texas, che apparteneva al Messico, diventasse americano. Solo nel 1954 il leader sovietico Nikita Chruščëv la «regala» all'Ucraina. Anche l'Italia ha avuto vicende connesse con la storia della Crimea, quando nel 1855 Cavour mandò un corpo di spedizione di diciottomila militari del Regno di Sardegna, guidati dal generale Alfonso La Marmora, futuro presidente del Consiglio, a supporto di Francia e Gran Bretagna contro la Russia. Una mossa del piccolo Stato sabaudo per ingraziarsi le due potenze in vista delle guerre risorgimentali.

Lo scrittore Eduard Limonov è drastico sull'Ucraina ma esprime un sentire diffuso in Russia. «L'Ucraina è un piccolo impero,» afferma «è composta dai territori presi alla Russia, da quelli presi alla Polonia, Cecoslovacchia, Romania e Ungheria. I suoi confini sono le frontiere amministrative della Repubblica Socialista Sovietica dell'Ucraina. Non sono mai esistiti. È un territorio immaginario, che ripeto, esisteva solo a scopi burocratici. Leopoli, cosiddetta capitale del nazionalismo ucraino, l'Ucraina l'ha ricevuta nel 1939 per effetto della firma del patto Molotov-Ribbentrop. In quel momento il 57 per cento della popolazione era polacca, il resto erano ebrei.»⁹

Difficile ipotizzare che all'origine della crisi ucraina Vladimir Putin potesse valutarne questo esito. Non c'è dubbio, invece, che con grande abilità si sia inserito con tempismo sfruttando il corso degli eventi a vantaggio della Russia. Quando si scriverà la storia del ritorno della Crimea alla Russia, fatto che oggi appare acquisito e difficilmente suscettibile di mutamento, si dovrà convenire, al di là delle posizioni assunte, sull'abilità di Vladimir in questa partita.

Come per la Crimea anche le due regioni di Donetsk e Lugansk hanno votato, sia pur in forme diverse, per la separazione da Kiev. Ma su questo fronte Putin, con realismo, ha frenato.

Gli Stati Uniti e l'Unione Europea hanno reagito varando diversi pacchetti di sanzioni, inasprite soprattutto quando a metà luglio del 2014 è stato abbattuto il volo della Malaysian Airlines MH17 che andava da Amsterdam a Kuala Lumpur, fatto gravissimo addebitato, anche senza prove schiaccianti, ai ribelli filorussi.

Sta di fatto che i rapporti di Putin con l'Occidente sono precipitati al punto più basso della sua lunga carriera presidenziale, a una dimensione da far parlare di una nuova Guerra fredda.

Un accurato studio condotto dal WIFO (*Österreichisches Institut für Wirtschaftsforschung* – Istituto austriaco per la ricerca economica), realizzato per conto del LENA (Leading European Newspaper Alliance), pubblicato in Italia dal quotidiano «la Repubblica», documenta come in tutta Europa siano a rischio 2 milioni di posti di lavoro e circa 100 miliardi di valore aggiunto nell'export di beni e servizi. Il paese più colpito è la Germania, che sta perdendo un punto pieno di produzione. L'Italia è immediatamente dopo Berlino, rischiando di perdere 215mila posti di lavoro e 11 miliardi e 815 milioni di euro di valore della produzione. La Francia, terzo paese di questa classifica dei danneggiati, sta perdendo 150mila posti di lavoro e un valore di produzione di mezzo punto. Un danno enorme per l'economia europea che dalla crisi del 2007 non si è ancora ripresa pienamente.

Esemplare, nel caso francese, la vicenda delle portaerei Mistral, navi militari che la Russia aveva commissionato ai cantieri navali di Saint Nazaire e che aveva quasi del tutto pagato. Bloccati dalle sanzioni, i francesi sono stati costretti a restituire l'importo di 1,2 miliardi ai russi tenendosi sul groppone le navi.

Non sono stati valutati a pieno, invece, gli effetti delle sanzioni poste a carico di singoli cittadini russi (manager, imprenditori, funzionari pubblici e ovviamente uomini politici) inseriti in una black list compilata dalla Commissione Europea, persone a cui è interdetto l'ingresso nei paesi dell'UE e alle quali vengono congelati i beni eventualmente posseduti sul territorio degli Stati dell'Unione. Misure sulle quali si addensano le critiche di molti giuristi, esperti di diritto internazionale, i quali fanno osservare che non si possono colpire singoli cittadini per condotte che, eventualmente, sono imputabili al loro Stato di appartenenza.

La Commissione Europea si è dichiarata non capace di quantificare l'ammontare dei depositi bancari, dei patrimoni e degli immobili, temporaneamente sequestrati ai soggetti della black list. Sul punto c'è stata una laconica risposta: «Le sanzioni vengono applicate dagli Stati membri». Come se nell'elefantiaca burocrazia europea non ci fossero persone in grado di fare un mero calcolo. Alcuni Stati, come la Croazia, la Slovacchia, la Slovenia, l'Ungheria, la Lituania, la Finlandia, Malta e finanche la Spagna, dove i patrimoni russi sono ingenti, non hanno effettuato alcun congelamento. Negli altri paesi dove si è proceduto all'applicazione di questa parte delle sanzioni, il risultato è piuttosto scarso: nella stessa Germania la Bundesbank ha ammesso di aver bloccato appena 124.346 euro, mentre a Cipro, da sempre forziere dei russi, sono stati sequestrati 120.000 euro. Cifre ridicole. Come ridicolo è il sequestro di due cavalli da corsa al presidente della Cecenia Ramzan Kadyrov.

Molti partner storici della Russia hanno formalmente aderito alle sanzioni ma in pratica non le hanno attuate. Solo l'Italia è stata zelante. Al miliardario russo Arkadi Rotenberg, la Guardia di Finanza ha confiscato appartamenti, ville e un hotel di Roma per un valore complessivo di trenta milioni di euro. Misure che per l'Italia significheranno perdita di affidabilità agli occhi degli investitori russi. Intanto l'Italia ha già visto diminuire le sue esportazioni verso Mosca da un valore di 11,6 miliardi a 9,5 miliardi.

Le sanzioni, ovviamente, mordono anche l'economia russa che ha subito enormi danni. È difficile stabilire con esattezza quanti ma il ministero dell'Economia russo parla di oltre 40 miliardi, ma la cifra va considerata per difetto poiché è interesse del governo ostentare sicurezza e non creare allarme. Alle perdite provocate dalle sanzioni vanno aggiunte quelle causate dal crollo del prezzo del petrolio, più che dimezzato, con una perdita di oltre 100 miliardi.

«Un dato è certo,» ha scritto Marina Castellaneta sul «Sole-24Ore» «le sanzioni economiche contro la Russia decise dall'amministrazione Obama e dall'Unione Europea, incluse le *targeted sanctions*, che colpiscono persone fisiche e giuridiche, sono state adottate al di fuori delle Nazioni Unite. Il Consiglio di sicurezza, infatti, pur investito della questione Ucraina, non ha adottato, verso la Russia, alcuna risoluzione sulle misure sanzionatorie, previste dall'art. 41 della Carta. E questo non solo per lo scontato veto russo, ma anche per la contrarietà di altri Stati tra i quali la Cina.» Prosegue il quotidiano economico italiano: «L'assenza di una risoluzione del Palazzo di Vetro incide sul dibattito intorno alla legittimità delle sanzioni. È infatti il Consiglio di sicurezza, in base al capitolo VII della Carta ONU, ad adottare le misure che, al di fuori del contesto del Consiglio, hanno margini di legittimità ristretti. Né i paesi membri dell'Unione Europea, né gli Stati Uniti, che hanno applicato sanzioni economiche unilaterali, possono essere considerati Stati lesi dall'azione russa».

I giuristi esprimono forti dubbi soprattutto sulla parte delle sanzioni che colpiscono le persone fisiche, questo perché in tutti gli ordinamenti vige il principio d'innocenza in quale le sanzioni vengono comminate solo all'esito di un procedimento e non sulla base di una mera valutazione fatta da organismi politici che hanno deciso che quegli individui vanno colpiti.

Le sanzioni stanno danneggiando l'Europa ma rischiano di compromettere quel benessere che Putin aveva dato ai russi che non l'avevano mai conosciuto nella loro storia. La classe media nel 2014 era giunta a essere il 42 per cento dell'intera popolazione, mentre nel 2000 al momento dell'ascesa di Putin, era il 20 per cento. A questi ritmi nel 2021 potrebbe diventare il 60 per cento.[10] Questa corsa, però, è minacciata dall'isolamento economico, solo in parte recuperato con una grande apertura alla Cina e al Sudamerica. Alle sanzioni, inoltre, si è aggiunto il crollo del prezzo del petrolio.

Al momento, le sanzioni sono state percepite dalla popolazione russa come un atto di arroganza dell'Occidente e Putin sta conoscendo indici di consenso e gradimento attorno all'85 per cento, mai avuti prima. Finanche Michail Gorbačëv, sempre critico con Putin, sulla vicenda Crimea si è schierato senza condizioni dalla sua parte.

Silvio

Putin non ha mai abbandonato i suoi amici. Lo ha dimostrato più volte. Molti potenti, nel corso della loro vita, corrono avanti, utilizzano le persone a seconda delle stagioni e dimenticano chi è rimasto dietro. Volodja, abituato sin da bambino a prendere le difese dei suoi amici nelle liti di cortile, ha mantenuto un senso della fedeltà verso chi ha condiviso momenti importanti della sua vita. Il caso più evidente è stato quello di Anatolij Sobčak, il professore che Vladimir aiutò quando questi era decaduto, in difficoltà per i problemi di salute e per le inchieste giudiziarie.

Al Cremlino ha portato con sé, nei ranghi alti dell'amministrazione russa, sia molti *siloviki*, colleghi provenienti dal KGB, che antichi compagni di scuola.

Una volta, durante una visita di Stato in Israele, era venuto a sapere che a Tel Aviv, da oltre un decennio, viveva la sua professoressa di tedesco, Mina Juditskaja, un'ebrea che, giovandosi della «legge del ritorno», era miracolosamente riuscita a ottenere in epoca sovietica il visto per emigrare nello Stato ebraico. Chiese alle autorità israeliane di poterla incontrare. L'appuntamento durò ben oltre quanto previsto dal protocollo. I due si parlarono a lungo, come madre e figlio.

Nei giorni successivi, quando Putin era ripartito, la vecchia professoressa Juditskaja ottenne dalle autorità israeliane una casa più confortevole, soprattutto dotata di ascensore e vicina all'ambulatorio medico, due cose importanti per lei che era malata.

Tra i leader internazionali quello con cui Putin ha costruito una sincera amicizia è Silvio Berlusconi. L'altro è l'ex cancelliere tedesco, il socialdemocratico Gerhard Schröder, che grazie all'amico russo si è assicurato una ben remunerata attività, quando è uscito dalla politica, come presidente del Consiglio di sorveglianza della società che gestisce una delle reti energetiche più importanti al mondo, Nord Stream.

L'amicizia con Berlusconi è certamente la più solida, fortemente empatica. I due si sono visti tantissime volte, e hanno tessuto negli anni un rapporto molto sincero. Da quando, per effetto delle note vicende giudiziarie, Berlusconi fu costretto ad abbandonare il governo e ha perso un ruolo politico di primissimo piano, Putin ha continuato a frequentarlo con regolarità, a conferma della sua massima secondo cui «gli amici non si abbandonano». Inoltre, è stato l'unico leader mondiale a difenderlo apertamente da alcune delle accuse che gli sono state mosse, soprattutto quelle sul suo stile di vita. In questa difesa gioca un altro fattore. Da più parti, soprattutto in alcuni retroscena giornalistici si è avvalorata la tesi che a sfavore di Berlusconi ha giocato la sua troppa amicizia con il leader russo. Per questo poteri forti si sarebbero mossi contro l'ex premier italiano.

Fra i due ci sono alcune somiglianze: una predilezione per la sostanza e gli approcci diretti che prevalgono sulla forma, l'insofferenza per certe ipocrisie della politica, un certo machismo, che Berlusconi declina alimentando la fama di conquistatore di donne e Putin con la forza fisica, del cacciatore, judoka, aviatore. Certo, Vladimir è più freddo, osservatore attento, all'occorrenza silenzioso; Berlusconi esprime una certa italianità calorosa, aperta, con una vocazione innata all'amicizia.

Si conobbero nell'estate del 2001, in occasione del G8 di Genova, quando Berlusconi era da poco tornato al governo, dopo quella che lui definisce la «lunga traversata». Nell'ottobre successivo, l'allora presidente del Consiglio italiano si recò a Mosca e mesi dopo lanciò la proposta di un allargamento dell'Unione Europea alla Russia. Iniziativa non concordata ma che comunque fece piacere ai russi. Allo stesso, Berlusconi espresse una chiara posizione a favore di Mosca nella guerra contro il terrorismo in Cecenia.

Le relazioni fra i due sono via via cresciute d'intensità, con vacanze e momenti familiari trascorsi insieme. Le figlie di Putin sono state ospiti in Sardegna e l'ex premier italiano è stato più volte nella dacia e nelle residenze del leader russo.

Questo rapporto, in ogni caso, ben oltre il facile gossip e la giovialità su cui hanno spesso insistito le cronache, ha sviluppato alcune linee di politica internazionale. Berlusconi è sempre stato il fautore di una strategia inclusiva della Russia che ha portato avanti nella convinzione che Mosca non andasse isolata. Dopo il 2001, forte anche degli ottimi rapporti che aveva sviluppato con l'altro attore della politica internazionale di allora, il presidente americano George W. Bush, si è posto di fatto come il grande mediatore fra Stati Uniti e Russia, conducendoli a un effettivo riavvicinamento.

Il frutto di questo lavoro arriva il 28 maggio 2002, quando, nella base di Pratica di Mare, l'Italia ospita il vertice della Nato e per la prima volta vi partecipa la Russia con il suo presidente Putin. I capi di Stato – c'erano tra gli altri il britannico Tony Blair, il francese Jacques Chirac, oltre a Berlusconi e Bush –, siglano la «Dichiarazione di Roma», che sancisce la nascita del «Consiglio a venti», comprendente anche la Russia. Come hanno scritto tutti i giornali, anche quelli solitamente aspri con Berlusconi, è un risultato storico che chiude allora la Guerra fredda. «Fino a poco tempo fa un incontro di questo genere era impensabile» afferma Putin al momento della firma. Dello stesso tenore le dichiarazioni degli altri leader. Si replicherà per certi versi il 6 novembre 2003 a Roma con l'incontro fra la Federazione Russa e l'Unione Europea.

Questa strategia di vicinanza ha incrementato notevolmente le opportunità economiche di interscambio fra Italia e Russia. Nel 2004 Putin e Berlusconi inaugurarono lo stabilimento di elettrodomestici Merloni a Lipeck mentre l'ENI ha potuto estendere la sua presenza sulle fonti energetiche della Siberia. Anche se dopo le sanzioni è saltata la realizzazione del gasdotto South Stream di cui l'Eni sarebbe stato un attore importante. Le aziende russe, invece, per la prima volta nella storia, hanno investito in Italia in settori chiave come la siderurgia e la telefonia. Ma i rapporti fra Berlusconi e Putin meriterebbero un'accurata trattazione a sé stante.

Conclusioni

SGUARDO AL FUTURO

La storia politica e personale di Vladimir Putin è ancora tutta da scrivere. Il personaggio è lontano dall'essere storicizzato, la sua attualità è viva, pronta a riservare sorprese. È un fatto che la Russia sia ridiventata un grande protagonista della geopolitica globale, recuperando il ruolo perso dopo il crollo dell'URSS. Il ritorno della Crimea è un fatto che sarà difficilmente reversibile.

Agli inizi del 2015 Putin appariva stretto in una morsa terribile, fatta di isolamento, sanzioni economiche, crollo dei prezzi delle materie prime energetiche, svalutazione del rublo, inflazione, conseguente caduta del PIL. Qualche analista sui giornali giungeva a presagire una sua caduta. Partendo da queste sfavorevoli premesse, con abili mosse, invece, il leader russo ha riguadagnato un ruolo centrale. Lo ha fatto in Medio Oriente, inserendosi nelle incertezze dell'Occidente e assumendo, di fatto, la leadership della guerra all'ISIS. L'ex premier italiano ed ex presidente della Commissione UE Romano Prodi ha osservato: «La cosa singolare è che la Russia versa in acque economiche molto tempestose ma nonostante ciò Putin dimostra una forza politica ancora determinante sullo scacchiere occidentale».

Giudizio positivo condiviso sostanzialmente dall'ex ministro francese e fondatore di *Médecins Sans Frontières*, Bernard Kouchner, che ha affermato: il leader russo «si è dimostrato un grande giocatore di scacchi». L'analista Ian Bremmer, fondatore e presidente di Eurasia Group, think-tank di politica internazionale, è ancor più netto: «Oggi vince Putin, un vero trionfo geopolitico il suo».

Putin ha anche smentito chi lo accusa di un ritorno al passato con un gesto di alto valore simbolico. Ha ordinato la costruzione di un grande monumento dedicato a tutte le vittime delle repressioni politiche della storia della Russia. L'opera, commissionata allo scultore Georgy Frangulyan, s'intitolerà *Il muro del dolore* e sarà collocata in una strada intitolata ad Andrej Sacharov.

In un'intervista al network americano CBS, Volodja, nell'affrontare il tema del suo futuro politico ha risposto alla domanda che mólti si fanno su cosa accadrà nel 2018, alla scadenza del mandato presidenziale. La Costituzione gli consente una rielezione, ma lui ha risposto: «Per prime, naturalmente, ci sono le regole previste dalla Costituzione, che non saranno violate da parte mia. Molto dipenderà dalla situazione specifica del paese, nel mondo e dai miei sentimenti».

NOTE

I. *Il figlio dell'assedio*

[1] Oleg Blockij, *Vladimir Putin. Istorija žizni*, Mosca, Mezdunarodnie Otnosenija, pp. 72-89. Anche in Masha Gessen, *Putin. L'uomo senza volto*, Bompiani, Milano 2012, p. 55.

[2] Natalja Gevorkjan, Natalja Timakova, Andrej Kolesnikov, *Ot pergovo lica: Razgovory s Vladivirom Putinym*, http://archive.kremlin.ru/articles/bookchapter1.shtml.

[3] Oleg Blockij, *Vladimir Putin. Istorija žizni*, cit., pp. 68-69.

[4] Ivi, p. 68.

[5] Vladimir Putin, *First person. An Astonishingly Frank, Self-Portrait by Russia's President*, in «Public Affairs Reports», New York 2000, p. 4.

[6] Ivi, p. 9.

[7] Viktor Borišenko, in O. Blockij, *Vladimir Putin*, cit., p. 67.

[8] Lorenzo Gianotti, *Putin e la Russia*, Editori Riuniti, Roma 2014, p.17.

[9] Gevorkjan, Timakova, Kolesnikov, *Ot pergovo lica*, cit.

[10] Lorenzo Gianotti, *Putin e la Russia*, cit., p. 21.

II. *L'assedio*

[1] Ernst Nolte, *Der europäische Bürgerkrieg 1917-1945. Nationalsozialismus und Bolschewismus*, 1987; trad. it. a cura di F. Coppellotti, V. Bertolino, G. Russo, *Nazionalsocialismo e bolscevismo: la guerra civile europea 1917-1945*, Rizzoli, Milano 1999.

[2] Chris Bellamy, *Guerra assoluta. La Russia sovietica nella seconda guerra mondiale*, Einaudi, Torino 2010, p. 190.

[3] Sergej Solov'ëv, *Istorija Rossii s drevnejšich vremen*, 29 voll., Moskva 1864-79, vol. XIV, p. 1270. Cfr. anche Orlando Figes, *La danza di Nataša. Storia della cultura russa (XVIII-XX secolo)*, Einaudi, Torino 2008, p. 3.

[4] Pietro I Romanov (1672-1725) fu zar e dal 1721 imperatore di Russia. Marito di Caterina I, è considerato il fondatore della Russia moderna, eroe nazionale che ancora oggi compare sulle banconote da 500 rubli.

[5] Cfr. Lindsey Hughes, *Pietro il Grande*, Einaudi, Torino 2012, p. 92 e Orlando Figes, *La danza di Nataša*, cit., p. 4.

[6] Fëdor Dostoevskij, *Memorie del sottosuolo*, Einaudi, Torino 1955, p. 9.

[7] Id., *Le notti bianche*, Einaudi, Torino 1996, p. 3.

[8] Andrej Belyj, *Pietroburgo*, Adelphi, Milano 2014, introduzione di Angelo Maria Ripellino, p. 13.

[9] David M. Glantz, *L'assedio di Leningrado, 1941-44. Novecento giorni di terrore* (2004), Newton-Compton, Roma 2006, pp. 42-43.

[10] Chris Bellamy, *Guerra assoluta. La Russia sovietica nella Seconda guerra mondiale*, cit., p. 440.

[11] Ivi, p. 442.

[12] Ibidem.

[13] Aleksandr Rozen, *Razgovor s drugom*, in «Zvezda», n. I (1973), p. 81.

[14] Chris Bellamy, *Guerra assoluta. La Russia sovietica nella Seconda guerra mondiale*, cit., p. 419.

[15] Isaiah Berlin, *Meetings with Russian Writers in 1946 and 1956*, in *Personal Impressions*, The Hogarth Press, London 1980.

III. *L'agente*

[1] Oleg Blockij, *Vladimir Putin. Istorija žizni*, cit., pp. 199-200.

[2] Ivi, p. 199.

[3] Natalja Gevorkjan, Natalja Timakova, Andrej Kolesnikov, *Ot pergovo lica: Razgovory s Vladivirom Putinym*, http://archive.kremlin.ru/articles/bookchapter1.shtml, p. 21.

[4] Nelli Goreslavskaya, *Putin, storia di un leader*, Edizioni Borghese, Roma 2015, p. 35.

[5] Oleg Blockij, *Vladimir Putin. Istorija žizni*, cit., p. 21.

[6] Nelli Goreslavskaya, *Putin, storia di un leader*, cit., p. 43.

[7] Ivi, p. 44.

[8] Gevorkjan, Timakova, Kolesnikov, *Ot pergovo lica*, cit., p. 39.

[9] Ivi, p. 38.

[10] Ivi, p. 47.

[11] Ivi, p. 38.

[12] Oleg Blockij, *Vladimir Putin. Istorija žizni*, cit., p. 287.

[13] Ivi, pp. 287-288.

[14] «New York Review of Books», number 9, May 25, 2000.

[15] Gevorkjan, Timakova, Kolesnikov, *Ot pergovo lica*, cit., p. 42.

IV. *La grande organizzazione*

[1] Christopher Andrew, Oleg Gordievskij, *La storia segreta del KGB*, Rizzoli Bur, Milano 2000, p. 566.

[2] Andrea Graziosi, *L'URSS dal trionfo al degrado*, il Mulino, Bologna 2011, p. 449.

[3] Ivi, p. 442.

[4] Christopher Andrew, Oleg Gordievskij, *La storia segreta del KGB*, cit., pp. 566-505.

[5] Lorenzo Gianotti, *Putin e la Russia*, Editori Riuniti, Roma 2014, p. 22.

[6] Andrea Graziosi, *L'URSS dal trionfo al degrado*, cit., pp. 421-422.

[7] Christopher Andrew, Oleg Gordievskij, *La storia segreta del KGB*, cit., p. 506.

[8] Lorenzo Gianotti, *Putin e la Russia*, cit., p. 23.

[9] Andrea Graziosi, *L'URSS dal trionfo al degrado*, cit., p. 404.

[10] Gevorkjan, Timakova, Kolesnikov, *Ot pergovo lica*, cit., p. 47.

[11] Ivi, p. 48.

[12] Ivi, p. 46.

[13] La Conferenza sulla Sicurezza e la Cooperazione in Europa era stata aperta ufficialmente il 3 luglio 1973 a Helsinki ed era poi proseguita a Ginevra dal 18 settembre 1973 al 21 luglio 1975.

[14] Andrea Graziosi, *L'URSS dal trionfo al degrado*, cit., p. 405.

[15] Vadim Bakatin, *Izbavlenie ot KGB*, Novosti, Mosca, 1992, pp. 32-33.

[16] Aleksandr Solženicyn, *Il respiro della coscienza*, Jaka Book, Milano, 2015, p. 96.

[17] Gevorkjan, Timakova, Kolesnikov, *Ot pergovo lica*, cit., p. 47.

[18] Nelli Goreslavskaya, *Putin, storia di un leader*, Edizioni Borghese, Roma 2015, pp. 55-56.

[19] Ivi, p. 57.

[20] Ibidem.

V. *In Germania*

[1] Nelli Goreslavskaya, *Putin, storia di un leader*, Edizioni Borghese, Roma 2015, p. 63.

[2] Ivi, p. 66.

[3] Ivi, p. 67.

[4] Nelli Goreslavskaya, *Putin, storia di un leader*, cit., p. 69.

[5] Cfr. Lorenzo Gianotti, *Putin e la Russia*, Editori Riuniti, Roma 2014, p. 25.

[6] Nelli Goreslavskaya, *Putin, storia di un leader*, cit., p. 95.

[7] Christopher Andrew, Oleg Gordievskij, *La storia segreta del KGB*, cit., p. 542.

[8] Lorenzo Gianotti, *Putin e la Russia*, cit., p. 30.

[9] Ivi, p. 31.

[10] Ibidem.

VI. *Panorama di rovine*

[1] L'atto ufficiale di scioglimento del Patto fu siglato il 1° luglio del 1991 a Praga.

[2] Nelli Goreslavskaya, *Putin, storia di un leader*, cit., p. 125.

[3] Fabrizio Dragosei, *Putin: «Ero disoccupato pensai di fare il tassista o l'allenatore di judo»*, in «Corriere della Sera», 5 settembre 2002, p. 1.

[4] Andrea Graziosi, *L'URSS dal trionfo al degrado*, il Mulino, Bologna, 2011, cit., p. 500.

[5] Ivi, p. 505.

[6] Aleksandr Solženicyn, *Come ricostruire la nostra Russia. Considerazioni possibili*, Rizzoli, Milano 1990, p. 9.

[7] Andrea Graziosi, *L'URSS dal trionfo al degrado*, cit., p. 506

[8] Id., *L'Unione Sovietica, 1914-1991*, il Mulino, Bologna 2011, p. 399.

[9] Id., *L' URSS dal trionfo al degrado*, cit., p. 506.

[10] Lo «Stato di diritto», sosteneva Gorbačëv, «consiste nel garantire concretamente la supremazia della legge. Nessun organo statale, nessun collettivo, nessuna organizzazione di partito o di massa, nessun cittadino può sottrarsi al dovere di ubbidire alla legge. Come i cittadini sono responsabili dinanzi allo Stato di tutto il popolo, così il potere statale è responsabile dinanzi ai cittadini. I loro diritti devono essere fermamente difesi da qualsiasi arbitrio del potere e dei suoi rappresentanti». Cfr. «URSS oggi», XVII, 1988, n. 12, p. 56.

[11] Andrea Graziosi, *L'Unione Sovietica, 1914-1991*, cit., p. 399.

[12] Cfr. Maurizio Massari, *La grande svolta. La riforma politica in URSS*, Guida Editori, Napoli, 1990, p. 30.

[13] Cfr. Bohdan Nahaylo e Victor Swoboda, *Disunione sovietica*, Rizzoli, Milano 1991, pp. 351-406.

[14] «Pravda», 14 aprile 1988, p. 2.

[15] Andrea Graziosi, *L'Unione Sovietica, 1914-1991*, cit., pp. 450-451.

VII. *Il vicesindaco*

[1] Nelli Goreslavskaya, *Putin, storia di un leader*, Edizioni Borghese, Roma 2015, p. 127.

[2] Lorenzo Gianotti, *Putin e la Russia*, Editori Riuniti, Roma 2014, p. 35.

[3] I servizi segreti bulgari, DS, sono tristemente famosi per aver ucciso gli oppositori al regime comunista con ombrelli la cui punta aveva un meccanismo per iniettare veleno a chi ne fosse colpito. Un ruolo dei bulgari emerse anche nell'attentato a papa Giovanni Paolo II.

[4] Gevorkjan, Timakova, Kolesnikov, *Ot pergovo lica*, cit., p. 78.

[5] Anatolij Sobčak, intervista a «Literaturnaja Gazeta», febbraio 2000, pp. 23-29, citata anche in *Anatolij Sobčak: Karkim on byl*, «Gamma Press», 2007, p. 20.

[6] Nelli Goreslavskaya, *Putin, storia di un leader*, cit., p. 129.

[7] David Hoffman, «The Washington Post», 20 gennaio 2000.

[8] Lorenzo Gianotti, *Putin e la Russia*, cit., p. 35.

[9] Gevorkjan, Timakova, Kolesnikov, *Ot pergovo lica*, cit., p. 96.

[10] Ibidem.

[11] Lorenzo Gianotti, *Putin e la Russia*, cit., p. 38.

[12] B. Eltsin, I. Silaev, R. Chasbulatov, *K graždam Rossii*, in Kazarin, Jakovlev, *Smert'zagorova*, p. 42.

[13] Gevorkjan, Timakova, Kolesnikov, *Ot pergovo lica*, cit., p. 78.

[14] Nelli Goreslavskaya, *Putin, storia di un leader*, cit., p. 136.
[15] Gevorkjan, Timakova, Kolesnikov, *Ot pergovo lica*, cit., p. 158.
[16] Nelli Goreslavskaya, *Putin, storia di un leader*, cit., p. 136.

VIII. *La corsa al mercato*

[1] Vladimir Pribjlovskij e Jurij Felštinskij, «Novaja Gazeta», 4 marzo 2004.
[2] Carlo Bonini e Giuseppe D'Avanzo, *Lo scandalo della fame a Pietroburgo*, in «la Repubblica», 13 luglio 2001.
[3] Ibidem.
[4] Cfr. Lorenzo Gianotti, *Putin e la Russia*, Editori Riuniti, Roma 2014, pp. 44-45.
[5] Carlo Bonini e Giuseppe D'Avanzo, *Lo scandalo della fame a Pietroburgo*, cit.
[6] Masha Gessen, *Putin. L'uomo senza volto*, Bompiani, Milano 2012, p. 20.
[7] Nelli Goreslavskaya, *Putin, storia di un leader*, Edizioni Borghese, Roma 2015, p. 141.
[8] Ibidem.
[9] Ivi, p. 147.
[10] Ivi, p. 149.
[11] Masha Gessen, *Putin. L'uomo senza volto*, Bompiani, Milano 2012, p. 154.
[12] Lorenzo Gianotti, *Putin e la Russia*, cit., p. 71.

IX. *L'ascesa*

[1] Cfr. Piero Sinatti, *L'ambigua eredità di Eltsin: l'uscita dal comunismo è costata un prezzo troppo alto*, in «Il Sole24Ore», 24 aprile 2007.
[2] Lev Gudkov-Victor Zaslavsky, *La Russia da Putin a Gorbaciov*, il Mulino, Bologna, 2010, p. 18.
[3] Emmanuel Carrère, *Limonov*, Adelphi, Milano 2012, p. 246.
[4] Cfr. Paolo Borgognone, *Capire la Russia*, Zambon 2015, p. 123.
[5] Nelli Goreslavskaya, *Putin, storia di un leader*, Edizioni Borghese, Roma 2015, p. 154.
[6] Emmanuel Carrère, *Limonov*, cit., p. 288.
[7] Fiammetta Cucurcia, *Russiagate, ecco le prove*, in «la Repubblica», 5 ottobre 1999.
[8] Sandro Viola, *La capriola di uno zar al tramonto*, in «la Repubblica», 24 agosto 1998.
[9] Lorenzo Gianotti, *Putin e la Russia*, Editori Riuniti, Roma 2014, p. 77.
[10] Nelli Goreslavskaya, *Putin, storia di un leader*, cit., p. 157.
[11] Demetrio Volcic, *Il piccolo zar*, Laterza, Roma 2008, p. 71.
[12] Nelli Goreslavskaya, *Putin, storia di un leader*, cit., p. 157.
[13] Masha Gessen, *Putin. L'uomo senza volto*, Bompiani, Milano 2012, p. 23.

X. *Al governo*

[1] Charles Dickens, William Harrison Ainsworth, Albert Smith, *Bentley's Miscellany* (1858), p. 25.

[2] Putin si impegnerà per il recupero della casa che Stravinskij aveva abitato tra il 1921 e il 1924.

[3] Masha Gessen, *Putin. L'uomo senza volto*, Bompiani, Milano 2012, p. 24

[4] Laure Mandeville, *La reconquête russe*, Grasset, Paris 2008, p. 165.

[5] Masha Gessen, *Putin. L'uomo senza volto*, cit., p. 23.

[6] Cfr. Lorenzo Gianotti, *Putin e la Russia*, Editori Riuniti, Roma 2014, pp. 78-79 e Giuseppe D'Avanzo, *Dal Cremlino all'isola di Man tutte le ricchezze di Pasha*, «la Repubblica», 19 gennaio 2001.

[7] Carlo Bonini, Giuseppe D'Avanzo, *Putin, le bugie sul KGB*, in «la Repubblica», 11 luglio 2001.

[8] Giulietto Chiesa, *Crack finanziario, spuntano le figlie di Eltsin*, in «La Stampa», 17 dicembre 1999.

[9] Lorenzo Gianotti, *Putin e la Russia*, cit., p. 79.

[10] Luigi Ippolito, *Luci rosse contro Skuratov*, in «Corriere della Sera», 26 ottobre 1999.

[11] Roman Abramovič, *Bez obid (Senza ingiurie)*. Il dialogo fra i due oligarchi è ben ricostruito anche in Lorenzo Gianotti, *Putin e la Russia*, cit., p. 81.

[12] Masha Gessen, *Putin, l'uomo senza volto*, cit., p. 25.

[13] Nelli Goreslavskaya, *Putin, storia di un leader*, cit., p. 159.

XI. *Cecenia, la guerra decisiva*

[1] Gevorkjan, Timakova, Kolesnikov, *Ot pergovo lica*, cit., pp. 118-119.

[2] Ivi, pp. 118-119.

[3] Ansa, 19 settembre 1999.

[4] Demetrio Volcic, *Il piccolo zar*, Laterza, Roma 2008, p. 63.

[5] Lorenzo Gianotti, *Putin e la Russia*, Editori Riuniti, Roma 2014, p. 88.

[6] Gevorkjan, Timakova, Kolesnikov, *Ot pergovo lica*, cit., pp. 119-120.

[7] *Manovre per liquidare Putin, giornali*, Ansa, 6 novembre 1999.

[8] Lorenzo Gianotti, *Putin e la Russia*, cit., p. 97.

XII. *Il presidente*

[1] Intervista alla «Komsomolskaia Pravda», anche in Ansa, 11 febbraio 2000.

[2] *Russia: presidenziali. Putin sionista fascista, nostalgici* in Ansa 4 marzo 2000.

[3] Giulietto Chiesa, *Putin, uomo del destino*, in «La Stampa», lunedì 20 dicembre 1999, p. 7.

[4] Lorenzo Gianotti, *Putin e la Russia*, Editori Riuniti, Roma 2014, p. 99.

[5] Masha Gessen, *Putin. L'uomo senza volto*, Bompiani, Milano 2012, p. 205.

[6] Ivi, p. 187.

[7] Ansa, 26 dicembre 2000.

[8] Masha Gessen, *Putin. L'uomo senza volto*, cit., p. 187.

[9] Ivi, p. 199.

[10] Antonella Scott, *Addio a Boris Berezovsky, l'oligarca russo anti-Putin emigrato a Londra*, in «Il Sole24Ore», 23 marzo 2013.

[11] Luisa Trumellini, *La Russia di Putin*, «Il Federalista», anno XLVI, 2004, n. 3, p. 142.

[12] Giulietto Chiesa, *La lunga marcia del presidente*, in «30 giorni», n. 12, anno 2000.

[13] Laure Mandeville, *La reconquête russe*, Grasset, Paris 2008, p. 28.

[14] Lorenzo Gianotti, *Putin e la Russia*, cit., p. 110.

[15] Ivi, p. 114.

[16] Anna Zafesova, Kodorkovskij, *10 anni fa l'arresto e la Russia non è stata più la stessa*, in «La Stampa», 25 ottobre 2013.

[17] Anche Eni ed Enel, attraverso il consorzio EniNeftegaz al 60 per cento ENI e con ENEL al 40 per cento, parteciperanno all'asta assicurandosi un lotto che comprenderà il 100 per cento di Arctic Gas Company, il 100 per cento di Urengolil, il 100 per cento di Neftegasteknologia, il 20 per cento di Gazprom Neft.

[18] Valerij Panjuškin, *L'olimpo di Putin*, Edizioni e/o, Roma 2014, p. 158.

[19] Sergio Romano, *Origini, ascesa e declino degli oligarchi russi*, in «Corriere della Sera», 10 ottobre 2011.

[20] Demetrio Volcic, *Il piccolo zar*, Laterza, Roma-Bari 2008, p. 119.

XIII. *La Russia di Putin*

[1] In *Tragedia del Kursk, Putin si assume ogni responsabilità*, in «la Repubblica», 23 agosto 2000.

[2] Lev Gudkov-Victor Zaslavsky, *La Russia da Gorbaciov a Putin*, il Mulino, Bologna, 2010, p. 160.

[3] *Russia: su Cecenia Putin non ha colpe*, Ansa, 13 dicembre 2000.

[4] Aleksandr Isaevic Solženicyn, *Come ricostruire la nostra Russia? Considerazioni possibili*, Rizzoli, Milano 1990, pp. 9-10.

[5] Lorenzo Gianotti, *Putin e la Russia*, Editori Riuniti, Roma 2014, p. 132.

[6] *Prosegue vacanza spirituale di Putin nel Nord*, Ansa, 21 agosto 2001.

[7] Lev Gudkov-Victor Zaslavsky, *La Russia da Gorbaciov a Putin*, cit., p. 141.

[8] http://www.levada.ru/press/2009070102.http://wordpublicopinion.org/pipa/articles/breuropea/622.php?lb=breu&pnt=622&nid=&ig=.

[9] Cfr. AA.VV. Russia. *Un'economia ad alto potenziale di crescita di fronte alle sfide della crisi globale*, Servizio Studi e Ricerche di Intesa San Paolo, Torino, aprile 2009. Cfr. anche International Monetary Found.

[10] AA.VV., *L'economia della Federazione russa: transizione, dinamiche strutturali, aspetti internazionali*, Luiss Guido Carli, Roma, giugno 2006, p. 24.

[11] *Fare affari in Russia*, Agenzia ICE (Istituto Commercio Estero), settembre 2014.

[12] Paolo Borgognone, *Capire la Russia, Correnti politiche e dinamiche sociali nella Russia e nell'Ucraina postsovietiche*, Zambon Editore 2015, p. 403.

[13] Banca d'Italia, Questioni di Economia e Finanza (Occasional Papers). AA.VV., *Gli investimenti in infrastrutture nei principali paesi emergenti*, numero 224, settembre 2014, p. 61.

[14] Ivi, pp. 61-62.

[15] Marie Mendras, *Russie, l'envers du pouvoir*, Ed. Odile Jacob, Paris 2008, p. 215.

[16] Enzo Bettiza, *Gollismo a Mosca*, in «La Stampa», 9 dicembre 2003.

XIV. *Guerra e pace*

[1] Enzo Bettiza, *La Guerra dentro casa*, in «La Stampa», 25 ottobre 2003.

[2] *Blitz notturno nel teatro, muoiono più di 90 ostaggi*, in, «la Repubblica», 26 ottobre 2002. http://www.repubblica.it/online/esteri/moscadue/blitz/blitz.html

[3] *A vivid condemnation of the Putin regime*, «Sunday Times», 19 gennaio 2007.

[4] Viv Groskop, *Secrets and spies*, in «The Observer», 21 gennaio 2007.

[5] Andrew Taylor, *Challenging the Kremlin*, in «The Spectator», 5 maggio 2007.

[6] Edward Jay Epstein, *The Specter that Haunts the Death of Litvinenko*, in «The New York Sun», 19 marzo 2008.

[7] Giampaolo Visetti, *La voci della scuola di Beslan*, in «la Repubblica», 3 settembre 2004.

[8] Beatrice Ottaviano, *Putin salda il conto. Kadyrov presidente*, Ansa, 2 marzo 2007.

[9] *Russia: l'ultima intervista della Politkovskaja, Kadyrov vuole uccidermi*, Adnkronos, 9 ottobre 2006.

XV. *Ritorna l'Impero*

[1] Paolo Borgognone, *Capire la Russia*, Zambon 2015, p. 371.

[2] Lev Gudkov, *Il mito dell'Occidente e l'identità russa*, in «East European and Asia Strategies», n. 34, febbraio 2011, p. 12.

[3] Ivi, pp. 15-16.

[4] Ivi, p. 16.

[5] Paolo Borgognone, *Capire la Russia*, Zambon 2015, p. 365.

[6] http://valdaiclub.com/politics/62880.html

[7] Marta Allevato, *Porca Russia*, in «Il Foglio», anno XIX, n. 237, p. II.

[8] Fabrizio Dragosei, *Un tratto di penna al Cremlino. E la Crimea cambia bandiera*, in «Corriere della Sera», 19 marzo 2014.

[9] Paolo Valentino, *Non siamo l'Europa e l'Ucraina è un'invenzione*, in «Corriere della Sera-La Lettura», domenica 8 febbraio 2015, p. 2.

[10] Paolo Borgognone, *Capire la Russia*, p. 376.

BIBLIOGRAFIA

William Harrison Ainsworth, Charles Dickens, Albert Smith, *Bentley's Miscellany*, (1858).

Sergej Solov'ëv, *Istorija Rossii s drevnejšich vremen*, 29 voll., Moskva 1864-79.

Fëdor Dostoevskij, *Memorie del sottosuolo*, Einaudi, Torino 1955.

George Vernadsky, *Le origini della Russia*, Sansoni, Firenze 1965.

John Maynard Keynes, *Esortazioni e profezie*, Il Saggiatore, Milano 1968.

Isaiah Berlin, *Personal Impressions*, The Hogarth Press, London 1980.

Karl Marx, *Per la critica dell'economia politica*, Newton Compton editori, Roma 1976.

Judy Shelton, *Urss: l'imminente bancarotta, perché Gorbaciov chiede aiuto all'Occidente*, Leonardo editore, Milano 1989.

Maurizio Massari, *La grande svolta. La riforma politica in Urss*, Guida Editori, Napoli 1990.

Aleksandr Isaevič Solženicyn, *Come ricostruire la nostra Russia? Considerazioni possibili*, Rizzoli, Milano 1990.

Boris Eltsin, *Confessioni sul tema*, Leonardo editore, Milano 1990.

Bohdan Nahaylo e Victor Swoboda, *Disunione sovietica*, Rizzoli, Milano 1991.

Rusaln Khasbulatov, Ivan Silaev, Boris Yeltsin, *Yeltsin's call for Resistance to the Coup*, document 10.29, in Richard Sakwa, *The Rise and Fall of the Soviet Union, 1917-1991*, 1st ed., Routledge, London 1999.

Victor Zaslavsky, *Dopo l'Unione Sovietica. La perestrojka e il problema delle nazionalità*, il Mulino, Bologna 1991.

Mikhail Gorbachev, *The August Coup: The Truth and the Lessons*. 1st ed., HarperCollins, London 1991.

Vadim Bakatin, *Izbavlenie ot KGB*, Novosti, Moskva 1992.

Boris Eltsin, *Diario del Presidente*, Sperling & Kupfer, Roma, 1994.

Mikhail Gorbachev, *Memoirs*. 1st ed., Transworld Publishers, London 1996.

Ben Fowkes, *The Disintegration of the Soviet Union: A Study in the Rise and Triumph of Nationalism*. 1st ed., Macmillan Press, Basingstoke 1997.

Fëdor Dostoevskij, *Le notti bianche*, Einaudi, Torino 1996.

Ernst Nolte, *Nazionalsocialismo e bolscevismo: la guerra civile europea 1917-1945*, Rizzoli, Milano, 1999.

Vladimir Putin, *First Person, An Astonishingly Frank, Self-Portrait by Russia's President*, PublicAffairs Reports, New York 2000.

AA.VV., «New York Review of Books», number 9, May 25, 2000.

Christopher Andrew e Oleg Gordievskij, *La storia segreta del KGB*, Rizzoli Bur, Milano 2000.

Boris Pankin, *Gli ultimi cento giorni dell'URSS*, Giunti editore, Firenze 2003.

Aleksandr Dugin, *Eurasia. La rivoluzione conservatrice in Russia*, Edizioni Il Borghese, Roma 2004.

Anna Politkovskaja, *La Russia di Putin*, Adelphi, Milano 2005.

David M. Glantz, *L'assedio di Leningrado, 1941-44. Novecento giorni di terrore*, Newton-Compton, Roma 2006.

Robert K. Massie, *Pietro il Grande*, Bur, Milano 2006.

François Benaroya, *L'economia della Russia*, Il Mulino, Bologna, 2007.

Orlando Figes, *La danza di Nataša. Storia della cultura russa (XVIII-XX secolo)*, Einaudi, Torino 2008.

Demetrio Volcic, *Il piccolo zar*, Laterza, Roma 2008.

Richard Sakwa, *Russian Politics and Society*, 4th ed., Routledge, Abingdon 2008.

Laure Mandeville, *La reconquête russe*, Grasset, Paris 2008.

Marie Mendras, *Russie, l'envers du pouvoir*, Ed. Odile Jacob, Paris 2008.

Victor Zaslavsky, *Storia del sistema sovietico, l'ascesa, la stabilità, il crollo*, Carocci Editore, Roma 2009.

Michael Stuermer, *Putin and the Rise of Russia*, Pegasus Books, New York 2009.

Anna Politkovskaja, *Per questo*, Alelphi, Milano 2009.

Chris Bellamy, *Guerra assoluta. La Russia sovietica nella seconda guerra mondiale*, Einaudi, Torino 2010.

Lev Gudkov e Victor Zaslavsky, *La Russia da Putin a Gorbaciov*, il Mulino, Bologna 2010.

Mario Ganino, *Russia*, Il Mulino, Bologna 2010.

Andrea Graziosi, *L'URSS dal trionfo al degrado*, il Mulino, Bologna 2011.

Andrea Graziosi, *L'Unione Sovietica, 1914-1991*, il Mulino, Bologna 2011.

Lindsey Hughes, *Pietro il Grande*, Einaudi, Torino 2012.

Masha Gessen, *Putin, l'uomo senza volto*, Bompiani, Milano 2012.

Emmanuel Carrère, *Limonov*, Adelphi, Milano 2012.

Andrej Belyj, *Pietroburgo*, Adelphi, Milano 2014.

Lorenzo Gianotti, *Putin e la Russia*, Editori Riuniti, Roma 2014.

Sergio Canciani, *Putin e il neozarismo*, Castelvecchi, Roma 2014.

Alain De Benoist e Aleksandr Dugin, *Eurasia, Vladimir Putin e la grande politica*, Edizioni Controcorrente, Napoli 2014.

Garri Kasparov, *Scacco matto a Putin*, Isbn Edizioni, Milano 2014.

Valerij Panjuškin, *L'olimpo di Putin*, Edizioni e/o, Roma 2014.

Aleksandr Dugin, *Putin vs Putin*, Arktos, Budapest 2014.

Roger Bartlett, *Storia della Russia*, Mondadori, Milano 2014.

Nelli Goreslavskaya, *Putin, storia di un leader*, Edizioni Borghese, Roma 2015.

Aleksandr Solženicyn, *Il respiro della coscienza*, Jaka Book, Milano 2015.

Paolo Borgognone, *Capire la Russia*, Zambon 2015.

Charles Rivers Editors, Vladimir Putin. *The Controversial Life of Russia's President*, Lexington, Kentucky 2015.

Mondadori Libri S.p.A.

Questo volume è stato stampato
presso ELCOGRAF S.p.A.
Stabilimento - Cles (TN)

Stampato in Italia - Printed in Italy